新媒体系列丛书

总主编 周茂君

新媒体内容生产与编辑

PRODUCING AND EDITING FOR NEW MEDIA CONTENT

杨 嫚 主编

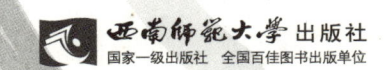

西南师范大学出版社
国家一级出版社 全国百佳图书出版单位

图书在版编目(CIP)数据

新媒体内容生产与编辑/杨嫚主编. — 2 版. — 重庆：西南师范大学出版社，2019.11(2021.1重印)
ISBN 978-7-5621-7600-8

Ⅰ.①新… Ⅱ.①杨… Ⅲ.①新闻编辑 Ⅳ.①G213

中国版本图书馆 CIP 数据核字(2016)第 101439 号

内容简介

本书关注新媒体内容层面的生产与编辑，以新媒体新闻的采、写、编、译为主线，突出重点、有取有舍，选取最新鲜的案例，同时力求文字简洁，内容浓缩，易于理解与操作。内容涉及网络新闻采访、网络新闻写作、网络新闻标题制作、网络新闻专题制作、网络新闻评论、移动终端新闻编辑等。本书可作为普通高等学校新闻传播专业学生的教材，亦可作为业内人士的参考用书。

新媒体内容生产与编辑
XINMEITI NEIRONG SHENGCHAN YU BIANJI

杨 嫚 主编

责任编辑	杜珍辉　牛振宇
装帧设计	周 娟　刘 玲
排　　版	重庆大雅数码印刷有限公司·江礼群
出版发行	西南师范大学出版社
	地址：重庆市北碚区天生路 2 号　邮编：400715
	网址：http://www.xscbs.com
	市场营销部电话：023—68868624
印　　刷	重庆荟文印务有限公司
开　　本	787 mm×1092 mm　1/16
印　　张	12.75
字　　数	350 千字
版　　次	2019 年 11 月第 2 版
印　　次	2021 年 1 月第 1 次印刷
书　　号	ISBN 978-7-5621-7600-8
定　　价	38.00 元

新媒体系列丛书编委会

主　　编：周茂君
副 主 编：李明海　洪杰文
编　　委：洪杰文　何明贵　侯晓艳　李明海　刘友芝
　　　　　马二伟　杨　嫚　张　玲　周丽玲　周茂君
策　　划：李远毅　杨景罡

序

　　媒介技术的发展将我们带到了一个众语喧哗、瞬息万变的新媒体时代。在这里，人们都在放声疾呼，也都被这个由媒介构建的全新世界所迷醉。然而，伴随着新媒体时代的到来，思想观念、生活方式乃至行为举措的急剧改变，也常常让人们有些不知所措和无所适从。新媒体到底是什么？新媒体时代到来又意味着什么？人们如何正确处理好与新媒体的关系？这些问题看似简单，却又真真切切地摆在人们面前，需要我们去面对，去解决。因此，理解新媒体在当下显得尤为重要。

　　人类社会发展的每一阶段都会有一些新型的媒体出现，它们都会给人们的社会生活带来巨大的改变。这种改变在今天这个新媒体时代表现得尤其明显：受众这一角色转变成了"网众"或"用户"，成了传播的主动参与者，而非此前的被动信息接受者；传播过程不再是单向的，而是双向互动的；传播模式的核心在于数字化和互动性。这一系列改变的背后是网络技术、数字技术和移动通信技术的发展，并由此衍生出多种新媒体形态——以网络媒体、互动性电视媒体、移动媒体为代表的新兴媒体和以楼宇电视、车载移动电视等为代表的户外新型媒体。

　　由周茂君教授主编的这套新媒体系列丛书，就是在移动互联、数字营销、大数据和社会化网络等热点问题层出不穷的背景下，沿着技术、传播、运营和管理的逻辑，对新媒体进行的梳理和把握。从技术层面上看，新媒体是用网络技术、数字技术和移动通信技术搭建起来，进行信息传递与接收的信息交流平台，包括固定终端与移动终端。它具备以新技术为载体、以互动性为核心、以平台化为特色、以人性化为导向等基本特征。从传播层面看，新媒体从四个方面改变着传统媒体固有的传播定位与流程，即传播参与者由过去的受众成了网众，传播内容由过去的组织生产成了用户生产，传播过程由过去的一对多传播成了病毒式扩散传播,传播效果由过去能预期目标成了无法预估的未知数。这种改变从某种程度上可以说是颠覆性的,传统的"5W""魔弹论"和"受众"等经典理论已经成为明日黄花。从运营层面看,在新媒体技术构筑的运营平台之上,进行各类新媒体的经营活动,包括网络媒体经营、手机媒体经营、数字电视与户外新媒体经营和企业的新媒体营销。这就在很大程度上打破了报刊、广播和电视等传统媒体过分倚重广告的单一经营模式,实现了盈利模式的多元化。从管理层面看,新媒体管理主要从三个方面着手,即新媒体的政府规制、新媒体伦理和新媒体用户的媒介素养。这样,政府规制对新媒体形成一种外在规范,新媒体伦理从内在方面对从业者形成约束,而媒介素养则对新媒体用户提出要求。

这套新媒体系列丛书既有对新媒体的发展轨迹和运行规律的理论归纳,又有对新媒体运营实务的探讨,还有对大量鲜活新媒体案例的点评,真正做到了理论与实务结合、运行与案例相佐,展现出丛书作者良好的学术旨趣与功力。希望以这套丛书为起点,国内涌现出更多的作者和更多的研究著作,早日迎来新媒体教育与研究的新时代。

是为序。

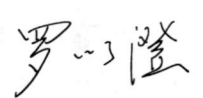

罗以澄

前言

关于新媒体,从概念到特征,有很多说法,也有各种各样的表述。我们认为,新媒体是指采用网络技术、数字技术和移动通信技术进行信息传递与接收的信息交流平台,包括固定终端与移动终端。它具备以下基本特征——以新技术为载体,以互动性为核心,以平台化为特色,以人性化为导向。

以新技术为载体,是指新媒体的应用与运营以新技术为基础。网络技术、数字技术、移动通信技术的发明与普及,不仅为新媒体的诞生提供了技术支持,同时也为新媒体的运作提供了信息载体,使得信息能以超时空、多媒体、高保真的形式传播出去。可以说,新媒体的所有特征,都是建立在新技术提供的技术可能性的基础之上。

双向互动是新媒体的本质特征。传统媒体一个很大的弊端在于信息的单向流动,而新媒体的出现突破了这一局限。它从根本上改变了信息传播的模式,也从根本上改变了传播者与受传者之间的关系。传播参与者在一个相对平等的地位进行信息交流,媒体以往的告知功能变成如今的沟通功能。这种沟通不仅体现在媒体与用户之间,还体现在用户与用户之间。可以说,新媒体的这一特征,不仅对传统媒体,而且对整个社会都将产生深远的影响。

新媒体搭建起一个综合性信息平台,传统媒体与新媒体在这个平台之上逐渐走向融合。新媒体的出现并不会导致传统媒体的消亡,二者会相互补充、共同发展。而新媒体以其包容性的技术优势,接纳与汇聚了传统媒体的媒介属性。报刊、广播、电视等传统媒体只有在适应新媒体环境、与新媒体的新技术形式相互渗透之后,才能获得二次发展。如今数字化报纸、网络广播、手机电视等融合性媒体如雨后春笋般出现便是明证。而新媒体脱胎于旧的媒介形态的特征,为新旧媒体的相互融合提供了可能。

人性化是所有媒介的发展方向：口语媒介转瞬即逝、不易储存，于是有了文字媒介；文字媒介无法大规模复制，于是出现了印刷媒介；印刷媒介难以克服时空的障碍，电子媒介便应运而生。可以说，每一种新型媒介的出现，必然是对以前媒介功能的补充与完善。新技术是其出现的基础，而人性化导向意味着技术围绕人们的需求而展开。新媒体的出现，满足了人们渴望发声、渴望分享的需求；满足了人们渴望交流、渴望互动的需求；满足了人们渴望以一个更快更便捷的方式，获取与传播更多的个性化信息的需求。而在不远的将来，新媒体将带来真正的去中介化——人们在经历了部落社会的无中介、脱部落社会的中介化之后，正在迎来人与人之间交流的去中介化。届时，人们将欢欣鼓舞地迎接一个所有人都与其他人紧密相连的"地球村"时代。

编写这套新媒体系列丛书，我们希望达到如下目标：

1.在指导思想上，本套丛书的编写着眼于新世纪合格的新媒体应用型人才培养，适应人才培养逐步由知识型向能力型转变的需要。因此，它在编写组成员的构成、编写大纲的拟定、资料的取舍、内容的写作，乃至行文等方面都围绕着这个中心目标而展开。这是本套丛书编写的基本方针，也是编写的基础和前提。

2.本套新媒体丛书将"技术""传播""运营"和"管理"四个层面作为着力点，将网络技术、数字技术和移动通信技术发展带来的多种新媒体形态——以网络媒体、移动媒体、数字广播电视媒体为代表的新兴媒体和以楼宇电视、车载移动电视等为代表的户外新型媒体作为主要研究对象。丛书中的每本书在研究内容上既相互关联，又厘清彼此间的研究边界而不至于重复。

3.本套新媒体丛书瞄准高等学校网络传播或相关专业的专业主干课,因而丛书的编写内容,除了具备普通高等学校网络传播或相关专业在校本科生、研究生必须掌握的新媒体传播、营销实务的基本知识和技能外,还必须具备开阔的思路和国际化的视野,有利于完善学生的知识结构,有利于培养其适应新媒体发展需要的网络传播能力,有利于保证其毕业后能胜任新媒体经营与管理工作,即有利于使其成为合格的新媒体编辑和经营管理人才。

4.本套丛书既关注理论前沿问题,吸收和借鉴国内外新媒体研究的最新成果,又注重这些基本理论的实际应用。在具体编写过程中,本套丛书将基本理论、实际应用和案例点评相结合,展现出独具的特色:

其一,基本理论部分。对新媒体涉及的网络技术、数字技术和移动通信技术等,只作概括性的叙述,不进行全面性的描述,对其基本原理,力争深入浅出,易学易懂。

其二,实际应用部分。新媒体基本理论的实际应用是本套丛书的写作重点。无论技术层面,还是传播层面,抑或是营销层面,新媒体基本理论的实际应用都是重点,这个思路将贯穿于每本书的编写之中。

其三,案例点评部分。每本书的大部分章节都要求安排与本章内容相关联的案例点评,点评的篇幅可短可长,从数十字到数百字均可,用具体的案例点评,来回应前面的基本理论和实际应用。这样,就在很大程度上避免了同类新媒体图书编写中存在的问题——要么全是枯燥的理论表述,要么全是一个个的案例堆砌,缺少理论与案例的结合,也缺少精到的点评。

5.本套丛书在编写过程中尽力做到有思想、有创见、有全新体系,观点新颖,持论公允,丛书整体风格力求简洁、明了、畅达,并在此基础上使行文生动、活泼、风趣。

"理想很丰满,现实很骨感。"上述设想在编写过程中是否实现了,还有待学界和业界专家、学者,以及广大读者的检验,为此我们祈盼着!

本套丛书首批十本书的编著者,既有来自武汉大学新闻与传播学院的刘友芝女士、周丽玲女士、杨嫚女士、侯晓艳女士和洪杰文先生、何明贵先生、周茂君先生,又有来自重庆师范大学新媒体学院的李明海先生和来自重庆工商大学文学与新闻学院的马二伟先生,还有来自国家开放大学传媒学院的张玲女士。作者队伍虽很年轻,但绝大多数都拥有博士学位和在国外留学的经历,因此他们能够站在学术研究前沿,感受新媒体的新发展,研究新问题,并在书中奉献自己的独到见解,进而提升丛书的质量。

在本套丛书付梓之际,需要感谢和铭记的人很多。首先要感谢武汉大学新闻与传播学院的老院长罗以澄先生,他不仅为本套丛书的编写提出了许多建设性意见,还亲自为丛书写了序言,老一辈学者对年轻后辈的爱护与提携之情溢于言表。其次要感谢西南师范大学出版社的李远毅先生、杨景罡先生和李玲女士等,是你们的辛勤付出和宽大包容才使本套丛书得以顺利面世,感激之情无以言表。

周茂君

于武昌珞珈山

目录

第一章　新媒体内容生产与编辑概述 ………………………………………… 001
　　第一节　我国新媒体发展现状 …………………………………………… 002
　　第二节　媒体融合背景下的新闻内容生产与编辑 …………………… 004
　　第三节　新媒体内容生产与编辑对从业人员的素质要求 …………… 007

第二章　网络新闻采访 ……………………………………………………… 010
　　第一节　网络新闻采访及其功能 ………………………………………… 010
　　第二节　网络新闻采访工具 ……………………………………………… 012
　　第三节　网络新闻采访的特点 …………………………………………… 013

第三章　网络新闻写作 ……………………………………………………… 018
　　第一节　网络新闻的写作及文本特点 …………………………………… 019
　　第二节　网络新闻的用语规范 …………………………………………… 026
　　第三节　微博平台新闻写作 ……………………………………………… 029

第四章　网络新闻编辑基础 ………………………………………………… 033
　　第一节　网络新闻编辑概述 ……………………………………………… 034
　　第二节　利用网页表达编辑意图与评价 ………………………………… 042
　　第三节　网络新闻编辑方针的制订 ……………………………………… 045
　　第四节　网络新闻的选择和修改 ………………………………………… 048
　　第五节　网络新闻报道的策划与组织 …………………………………… 053

1

第五章	网络新闻标题制作	056
第一节	网络新闻标题概述	057
第二节	网络新闻标题的功能与构成要素	058
第三节	网络新闻标题的用语及句式结构	063
第四节	网络新闻标题的制作与技巧	066

第六章	网络新闻专题制作	074
第一节	网络新闻专题概述	075
第二节	重大新闻事件与网络新闻专题	081
第三节	网络新闻专题的策划	083

第七章	图片、流媒体及Flash新闻编辑	092
第一节	网络图片新闻	093
第二节	图表新闻	099
第三节	流媒体新闻	107
第四节	Flash新闻	109

第八章	网络新闻评论	114
第一节	网络新闻评论概述	114
第二节	网络新闻评论写作	122
第三节	网络新闻评论与舆论引导	125

第九章	自媒体与博客新闻、播客新闻	130
第一节	自媒体概述	131
第二节	博客新闻	136
第三节	播客新闻	144

第十章	移动终端新闻编辑	151
第一节	移动互联网发展现状	151
第二节	手机报及其新闻编辑	153
第三节	手机新闻客户端	159
第四节	移动短视频新闻	170
第五节	平板电脑新闻编辑	172

参考文献 ⋯ 186

后记 ⋯ 189

第一章
新媒体内容生产与编辑概述

【知识目标】

1. 新媒体内容生产与编辑的特点
2. 新媒体内容生产与编辑人员的素质要求

【能力目标】

1. 了解我国新媒体内容产业发展的现状
2. 认识我国传统媒体在新媒体环境下面临的挑战与机遇

【案例导入】

数字技术、网络技术和通信技术介入媒体的构成当中,创造出诸多被称之为新媒体的媒体形态。这些具有发现或突破意义的新媒体一登场,紧接着掀起各种漫无边际的猜想如洪水泛滥般涌过来,不少人宣称:一个媒体新时代正在诞生,一场媒体革命正在进行。

2005年春,英国政府发表了《皇家宪章审查绿皮书》。绿皮书重新规定了BBC(英国广播公司)的责任与义务,并新增了一项宗旨,就是带动英国广播电视业数字化,成为数字时代的业界领导者。

2006年,英国BBC投入总额高达460万英镑的资金,建设新闻平台,增加其互动性和优先语种的视频新闻报道,保持其在可携带、可点播的数字新媒体时代的领先地位。这些高质量的视频新闻报道可被下载,或者以流媒体形式被点播。BBC还投入约250万英镑用以加强市场营销,向听众和网络新闻用户推介现有的广播服务和新成立的BBC阿拉伯语电视频道。

2006年4月28,中国央视网络传播中心、央视国际网络有限公司挂牌。至此,央视已经获得了广电总局授予的开展包括IP电视、手机电视和网络电视业务在内的九大业务经营许可权。央视国际网络有限公司将经营这些业务。

央视国际把窄带视频和宽带视频业务合并成央视网络电视,主要通过互联网传播,以PC(个人电脑)为接收终端。一方面依靠已有的网络电视新闻频道和网络电视娱乐频道打造视频门户网站,另一方面与其他流媒体平台展开内容合作。"两条腿走路"的目的在于成为最大的"中国视频内容集成平台"。

对于新闻媒体来说,内容永远是根本,是决定其生存与发展的关键所在。媒体融合的趋势给新媒体内容的生产与编辑带来了挑战,同时也给新媒体从业人员的素质提出了新要求。

第一节　我国新媒体发展现状

中国是全球性互联网热潮的践行者。早在1987年,北京计算机应用技术研究所就建成了我国第一个互联网电子邮件节点,1987年9月14日,钱天白教授向世界发出了我国第一封电子邮件,揭开了中国人使用互联网的序幕。1991年10月,在中美高能物理年会上,中国提出了纳入互联网络的合作计划。1994年4月20日,中国与国际互联网相连的网络信道开通,首次加入国际互联网大家庭,中国开始踏上互联网的征程。互联网真正开始向社会大众推广始于1995年,并且据统计,国内互联网用户数在1996年底达到10万人。1997年,我国开始引入门户网站的概念,互联网成为一种日趋独立的新媒体。总之,从1994年到1998年的互联网萌芽探路阶段,互联网在信息传播领域的影响不断增强,中国的网络媒体逐渐形成。从1999年到2000年上半年,受全球互联网高热亢奋影响,国内互联网空间异常活跃,各类网站开始兴起,中文网站建设和网民数量呈现指数增长,新闻网站成为网民获取新闻信息的重要途径。1999年至2000年上半年,中国网络媒体的发展进入了一个飞速发展的阶段。总体来说,我国新媒体发展日趋成熟。

一、形成成熟、完善的网络传播格局

2012年7月,中国互联网络信息中心发布了第30次《中国互联网络发展状况统计报告》(以下简称《报告》),数据显示,中国网民数量已经达到5.38亿,其中73%的网民会选择在线浏览新闻。

不断上升的网民数以及大多数网民对网络新闻长期、持续的需求是网络媒体快速、健康成长的外部环境。自2001年8月20日《关于深化新闻出版广播影视业改革的若干意见》出台以来,围绕着新闻网站的建设,中央不断加大力度,调整布局,制定规划,最终形成了目前三级新闻网站格局——以中央级媒体为主办单位的国家级重点新闻网站、以省级宣传部门主管或省级新闻媒体主办的省级重点新闻网站、新闻媒体创建的媒体类新闻网站。

在战略定位上,三类网站根据各自的媒体属性、发展规划和经营布局,形成了差异化的发展方向——综合性新闻网站如人民网、新华网;地方新闻门户如东方网、千龙网、南方网;网络新闻、资讯原创策源地如环球网、新京报网。

大多数传统媒体完成了媒体内容数字化转换,拥有了相应的网络版或电子版。在中央,重大新闻报道的活动现场都有国家级重点新闻网站的身影;在地方,地方重点网站进入宣传报道梯队,基本形成了"一报两台一网"的格局。而传统媒体的网站则成为其报网融合、台网联动、数字化转型的重要阵地。总体来说,传统媒体和新兴媒体的关系大体经历了三个阶段,一是传统媒体建设新兴媒体,二是传统媒体和新兴媒体互动发展,三是传统媒体和新兴媒体融合发展,现在正进入第三个阶段。

二、新媒体成为重要的舆论场域

新媒体为网民参与话题讨论、发表意见观点、点评新闻事件提供了极大的方便,无论是博客、SNS还是微博,都以用户贡献内容、高度互动参与为基本特质,因而网民实时在线转发、分享、评论成为可能,实时报道也有了发布的空间和舞台。

越来越多的普通公民成为新闻记者和社会评论员。他们以令人惊叹的速度建立起讨论平台。网络媒体一方面充分展现网民意愿、情绪和社会诉求,为网民的高度参与、深度监督搭建平台,进而彰显出网络舆论的监督力量,另一方面也在极力引导网络舆论,建立网络舆情预警、监测系统,及时发现网络舆论动向、适时运用网络舆论调控手段和方法,为互联网营造一个健康、良性的发展环境。

三、新媒体报道从边缘到主流

新媒体快速、海量、互动、多媒体的传播优势已经成为网民浏览新闻的第一选择,也成为信息言论的集散地和社会舆论的放大器,新媒体从边缘到成为主流角色已不再被质疑。它在人们的社会生活、文化生活、经济生活以及政治生活中发挥着越来越大的作用,它的影响力与日俱增。在关于北京奥运会、新中国成立60周年、上海世博会、建党90周年等重大新闻的报道中,以及相继发生的SARS病毒肆掠、2008南方冰雪冻灾、四川汶川地震、甘肃舟曲泥石流、青海玉树地震等一系列重大事件中,新媒体都充分显示了其在激发爱国热情、彰显民族精神、汇集社情民意、构建和谐社会等方面强大的能量和广泛的影响力。

四、新媒体管理趋于规范完善

2011年5月4日,国家互联网信息办公室正式设立,这意味着民间俗称互联网管理"九龙治水"的局面将得到改变。自网络媒体诞生以来,多头管理导致的宏观规划缺失、政出多头、协调困难、管理效率低下等问题一直困扰着互联网行业,也在一定程度上成为网络媒体发展无法跨越的障碍。国家互联网信息办公室主任王晨指出:"国家互联网信息办公室挂牌成立,我国互联网信息服务和管理工作进入了一个新的阶段。"

客观地说,我国对于网络媒体的管理一直有些滞后,这一方面源于互联网技术快速发展,业务模式层出不穷;另一方面也由于互联网是新生事物,立规制矩需要审时度势、严格谨慎。但是中央高层对互联网及网络管理一直高度重视,从2004年至今,无论是中央全会还是高层领导,相继就互联网、新闻网站建设、网络文化管理等发出各种声音。

互联网管理一直采取两手抓的管理办法,一方面建规立制,规范、完善各项规章制度。目前,关于网络媒体管理的法规、条例已较为全面,有全国性的《互联网新闻信息服务管理规定》《互联网视听节目服务管理规定》《互联网著作权行政保护办法》《非经营性互联网信息服务备案管理办法》等,又有地方性的《北京市微博客发展管理若干规定》等。另一方面还有行业协会的自律公约,如《互联网新闻信息服务自律公约》《博客服务自律公约》等。

第二节　媒体融合背景下的新闻内容生产与编辑

数字化为传媒业自身带来了什么？目前，我们至少可以看清楚这样一些事实：它彻底冲破了传统媒介一向防守的介质壁垒，一种媒体大融合的趋势正在呈现。近几年来，随着科学技术的快速发展，数字技术、网络技术和通信技术介入媒体的构成当中，创造出诸多被称之为新媒体的媒体形态。在此背景下，传统媒体正经历着挑战。在媒体融合背景下，新闻内容生产与编辑工作也正发生着重大变化。

一、传统媒体面临新媒体的挑战

传统媒体即我们平常所说的报刊、广播、电视，它们是以传统的大众传播方式，以社会上一般大众为对象而进行大规模的信息生产和传播的媒介组织。

在传统的媒介形态下，报刊、广播、电视牢牢占据着垄断地位，掌握着话语权，控制着新闻信息的选择加工和制作，它们在信息传递的过程中有着不同于新媒体的诸多特点。

报刊属于纸质媒体，易于保存，并且携带方便，可以随时随地进行阅读。报纸的出版周期短，因此报纸所能承载的信息总量也很可观。期刊不同，出版周期稍长，有周刊、旬刊、季刊、年刊等，但是期刊的内容新颖，信息量大，能够反映国内外学术界的最新动向和研究成果。不过报刊的互动性较差，基本上属于单向传递，此外，报刊主要以文字为其特定的传播符号，需要受众有一定的文化水平，且传递信息的形式较单一，不能很好地引起受众的愉悦感。

广播和电视的出现则打破了报刊形式单一的缺陷，它们属于流媒体，运用电子技术传送声音和图像，传播速度快，时效性强。广播是以音频符号进行传播，提供听觉形象，感染力强，常使受众有身临其境之感；电视更是传统媒体中的佼佼者，不仅传递音频符号，还传递视频符号，视听兼备、声情并茂。然而，广播和电视也有其不可避免的缺陷，如节目播出后便转瞬即逝，选择性和保留性较差。正因为如此，新媒体备受青睐便不足为奇了。

20世纪90年代，互联网问世并且迅速崛起，传统媒体面临着前所未有的冲击和挑战。

受到冲击最大的是报纸。它们的读者慢慢变少，发行量也日渐萎缩，随之而来的就是广告收益大幅度下滑，而报纸最大的经济收益就是广告。因此有些报纸为了获得更高的发行量以吸引更多的广告客户，对报纸进行了大刀阔斧的改革，如增加版面，尽可能多地传递新闻信息，甚至不惜免费发放。可即便是这样，报纸的运营也遭遇了困境，面临着生存危机。第一，传统报业面临着收入不佳、发行量持续下滑的严峻形势。近年来，《洛杉矶时报》《华尔街日报》等美国报业巨头，都曾为节约成本而进行过裁员。第二，受众分流加快，读报时间缩短。报纸消费者的选择正变得更加自主和多元。过去以办报者为本位的办报模式（办报者办什么样的报纸，读者就看什么样的报纸）正在转变为以受众为本位的模式，受众的选择对报业发展的影响越来越大。第三，内容与运营模式的同质化带来的可替代性与微利化趋势。内容层次是千报一面，经营模式没有太大差异。

其次是广播。20世纪80年代末期，我国广播广告营业额连续保持较高幅度的增长，甚至出现了20%以上的年增长率,增幅位居四大传统媒体之首。[①] 但现今已经很少有听众愿意为了一个新闻信息而守在广播面前,目前广播发展最好的当数交通广播。

最后是电视。相对于报纸杂志,电视的效益要好很多,至少目前电视媒体是一种普及率最高的传播媒介。但随着新媒体的出现,尤其是网络媒体和手机电视的出现,很多受众已经不愿意守在电视机旁等着收看自己心仪的电视节目,他们更愿意去网络上寻找资源。因为电视节目有时间的限制,网络媒体则没有这些缺点,随时随地都可以找到自己想看的电视节目。

二、媒介融合背景下新闻内容生产与编辑面临的机遇

早在提出"媒介融合"这个概念之前,媒介融合就已经开始了,现如今,媒介融合已经成为一个无所不在的社会现象,"它能够带来利润,带来优质的新闻业务,并且能够降低成本,从而为实施融合的新闻机构带来竞争优势"。[②] 媒介融合作为新闻传播业发展的趋势,必然成为业界研究的理论热点之一。

新媒体的快速崛起,打破了传统媒体一统天下的局面,传统媒体遇到了前所未有的生存危机,受众减少,发行量萎缩,经济收益下滑。在这种新的媒介环境下,传统媒体不得不重新定位自己的角色,寻求转型之路。而新媒体以其快捷方便、信息海量、不受时间地点限制、受众门槛低等优势迅速吸引了大众的眼球。但是传统媒体依然具有一定的品牌效应,在人力资源上亦有相当优势。因此,二者的融合显得迫在眉睫,它们的融合不仅可以实现优势互补、取长补短,还可以优化资源配置,使传播效果达到最大化。

对传统媒体来说,新媒体既是挑战,也是机遇。传统媒体,尤其是传统报业正在失去舆论引导力和控制力。传统媒体必须积极"拥抱"新媒体。这就不只是简单拥有新媒体技术,也不只是单纯拥有一个官方微博就行了,"拥抱新媒体"至少包括以下三个层次。

1.发展新媒体。传统媒体通过发展新媒体可拓展其原有信息服务业务。如报纸,可以通过网络提供音频、视频服务,并且还可以涉及其他非媒体行业,如电商等产业。

2.利用新媒体。借助新媒体创新传统媒体的报道内容和报道形式,使传统媒体与新媒体形成互动。通过对新技术的应用,不断改造传统媒体的产品形态,形成产品创新的机遇,比如通过新技术对传统的平面媒体内容进行二次演绎,从而为读者带来不同的体验。

3.盈利新媒体。发展新媒体,需要投入大量的人力物力,但不意味着仅仅是单纯的投入,还要讲究回报。如果只讲投入,不讲回报,发展新媒体就会成为传统媒体的包袱。因此,当务之急是如何创造新媒体的盈利模式。

推动媒体融合发展,就必须坚持传统媒体和新兴媒体优势互补、一体发展,坚持以先进技术为支撑、内容建设为根本。在媒体融合过程中,新闻内容的生产与编辑工作要注意以下几个方面。

1.要发挥传统媒体在新闻传播中的权威性。传统媒体要发挥自身的优势,做好新闻后续报道,对新闻事件进行详细、权威、负责任的解读。

---

① 徐沁.媒介融合论[M].北京:中国传媒大学出版社,2009.
② 窦新颖.传统媒体谋求全媒体转型[N].中国知识产权报,2010-04-02(11).

2.要发挥新媒体在新闻传播中的及时性与互动性优势。信息发布及时,受众广泛参与是新媒体在信息传播过程中的一个很重要的特点,也是传统媒体无法比拟的一个优势。因为新媒体拥有遍布全世界的网民和网络终端,可以即时获取第一手资料,及时发布。因此,传统媒体应利用自己的权威性,积极和新媒体相结合,发挥新媒体的及时性和互动性,更快更真实地将信息传递给亿万受众,推进全社会新闻事业的发展。

3.要注意网络民意收集与新闻素材加工。在这个多元化的时代,每天接触的信息成千上万,面对浩如烟海的信息如何筛选,这就需要网络编辑具备一定的新闻基本功。一是要按照新闻规律办事,掌握相关的方针政策;二是在这个基础上,对各类新闻信息进行整合、优化、再创作,这样发布出去的新闻才能达到最佳传播效果。

4.要积极发挥舆论引导作用,化解社会矛盾,构建和谐社会。传统媒体和新媒体的融合为的是取长补短、发挥优势,取得传播效果的最大化。而媒体又是一种舆论工具,因此,坚持正确的舆论导向,积极引导公众舆论,凝聚社会力量,化解社会危机,是传播媒介不可推卸的责任,也是每一个媒体人不可推卸的责任。

三、新媒体内容生产与编辑的特点

在学术领域,新媒体的概念一直处在不断变化之中。1967年,美国哥伦比亚广播电视网技术研究所所长戈尔德·马克在一份商品计划书中第一次提到了"新媒体"一词。1969年,美国传播政策总统特别委员会主席罗斯托在向尼克松总统提交的报告中又多次提到了"新媒体"一词。从此,"新媒体"开始在美国流行并很快扩散到全世界。然而,"新媒体"这一概念极具弹性。20世纪70年代,传播学界热烈讨论"新媒体",那时的"新媒体"指的是刚兴起不久的电视;20世纪90年代,有"第四媒体"之称的互联网一出现,电视就成了"传统媒体"。在20世纪末,由电话线连成的互联网作为传播媒介的最高形式出现,它在传播形式上几乎囊括了以往和当时所有的传播方式。

目前世界上关于新媒体的定义尚没有定论,专家们也是各执一词。美国的新媒体艺术家维奇·曼诺(Lev Manovich)认为,新媒体将不再是任何一种特殊意义的媒体,而不过是与传统媒体形式相关的一组数字信息,但这些信息可以根据需要以相应的媒体形式展现出来。美国《Online》杂志对新媒体的定义:"所有人对所有人进行的传播。"这一解说颇受推崇。他们认为新媒体主要体现在前所未有的互动性上。在国内,清华大学教授熊澄宇认为,新媒体或称数字媒体、网络媒体,是建立在计算机信息处理技术和互联网基础之上,发挥传播功能的媒介总和。它既有报纸、电视、电台等传统媒体的功能,又有交互、即时、延展和融合的新特征。互联网用户既是信息的接收者,又是信息的提供者和发布者。包括数字化、互联网、发布平台、编辑制作系统、信息集成界面、传播通道和接收终端等要素的网络媒体,已经不仅属于大众媒介的范畴,还是全方位、立体化的融合大众传播。组织传播和人际传播方式,则以有别于传统媒体的功能来影响我们的社会生活。[①]"新媒体是一种既超越了电视媒体的广度,又超过了印刷媒体的深度的媒体,而且由于其高度的互

---

① 熊澄宇,廖毅文.新媒体——伊拉克战争中的达摩克利斯之剑[J].中国记者,2003(5):52—53.

动性、个性化和感知方式的多样性,使它具备了从前任何媒体都不具备的力度。"①

不管人们如何定义新媒体,有一点是确定的,那就是相对于旧的媒介形态,新媒介的形态是不断变化和延伸的,在现阶段,其核心是用数字式信息符号传播技术去实现新媒体的特性。可以从技术和传播角度来划分新媒体,包括拥有数字化、大容量、超时空、超媒体、易检索的技术特性和拥有即时性、交互性、去中心化、个性化、群族化和碎片化的传播特性。新媒体内容的生产与编辑是建立在新媒体基础之上的,它们具有以下基本特征。

(一)建立在数字技术和网络技术的基础上

新媒体内容主要是以计算机信息处理技术为基础,以互联网、卫星网络、移动通信等作为运作平台的媒体信息。如果说传统媒体是工业社会的产物,那么新媒体就是信息社会的产物。

(二)在呈现方式上是多媒体

新媒体内容往往以声音、文字、图形、影像等复合形式呈现,具有很高的科技含量,可以进行宽媒体、跨时空的信息传播,具有传统媒体无法比拟的互动性。

(三)具有全天候和全覆盖的特征

受众接收新媒体信息,大多不受时间、地点场所的制约,受众可以随时通过新媒体在电子信息覆盖的地方接受地球上任何一个角落的信息。为了满足受众的需求,新媒体内容的生产与编辑活动必须是24小时不间断的。

(四)呈现出媒介融合的趋势

新媒体内容的生产与编辑的典型特征是在数字化基础上去实现各种媒介形态的融合和创新。新媒体的边界处在不断变化的过程中,很多称谓相互重叠,包括网络媒体:门户网站、论坛、博客等;数字媒体:互动电视、网络电视等;无线移动媒体:手机电视、手机新闻等。并且,新旧媒体之间融合趋势明显,传统媒体可以借助新的数字技术转变成新媒体,比如传统的报纸、广播、电视可以升级为数字报纸、数字广播和数字电视。

第三节 新媒体内容生产与编辑对从业人员的素质要求

加强和改进互联网的宣传,提高中国互联网新闻传播影响力,培养和拥有一批高素质的网络新闻媒体从业人员十分重要。网络新闻工作从业人员除了具备所有的新闻业务基础之外,还应具备以下一些素质。

一、从业人员必须能熟练地操作和运用新媒体工具

新媒体内容传播的物理基础是高新科技,其功能的开发运用也要依靠高新科技。新

---

① 匡文波.到底什么是新媒体[J].新闻与写作,2012(7):24-27.

媒体内容的表现形式将逐步由静态"图文"转向动态"视频",现阶段越来越多的媒体将新闻信息编写由简单的"文字加图片"形式发展成为集视频、音频、文字以及大量相关信息链接的立体报道形式。今后新闻采访中还会更多地运用视频采访等手段,实现远距离的"面对面采访"。这些新媒体记者都是复合型的多媒体记者,他们可以写新闻、摄影、摄像、操作数字录音机和摄像机,以及制作网页等。如没有一定的科技水平,在网络传播上很难有突出的成就。这一点不用过多解释,就是要求新闻工作者不但要会用,而且能熟练地使用网络这一现代化信息工具,做到快速采写、编辑,及时发布。

二、从业人员要具备良好的新闻业务技能

网络新闻从业者除了掌握现代化传播技能以外,掌握传统新闻采编业务技能也是必备的基本功。网络新闻从业者首先必须具备扎实的传统新闻业务技能,即采访、写作、编辑、录音、摄像等。网络新闻从业者必须具备新闻专业知识。新闻专业知识是新闻业务能力的导向标和储备库,新闻报道内容的选择及所占比重、在页面空间或节目时段中所排列的位置,乃至栏目设置和主页新闻频道的编排等,无不依赖于新闻从业者精深的专业知识的指导。其次,从业人员还要具备新闻敏感性,能快速发现新闻线索,判断新闻价值,并对其进行适当处理。此外,网络新闻从业者在精通专业知识的基础上,还应通晓广博的人文社科知识。

三、从业人员要紧跟时代潮流,及时调整自身的知识结构

互联网的出现,从政治、法律、文化等方面给广大受众的学习、生活方式带来了巨大变化。新媒体的出现和普及,使信息控制变得几乎不可能。未来随着信息技术的发展,传统媒体将受到更大的挑战。网络新闻的稿件来源非常丰富,一部分来自传统媒体及记者采写和刊载的新闻报道,一部分来自网上的各种渠道(如BBS、博客、微博等),还有一部分来自网站记者的原创作品。鉴于此,新闻工作者应引导受众怎样从网络媒体上获取需要的信息、如何识别错误的言论、如何确立正确的舆论方向。这样,即使突发事件爆发时各种消息蜂拥而来,我们也能正确识别,并能独立做出判断。网络新闻传播打破了原来的地域与行业的限制,直接面向全球,新闻工作者的思维方式要调整,知识结构要调整,视野要调整,新闻的价值标准也要调整。

四、从业人员要具备强烈的竞争意识

网络的发展对新闻工作者的素质提出了更高要求。网络给新闻工作者带来了极大的便利,记者可以借助网络与采访对象在电脑上交谈,可以接通有关资料库查询相关内容,可以在远离办公室的任何地方以很快的速度发回新闻与照片……总之,通过网络,新闻工作者的工作效率大有提高。科技的发展为新闻工作者带来了很大的便利,但这并不意味着新闻工作者可以比以往轻松。随着网络媒体的快速发展,竞争将空前激烈。这竞争既包括信息量与信息可靠度的竞争,也包括人员素质的竞争。谁的行为敏感性强,谁的速度快,谁就能在竞争中站稳脚跟。新闻工作者只有不断学习电脑、网络知识,加强网络观念,

不断提高自身的整体素质,善于利用各种软硬件设备,才能开创出一片新天地。此外,新闻从业人员还必须注意充分发挥互联网的优势,调动新的经济手段,在获取信息资源时,既要看到多媒体的排他性,又要看到其相互依赖性,不能一味谋求压倒其他媒体称王称霸,而应在互相依存、互相配合中使自身竞争力得到充分发挥和提高。

五、从业人员应具备更高的道德意识和责任感

这种道德意识已不只限于传统的职业道德范畴,而是指新闻工作者本人在信息传播中,必须具有强烈的道德心,对发出的每条消息负责。网络新闻,不管稿件来自何种渠道,都需要经过反复认真选择,去伪存真、去粗取精。同时,专业新闻工作者还要积极利用自己的资料发现并谴责不道德的信息传播现象,以保证信息传播的有效性和纯洁度。专业新闻工作者还要具备良好的形象及个性化的思维方式,这样才能更易被接受和信任,从而增强传播效果。记者一定要有精品意识,在努力增强责任感的同时,养成一丝不苟、精益求精的工作作风,尽可能减少和杜绝稿件中差错的发生。总之,网络记者应重视整体道德修养的提高,树立良好的整体职业形象,以顺利完成信息时代新闻传播者角色的转换。

【知识回顾】

对于新闻媒体来说,内容永远是根本,是决定其生存与发展的关键所在。推动媒体融合发展,在强调技术引领和驱动的同时,必须始终坚持"内容为王",把内容建设摆在十分突出的位置,以内容优势赢得发展优势。在媒介融合的大趋势下,新闻内容的生产与编辑工作面临着机遇与挑战。与传统媒体相比起来,新媒体内容的生产与编辑有其基本特征,主要表现在呈现方式、生产流程以及融合趋势等方面上。这需要从业人员适应新媒体时代受众的需求,根据新闻内容的生产、编辑与传播的特征及时调节工作流程。这对从业人员的素质也提出了更高要求,不仅要能熟练地操作和运用新媒体工具,还需要具备良好的新闻业务技能,同时要紧跟时代潮流,及时调整自身的知识结构,具备强烈的竞争意识。更为重要的是,在新媒体环境下,从业人员还要具备更高的道德意识和责任感,严格把关,防范虚假、低劣新闻内容产生。

【思考题】

1. 如何理解当前我国媒体融合的发展现状?
2. 你认为传统媒体在新闻生产与编辑方面应如何应对新媒体的挑战?

第二章 网络新闻采访

【知识目标】

1. 网络新闻采访的功能与常用工具
2. 网络采访的优势与不足

【能力目标】

1. 掌握网络采访的常用工具
2. 充分认知网络采访的优势与不足,并能灵活应用

【案例导入】

网络的出现使新闻记者大受其益,比如外出采访成稿后可以通过电子邮件、聊天软件将稿件迅速传回,这种传输方式方便、快捷、安全,而且交互性强,费用低。随着网络的普及,记者在更多时候足不出户即可通过网络完成特定采访,即所谓网络采访。

在媒体竞争日益激烈的环境下,网络新闻资源越来越受到传统媒体的重视,越来越多的都市类纸质媒体开始利用网络,即以网络为平台,推出了"新闻QQ""新闻博客""网络留言板"等栏目,以此开拓新闻资源。可以说,在信息时代,谁更好地掌握了网络新闻资源和网络采访,谁就在新闻资源的开拓上更深入。

2000年底,重庆一家报纸通过网络联系到萨马兰奇的助手,表达了想采访萨马兰奇的意向,得到同意后,便成功采访到了萨马兰奇。新华社记者熊蕾曾利用电子邮件在一周之内采访了美国、英国、日本、瑞士、加拿大等国的10位科学家。在采访过程中,有的采访对象当天就回了信,由此次采访而写成的报道后来被刊登在美国的《科学》杂志上。从这一点来讲,网络采访的速度和采访范围是传统新闻采访难以企及的。2007年,《贵州都市报》专刊中心的记者通过电子邮件、MSN等形式采访到了多位知名教授和作家,从而写出了很多影响较大的文化专访。

第一节 网络新闻采访及其功能

传统新闻采访主要有电话采访、面对面采访等方式,而网络的出现则赋予了新闻采访新的形式,记者足不出户,就能完成所有新闻采访。在媒体竞争日趋白热化的今天,熟练掌握网络采访,开拓新闻资源对媒体从业者来说极其重要。深入了解什么是网络新闻采访及其功能,有利于记者灵活利用网络采访开展业务活动。

一、什么是网络新闻采访

网络新闻采访,顾名思义,就是借用网络进行采访。它仍属于采访方式的范畴。所以,要恰当界定网络采访,首先要准确地把握采访的含义。所谓采访,是指"新闻记者为采集新闻而进行的调查研究和访问活动,是新闻记者获取事实、捕捉信息的主要手段"。获取信息是采访的出发点和归宿。根据采访的特点,网络新闻采访也有广义和狭义之分。广义的网络新闻采访是指新闻记者为了撷取新闻素材,运用网络技术和网络手段,获取一切相关信息的活动和过程。它强调的是网络新闻采访的信息收集功能。与广义的网络新闻采访不同,狭义的网络采访是指新闻记者在无法亲临现场,也不能用或不宜用电话采访时,借助互联网,通过电子邮件、聊天室、电子公告板、新闻组、网络调查等工具,与确定或不确定的采访对象进行数字化交流,以获取相关信息,弥补传统采访方式的不足所进行的活动。它突出强调的是网络新闻采访的条件性和辅助性功能。

新闻采访是新闻工作者为了收集新闻素材而进行的具有特殊性质的调查研究活动,是新闻业务中最基本的一个环节。新闻采访实际上是一个系统工程,一般分为采访前期、采访中期和采访后期三个阶段。在这三个阶段中,记者都可以充分利用网络资源和工具来帮助自己完成采访活动。

网络的出现使新闻记者大受其益,比如外出采访成稿后可以通过电子邮件、聊天软件将稿件迅速传回,这种传输方式方便、快捷、安全,而且交互性强,费用低。而随着网络的普及,记者在更多时候足不出户即可通过网络完成特定采访,即所谓网络采访。在采访前期准备工作阶段,可以通过网络获取有价值的新闻线索,可以通过网络查询被采访对象的背景材料和相关资料,对采访对象进行初步了解。在采访中期,可利用网络上提供的电子邮件服务与被采访对象联系,确定采访时间、地点及主题,甚至可以明确采访的问题。利用电子邮件或即时通信工具直接实施采访活动,比较适合采访远距离对象和日程安排很紧的人,这样可以大大提高工作效率。在采访后期,可通过网络工具确认某些采访细节,还可以通过网络验证采访得到的材料,以及利用网络积累采访资料。

二、网络新闻采访的功能

网络新闻采访丰富了采访方式,它具有以下四种功能。

(一)利用网络获取新闻线索

互联网是一个巨大的信息源,在博客、论坛、微博等平台上时常有网友发布目击见闻以及他们的经历感受,其中有的本身就可以构成有价值的新闻线索;在网上,还可以读到某一领域或专业的最新研究成果,从而了解到某一社会生活方面的变化;浏览各个网站,一般也会看到一些新鲜有趣的新闻,记者也可由此获得所需的线索,跟踪报道;再则,读者给编辑部和作者发来的电子邮件中也往往有许多有价值的新闻线索。这些信息都可以启发一个有敏锐"新闻嗅觉"、善于思考的记者去发现新闻线索。

(二)利用互联网获取背景资料

互联网是一个巨大的资料库,因而在采访活动中,可以预先从网上获得采访对象的有关背景材料,以便能在面对面的采访中,知己知彼,提高采访效率,获得采访的成功。对于那些有要事在身,没有多少时间来接受采访的采访对象,记者更应在事前做好充分的准备,掌握的背景资料越多,会越有利于采访,也有利于提出最恰当、最有价值的问题。

翔实的背景资料,应当包括采访对象的姓名、职务、主要经历、成果贡献或者其他值得注意的材料,以及与采访主题相关的背景资料。最好在采访前,能获得其他媒体近期和过去一段时间对采访对象的相关报道,避免问一些人云亦云的问题。通过搜索引擎来查询,很容易获得"相关新闻报道"的资料。现在有许多搜索网站,如Yahoo、Google、Baidu等,可以在上面搜索到需要的信息。

(三)利用互联网实施采访活动

根据新闻记者与被采访者的关系,互联网上采访常见的类型有:电子邮件采访、聊天室采访或BBS采访、即时通信采访、视频会议采访等。这些采访手段各有其特点,所适用的场合也各不相同。只有正确认识每种手段的长处与短处,才能更好地发挥每一种手段的潜能。

(四)利用互联网整理新闻资料

在采访结束后,可以利用互联网提供的功能服务和信息资源整理已有的相关资料。比如,采访某位名人后,可以把收集到的互联网上的资料保存起来;同时,为了今后的查找,可以把有关网页在电脑中收藏起来;还有必要将被采访对象的电子邮件地址保存在计算机的电子邮件通讯录里。当然,这一切都可以用传统方式来完成,在笔记本中记录有关资料,或将资料复印存档等。如果记者认为有必要,也可以给被采访对象通过电子邮件寄去所发表的稿件,以表示尊重。如果是在聊天室或论坛上获得的材料和信息,也有必要在进一步确证后,经过整理保存在文件夹中。总之,整理资料是个细致的工作,但是这个工作做得细致会有助于在以后的工作中节省大量的时间和精力。采访结束后,还可以通过互联网对采访获得的相关资料进行核实。

第二节 网络新闻采访工具

当前,网络采访的工具很多,但最常用的网络新闻采访工具无非是以下两种。

一、电子邮件采访

对于记者来说,互联网最大的贡献就是提供了电子邮件这个采访工具。通过电子邮件进行采访,记者可以较顺利接触到受众感兴趣的任何一位客体,包括名人甚至国家元首,只要他在互联网上开辟了网页,设立了电子信箱。

利用电子邮件的功能,可以实现异地书面采访,这已是许多记者常用的采访手段。当然利用电子邮件采访有一个基本条件就是,记者与被采访对象都能充分驾驭这一工具,并有良好的使用习惯,比如及时回复、必要抄送、附件等。使用电子邮件的好处在于,一是干净利落,提几个问题,就回答几个问题,电子邮件来往免去了车马劳顿、端茶送水的烦琐;二是利用率高,写稿时可以直接引用,要比口述心记来得精确、完整,整个采访效率较高。

但利用电子邮件采访也有不利之处,那就是没有面对面交流那样直接和复杂多变,不容易撞击出思想的火花,并且也不能观察现场的状况以及受访者的反应等。

电子邮件采访有很多优点,主要有:电子邮件采访能够节省费用,提高效率。发送一封电子邮件只需要零点几秒,由此产生的上网费用几乎可以忽略不计。采访成本的降低使昔日媒体间的实力差别得以淡化,一家地方性媒体也可以通过电子邮件进行跨国采访。再加上电子邮件具备附件和群发功能,既可以发送文字信息,又可以传送图片、声音等多媒体文件。电子邮件的延时回复功能避免了采访者和采访对象生活在不同时区带来的不便。采访对象可以在自己方便的时候认真阅读记者提出的问题,在无人干扰的情况下从容作答。电子邮件的这种不要求即时互动的交流方式给对方留下了足够的思考时间和空间,使回答更为理性、严谨、条理清楚。

很多事物的优点从另一方面看就是缺点。电子邮件采访的这种延时互动也带来了一些问题。比如回复的概率比较低,尤其是采访名人,很可能泥牛入海。回复时间的充足和双方不能及时反驳和互动也使采访对象可能根据自己的需要对信息进行加工、解释,造成远离事件真相。

用电子邮件采访要注意几点。首先,有一个好的标题,在标题中清楚点明采访主旨,吸引对方点击阅读。如果没有标题或者只是简单的"你好"之类,很可能被对方当作垃圾邮件看也不看进行删除。其次,提出问题前,要先对自己和所在的媒体进行简短的介绍,说明采访原因,使对方了解采访的重要性以及对他个人或者公司的影响,吸引对方接受你的采访。再次,问题要简明扼要,切中要害。能够从背景资料上得到的信息就不要再问,重点是提一些必须由他本人回答的问题。最后,通过其他渠道核实信息的安全性,也就是说要确保你采访的是采访对象本人,而不是其他人或者是黑客。

二、网络即时通信工具采访

这种采访方式包括运用QQ、Skype、网站短信等网络即时通信工具进行的采访。除了节省费用、提高效率等网络采访共有的优点外,这些通信工具的优点主要是互动性强、私密度高,比较适合进行聊天式的采访,可以深入地探讨一些问题。比如情感类的题材就比较适合运用这种方式采访。缺点是谈话可能比较随便,过后要进行的整理工作较多,另外有可能因为技术原因(如掉线、死机等)造成谈话中断,影响采访的气氛和连续性。这种采访结果的真实性也需要进一步的核实,要通过其他渠道确认发过来的信息的确是你的采访对象本人发过来的信息。对于那些不需要确认采访对象具体社会身份的情况(比如像安顿的《绝对隐私》那样的采访),需要通过谈话的综合信息来把握对方的真诚度。

当下,及时通信工具绝大多数都提供了视频交互功能,我们也可以借助它进行网络视频采访。

第三节　网络新闻采访的特点

科技的发展时刻推动着采访方式的进步。网络采访是高科技与采访方式联姻的产物。与传统的采访方式相比,网络技术的先进性使其具有更多优势。

网络新闻采访是网络新闻的基础工作，它有着不同于其他媒体采访的个性。网络新闻的采访不但包括传统媒体采访的方法，如文字采访（如报纸采访）、录音采访（如广播采访）和图像采访（如静态的新闻摄影采访和动态的电视采访）等，还包括充分利用网络这个跨越时空的虚拟现实空间，按照新闻传播的需要进行新闻素材收集和调查研究活动。

网络新闻采访是网络新闻传播实务的主要研究内容之一，是从事网络新闻传播实务的起步环节，它主要以"因特网"作为新闻素材采集的环境，用搜索、采访、下载和编辑加工等方式采集素材及相关资料。网络新闻采访直接从传统新闻采访和计算机辅助新闻学发展而来，其主要研究内容包括如何利用网络所提供的虚拟空间寻找采访线索，如何利用网络资源、数据库收集和核查数据，如何利用电子邮件、BBS、新闻组、邮件列表、网络电话和聊天工具、可视化交互式设备等进行远程的、全球性、实时性的全数式新闻采集和新闻调研等活动，亦包括利用数字化的硬件设备和技术在现实空间中所进行的新闻素材采集和调查活动。

网络新闻采访主要是由网络记者完成的，网络记者有广义和狭义之分。广义的网络记者包括全体网民。网络新闻的传播通道相当多，有万维网、新闻组、邮件列表、BBS和网络寻呼或其复合使用等，这就决定了其发布者（即首发者）、转发者可以是任何机构也可以是任何个人。这就不可避免地出现大批上网的个人用户成为业余甚至专职新闻记者。从这一点上看，李希光教授的界定是有一定依据的。狭义的网络新闻记者是指网络传播媒体中所有从事新闻实务的专业人员。这一定义与传统的广义记者定义有很大不同，网络记者应是一种身兼数职（采写摄录、编辑、播音、主持人、发布等）的多媒体数字记者，而广义的网络记者则大都未经过特定的专业训练，其采访活动往往是偶尔为之。

狭义的网络记者一般具有较高的理论水平和深厚的新闻学、传播学专业知识和各种知识的底蕴，以及高超的新闻采写能力、良好的职业道德和熟练的网络传播技术及操作能力等。这类记者针对一些重大的新闻事件和连续性的新闻事件进行网络采访，在保证新闻真实性的基础上，运用与新闻内容相符的体裁和简练的语言，采集和传播新闻。一般的个体网络新闻记者根本无法完成，必须依靠那些物力、财力雄厚的新闻网，尤其是一批富有采写经验和采写实力的记者编辑队伍。

一些新闻业务功底扎实的传统记者开始向网络记者转型，专职网络记者的数量也开始有所增加。网络记者是用数字技术武装起来的新型记者，网络采访是新闻记者在现实和虚拟的两个截然不同的空间中所进行的采访。由网络采访所得的新闻素材制作的新闻，是在网络空间中进行和完成传播的。这就决定了网络新闻采访与传统新闻采访既有相通之处，也有其独特的个性。网络新闻采访的特点表现在以下四方面。

一、采访内容的多媒体化

网络新闻采访以多媒体新闻素材为采访对象，其采访的素材涵盖和融合了传统媒介新闻采集的内容，既有静态的文字和图片的采访，又包括声音和动态视频的采集和摄录，是一种多媒体的全方位采集新闻素材的活动。在这一新的采访模式下，传统记者明确分工的特点将逐渐走向模糊乃至消失，每个记者将成为集文字记者、摄影记者和录音录像记者于一身的网络记者。

二、采访工具的全数字化

网络新闻采访所采用的采访工具主要是全数字化的计算机网络,以及可以与网络相通的一系列全数字化的新闻采访和传输工具。这些数字化工具主要包括硬件和软件两个部分,硬件主要有:笔记本电脑、数字录音机和摄像设备、数码相机、大容量的便携式存储设备、调制解调器、PC电话和IP电话,以及可与计算机网络连为一体的卫星电视等。此外,还有可以用来浏览网页和收发电子邮件的WAP(Wireless Application Protocol 一种专为移动应用而设计的小型浏览器协议)和掌上电脑 PPC(Palm Personal Computer)等。运用这一整套功能强大且齐全的数字化网络新闻采访工具,可以快捷而高质量地完成新闻采访任务。在这些工具的帮助下,记者有时足不出户,就可以采集所需的新闻素材。另外,网络记者所使用的数字采访设备也在不断升级,采访装备包括成套的先进采访设备,有摄像头、戴在眼睛上的微型显示器、挂在手臂上的微型键盘、话筒、挂在腰间的微显示器、数码影像传输设备和电池等,利用这套异常轻便的设备,不仅可以采集一般的文字和图像新闻,还可独立完成现场直播。

三、采访范围的全球性和速度的快捷性

因为网络具有全球性,因而网络中的采访范围也具有全球性的特点。对于一些不能、不适于或因距离太远而无法进行现场采访或调查的新闻事件,记者就可通过互联网在办公室或家中进行全国性或全球性的实时采访,如通过电子邮件、新闻组和邮件列表等进行异步的文字采访,通过语言信箱、网络电话等进行口头采访,通过即时通信工具进行可视化的面对面采访等。另外,在网络中所进行的采访是一种实时性的快速采访,有时因距离相隔等原因,传统采访需要数天或数月才能完成甚至无法完成的采访工作,在网络中仅需数秒或几分钟就可以完成。

四、新闻资源的丰富性及利用的方便性

网络及其数据库和光盘是可供新闻工作者开掘利用的巨大信息资源库。网上有大量文献可供查询。掌握了网络检索的记者和编辑,实际上就等于拥有了一座世界最大的流动图书馆。运用某些功能强大的搜索工具(如搜索引擎等),记者就可在这一数字化图书馆中方便地检索到某一题材的背景资料,快速获得所要的新闻资源,就可对数据进行更深入发掘。在信息时代,计算机和网络等资源对于新闻报道的作用至关重要,它使记者看得更远、听得更清、想得更深、写得更多。

从传统的角度讲,新闻获取的途径主要有:通过大的政策决议及重大政治活动、政府官员讲话获取;通过记者耳闻目睹获取;通过广大受众、亲友的提供和与他们的接触获取。这只是获取新闻线索的几种方式,但它们都强调记者主动出击、主动接触社会,强调记者的感觉能力。而在网络时代,记者无论是获取信息还是传播信息,都面对着浩瀚无际的新闻资源,此时,记者一方面可以利用自己的社会关系实地采访新闻、掌握新闻线索,一方面可以利用全新的线索,这样就拓宽了记者获取新闻的渠道,使记者的调研从封闭走向开

放。但科技给网络采访带来优势的同时,也带来了诸多的不利因素。

(一)保障系数低

在现实采访过程中,由于受各方面因素的影响,新闻记者无法接近新闻源或采访对象的情形很多,这时就得充分发挥网络采访的应急性和辅助性功能。然而,这些功能能否实现还取决于一定的前提条件,这主要有时间和内容两个方面。在时间上,运用网络采访时,新闻记者通过电子邮件、电子公告板等进行发问,与采访对象回答具有异步性,即问与答往往不是连续进行的。这样,采访对象在是否回答与何时回答上就具有相当大的选择权和自由度。这往往就会导致信息不能及时获取,时效性难以保障,即使原本有价值的新闻往往也会因此贬值或失去价值。在内容上,网络这个虚拟空间与现实世界一样都充斥着各种信息,丰富的信息资源与大量的信息垃圾并存。面对着这个庞大混杂的信息群,新闻记者往往会无从下手、不知所措。检索来的信息往往也难以求证,从而使信息的真伪处于不确定状态,信息的保真系数下降。

(二)人情系数低

网络采访实质上是一种数字化交流。采访双方面对的是冷漠的电脑而不是鲜活的个体。一串串枯燥的数字代替了人们的声色言语,交流双方只能在"嗒、嗒"的敲击声中,一方提供信息,一方接受信息。传统采访中具有的人情味在这里趋于低调化、枯竭化。这种缺乏人情味的采访,不利于记者描写采访对象的特征、神色以及现场的场景和氛围,从长远来看,也不利于记者进行稳定的消息来源网建设。Short等人于1976年提出的社会在场理论认为,不同交流媒介会传达不同水平的社会在场(Social Presence)——"其他交流者与我一起参与交流的(也即在场)一种感觉"。而社会在场取决于交流者是否能够得到交流对象的视觉、听觉甚至是触觉的信息。显然,面对面交流的社会在场水平最高,而以计算机媒介交流方式最低。因而以计算机为媒介的交流"较少友好,较少情感性,更少人性化,更多商业气息"。[①] 因此,如果之前未能建立前期联系,那么在互联网上发起的采访较不容易得到对方的响应。

(三)风险系数大

通过网络采访获取的信息,内容具有庞杂性,质量具有不确定性。因而,新闻记者运用这些信息时,可能造成两种危险:报道失实危险和涉讼危险。网络中的信息混杂,精华与糟粕并存。而且这些垃圾信息更具隐蔽性,不易被察觉。新闻记者由于疏忽或被蒙蔽,很可能将这些垃圾用到报道中去,导致新闻失实,影响媒体声誉。长此以往,会引起受众的逆反心理,使媒体产生"信任危机"。在崇尚法治的今天,人们的法律意识在不断增强,懂得用法律武器维护自己的合法权益,包括网络领域。互联网络虽然能实现信息资源共享,但这并不意味着任何信息都可以随意使用。在网络中,也存在着版权问题。如果记者稍有不慎,就可能引起版权纠纷,陷入新闻侵权官司中。另外,网络采访中还涉及其他一些法律问题,尤其是隐私权问题。"高科技下无隐私",凭借高科技手段,非法侵入他人数

---

① 谢天,郑全全.计算机媒介影响人际交流方式的理论综述[J].人类工效学,2009(1):64-67.

据库、盗用他人电子邮件等显得轻而易举。因而,网络上会出现一些"公开"了的隐私。这类信息对新闻记者有巨大的诱惑,而且这种"公开"的外衣极易遮蔽采访者的眼睛。与传统的采访方式相比,网络采访造成侵犯他人隐私权的可能性更大、危险性更高,新闻记者很容易在不知不觉中失足、摔筋斗。

基于网络采访存在诸多利弊,因而在实践中,应注意以下几方面的问题。首先,正确把握网络采访的内涵。内涵就是尺度,只有把握准这个尺度,在实践中才能游刃有余,运用自如。其次,正确处理好传统采访方式和网络采访方式之间的关系。在采访方式体系中,传统采访方式依然占主体地位,网络采访方式不能取而代之。不可以因网络采访的先进性而摒弃传统采访方式,也不可以因网络采访存在诸多弊端而对之完全否定。第三,坚持多方验证采访资料的真实性。由于网络的介入,新闻记者与新闻源之间增加了若干中间环节,因而记者得来的往往是第二、三手的材料。要保证材料的真实性,就必须加强对这些材料的验证工作。在真实性得以保障的基础上,增强时效性,防止走片面追求时效而弃真实于不顾的极端。

【知识回顾】

通过网络进行采访已经成为一种常用的采访手段,尤其适用于一些不能、不适于或因距离太远而无法进行现场采访或调研的新闻事件。记者不仅可以通过网络进行采访,还可以利用网络上丰富的新闻资源为自己服务。运用某些功能强大的搜索工具(如搜索引擎等),记者可在这一数字化图书馆中方便地检索到某一题材的背景资料,快速获得所需的新闻资源。不过,值得注意的是,网络采访在某种意义上来说还是具有局限性的,它的地位还不能超越传统采访。作为新媒体记者,需要充分利用网络资源,努力提高网络采访成功率,提高网络采访真实性。

【思考题】

1. 在网络采访中如何提高采访成功率?
2. 如何处理传统采访与网络采访之间的关系?
3. 邮件与即时通信工具在采访中各有何优势?
4. 如何提高网络采访所获得信息的真实性?

第三章
网络新闻写作

【知识目标】
1. 网络新闻的写作特点
2. 网络新闻的文本特点

【能力目标】
1. 掌握网络短消息的写作技巧
2. 了解网络新闻多媒体与超文本写作的特点
3. 掌握微博新闻写作的基本要点。

【案例导入】

网络新闻的影响力正在改变着传统新闻传播的技术格局、内容格局和市场格局。2014年7月上海福喜事件曝光,人民网对该事件进行了跟踪报道。以下摘选了其中几则新闻报道:

1. 上海所有肯德基、麦当劳问题产品被要求全部下架

(2014—07—20 20:56)

人民网北京7月20日电　据上海广播电视台电视新闻中心官方微博报道,麦当劳、肯德基等洋快餐供应商上海福喜食品公司被曝使用过期劣质肉。上海食药监部门已经要求上海所有肯德基、麦当劳问题产品全部下架。

上海电视新闻记者卧底多月,调查上海福喜食品公司,发现了让人触目惊心的食材是如何有组织地流向麦当劳、肯德基、必胜客的,7月20日晚节目播出后,上海食药监部门连夜出击,上海食药监进车间时一度被阻,目前部分文字证据已被控制。

据东方卫视新闻综合频道报道,麦当劳、肯德基等洋快餐的供应商上海福喜食品公司,将落地肉直接上生产线,各种过期原料随意添加;次品全部混入生产线,来历不明的牛肉饼就此"洗白";监管形同虚设,冷冻臭肉重新变身"小牛排"。这些都是福喜公司加工车间内的场景,这些产品一直以来都直接供给麦当劳、肯德基等洋快餐。

2. 上海市食安办突击检查福喜食品公司遇阻拦

(2014—07—20 21:20)

人民网北京7月20日电　据上海广播电视台电视新闻中心官方微博报道,7月20日晚上海市食安办副主任、市食药监局副局长顾振华带队突击检查上海福喜食品公司,顾振华现场做出肯德基、麦当劳立即下架福喜提供的所有食品的决定。在进入车间检查时,顾振华受到阻拦。据报道,检查组进厂区后再次被阻止进入房间,现场已经报警。

3.麦当劳:停用并封存由上海福喜提供的所有肉类食品

(2014年07月20日 22:01)

人民网北京7月20日电　据上海广播电视台电视新闻中心官方微博报道,对于《东方卫视》报道的麦当劳个别供应商存在的问题,麦当劳第一时间通知全国所有餐厅,立即停用并封存由上海福喜提供的所有肉类食品。麦当劳称,已经成立调查小组,对上海福喜及其关联企业展开全面调查,并将尽快公布结果。

从以上的案例,我们可以充分体会到网络新闻写作相对传统新闻写作,有其自身显著的特点。

第一节　网络新闻的写作及文本特点

网络新闻是从传统新闻发展而来,因此在写作规律和写作特点上与传统新闻存在着差异,同时,随着信息技术的发展,人们的阅读方式和习惯都发生了许多变化。所以,我们在研究网络新闻写作的规律时,要充分认识到其写作及文本特点,才能更好地探究网络新闻的发展规律。

一、网络新闻的写作特点

网络新闻写作的基础是传统的新闻学,但是网络新闻传播的层次化、实时化、多媒体化等特点,在其新闻报道与写作上有着相应的体现。因此,关于网络新闻的写作,一方面要充分认识与利用传统新闻写作的规律,另一方面,又要研究其发展变化的新规律。网络新闻写作的特点表现在以下几方面。

(一)网络新闻写作的层次化

网络信息的组织与发布多是采用层次化的结构。这种特殊性,使得信息作品也呈现出多级形式的特点。传统媒体的信息作品,在呈现方式上是单一层次的,报纸以空间为载体展示所有信息,广播电视以时间为载体展示所有信息。但是,网络信息作品,特别是通过网站来发布的作品,却是层次化的。网络新闻写作即层次化写作。而实现层次化作品的主要手段,就是利用超链接。网络新闻的发布过程是一个逐层递进的过程,读者通常是根据自己的需求,一层一层去索取新闻信息。因此,"倒金字塔"结构在网络新闻写作中不仅有印刷媒体常见的上下水平布局的平面结构关系,而且具有前后纵深布局的立体结构关系。

一篇网络新闻作品通常可以分解为下列层次。层次之一:标题;层次之二:内容提要;层次之三:新闻正文;层次之四:关键词或背景链接;层次之五:相关文章或延伸性阅读。当然,不同新闻作品的层次划分并不相同,每一层次所担负的作用也不相同。但从总体上看,这种作品的多级性特质是存在的。

1.标题

网络新闻作品要求每一级信息的分工要明确,而第一级信息——新闻标题,必须要满足最基本的信息获知需求。在网络新闻传播中,标题是引导读者向深层信息进入的第一航标。一个网络媒体要想吸引受众向网站的深层内容进入,就必须强化"标题意识",严守"准确、简约、传神"之法则,在标题的制作上下功夫,力争让新闻标题对受众具有"不可摆脱"的吸引力。突出重点、强调新意、简洁明快、描述准确和寓意深刻的标题会吸引、刺激、引导读者点击索取下一层新闻内容,而蹩脚的标题则会沦为深层新闻内容展示的直接障碍。

2.内容提要

在网络新闻中,内容提要出现的频率是很高的,特别是在一些国外的网站上。之所以要在新闻前加上内容提要,主要是为了满足读者对信息量需求的差异:信息量需求小的读者可只看内容提要,而需求量大的读者则可浏览全文。

3.正文

网络新闻正文的写作,与传统媒体的新闻写作基本上是一致的。但是网络新闻的正文应该特别注重文风的问题。具体来说,就是要求文章宜短、段落宜短、句子宜短,文字应该平实。

4.相关链接

目前中国大多数新闻网站的"纵深链接"往往是对"相关新闻""背景资料"等外部相关信息的链接,这就使得主体新闻缺乏纵深度和阔度。需要说明的是,造成这一缺陷的原因就目前看来不仅是网络新闻结构处理技术上的问题,更重要的是网络新闻从业者普遍缺乏对新闻进行深度开掘的意识。

在网络新闻的写作中,记者和编辑要精确地判断新闻价值的层次结构,按照读者的关注度、需求度,对纷繁复杂的新闻要素进行立体化的划分排列。不仅需要确定在一个页面里诸多新闻要素的组合排列关系,而且要确定在多层页面中的组合排列关系。从事网络新闻工作需要建立分层表述的概念,特别是要建立起立体分层表述的意识。所谓分层表述是指在印刷媒体上组合重点的平面排列技术。

一则新闻表现为一个整体,读者看到的是信息的全部。而在网络媒体上,由于受页面的限制,以及读者阅读习惯等因素的制约,需要把同样的信息拆分为独立的个体,制作成多重的超链接页面,因为读者不可能把一个很长的页面尽收眼底。立体分层表述要注意对新闻的重点因素进行精确的分解,以确定哪些内容需要在第一页面呈现,哪些内容需要通过链接在第二、第三页面呈现,从而保证每个页面的内容具有相对独立的完整性,并从一个侧面更详细、更深刻地解释主体新闻。因为在网络上,读者可以在他们选择的页面间自由移动,读者不会在看过前一页后再来索取这一页面的内容,读者也不会按照严格的逻辑顺序去点各个链接。要让他们看到一页一页的相对完整的有着内在联系的信息群落,通过这些信息群落深刻了解网络媒体所要传达的整体信息,就必须严格规范超链接页面。

(二)超文本结构写作

在传统的媒体中,文本或节目是以线性的结构传达的。报纸上的文章由文字以固定顺序形成,人们的阅读也就只能按着这个固定顺序进行。而在广播电视节目中,这种线性表现得更为显著。

但是,超链接打破了传统新闻文本的线性结构。它带来的影响至少表现在以下两方面。其一,用超链接可以对一些重要的人物、事件、背景或概念进行扩展,即可以用注释的方式出现,也可以直接链接到相关网页。这有助于读者更直接接触新闻深层背景,获得丰富的相关信息。虽然这样做也会带来一些副作用,但是它在发挥读者的能动作用,扩展报道面,加强报道深度方面还是有着重要意义。其二,通过超链接,使与新闻相关的信息之间产生联系,使得网络新闻的文体不再是传统媒体的线性结构,而是网状结构与多维结构。

运用这种超文本写作的要领有三:①把新闻素材划分层次;②要着力写好骨干层次;③在骨干新闻中凡涉及枝叶部分的"关键词",分别用超链接给出。

(三)滚动式写作

从网络新闻的类别来看,文字新闻是其基础部分,大部分视频和音频新闻往往是在文字的支撑下再通过超链接技术来完成的。因此,在网络多媒体新闻中,文字的写作是其重要而又基础的部分。与传统新闻写作比较,网络原创新闻的写作更强调即时滚动式写作,它是一种超文本写作和互动式写作。

为满足受众快速获取信息的需求,网络新闻传播应提高对突发新闻和重大新闻滚动式报道的组织。网络新闻写作无"截稿时间"的概念,一切均为"现在进行时"——一种全方位跟踪新闻事件发展、即时滚动式的写作。

新华网把一篇网络新闻的写作过程描述为:

事件发生或得知的第一时间:发快讯

十多分钟后:详细报道,多篇报道,以超文本的方式展开

接下来:附上背景资料和相关报道

最后:对此事件的评论

这种写作方式,为保证捕捉最新动态,以快讯为主,然后跟进比较详细的报道,如果有需要再跟进述评。其中快讯很重要,是即时滚动式写作中的主角。随着新闻事件的每一步进展,快讯都要争取与此同步发出。如果快讯能够做到与新闻事件同步发出,而且发的频率高、密度大,那么就成为即时滚动式写作的另一种形式,即文字现场直播了。"文字直播"是实时写作(随着新闻事件的进展,以最快的速度进行文字报道)发展到极致时出现的一种报道方式。它像电视一样,在事件发生的同时,进行现场报道。只不过,它所采用的手段是文字而非视频或声音。

二、网络新闻的文本特点

由于网络新闻的写作特点,网络新闻具有以下的文本特点。

(一)动态生成与碎片化

在传统新闻中,一个报纸版面或广电新闻栏目有各种各样的新闻,往往各自独立,互不相干;连续报道必须在不同的时间段以不同的文本样式提供给受众,客观上从时间和空间两个层面都割裂了新闻本身的内在联系,使动态的事件扭曲成静态的画面。这使得传统媒体更加重视新闻作品本身内部的组织,强调要素的完整。然而在网络新闻中,时间和空间统一在一起,各种新闻与评论的不断加入,使新闻沿着事件的发展而成为一个变化着

的动态生成的过程。这显示了网络环境的改变。如在2014年7月份台湾澎湖空难的报道中，中国新闻网呈现了关于该事密集的滚动报道。许多新闻发布的间隔只有几分钟，甚至几秒钟。另一方面，新闻的篇幅也倾向短小，它的目的不在于全面报道，而在于强调将信息以最快的速度进行发布。

　　伴随着新闻的过程化，也出现了碎片化的特点。网络新闻在追踪当前发生的事件时，往往以很短小的篇幅出现，它们只是一个短暂的片断，必须与其他报道联系起来才称得上有头有尾。网络新闻"为追求时效性而进行频繁的动态更新，容易形成新闻的'瞬时化'或'碎片化'：一些新闻在网站中转瞬即逝，事后很难查证；一些新闻只能支离破碎地展示新闻事件的各个片断，很难全面深入地体现新闻事件的本质"。碎片化拆散了传统新闻的完整性，代之以不完整性。这种不完整既是内容的不完整，也是深层意义架构的不完整。与传统新闻相比，新闻文本碎片化造成了更多的文本间隔、差异和矛盾，使传统新闻追求的意义统一性在一定程度上消解。这就削弱了新闻作者对文本的控制，使受众在建立对事件的理解结构上有了更大的发言权。而且，如果局限于孤立的新闻报道的视角，自然会得出对碎片化的消极评价；但如果从互文的新闻报道网络的角度看，反而会观察到其丰富的一面。其实，碎片化的现象不仅存在于网络新闻，电视新闻频道也一样。但相对于电视的转瞬即逝和线性刚力，网络新闻因其异步性和海量信息，使得这些碎片可以长时间共存。

（二）开放性与互文性

　　与动态生成性相联系的是文本的开放性。开放性是网络传播最基本的特征，也是网络新闻编辑的基本规律。传统的新闻结构往往关注于单篇新闻报道或单纯的新闻报道，使得新闻专题成为相对封闭的文本。这与传统新闻媒体的平面线性和容量局限有关。超文本环境下的网络新闻借助立体的网络结构和海量存储，具有更宏观开放、更层次化的结构图式，一篇新闻报道周围集聚了大量相关新闻信息。新闻的超文本网络化使各种新闻和信息之间构成了互文参照的关系。互文性的基本内涵是，每一个文本都是其他文本的镜子，每一文本都是对其他文本的吸收与转化，它们相互参照，彼此牵连，形成一个潜力无限的开放网络，以此构成文本过去、现在、将来的巨大开放体系和文学符号学的演变过程。新闻是正在展开叙述的历史，无数的新闻构成了历史之流。新闻又以事实为依归，对它的理解离不开各种历史的意指和社会实践。新闻文本内容从本质上就拒绝独立，它只能是新闻（历史）之流中的片断，在与其他各种文本的关系中找到自己的位置。在从提供新闻报道转向提供新闻信息服务的转化中，新闻叙事中的互文性被大大加强。超链接的应用强化了新闻信息之间的互文关系。网络提供了新闻报道与其他各种社会信息、历史知识等在场与不在场的意指实践的联系。在互文的网络环境中，文本总是处于开放的状态，不断有新的内容、新的意义参加进来，改变着原有文本的结构和意义。一个文本表层由多个加入其结构中去的文本来确定，一是导致了文本与文本之间边界的模糊，文本从哪里开始，到哪里为止，往往是动态而不确定的；二是由此导致了文本意义在某种程度上的模糊，对新闻事件的意义阐释具有了多样性。

（三）受众的文本生产与新闻意义的不确定性

　　在网络新闻时代里，一个重要的新角色进入了信息传播领域，即那些阅读、观看、利用新闻信息的人。由于参与信息传播的门槛几乎不存在，被采访对象如今有可能在报道中加入新的信息，新闻报道表面上是个已经完成了的作品，实际上却永远没有完成。

由于网络的互动特性，受众取得了前所未有的主动权。网络受众既是新闻的消费者，又是新闻的生产力。从消费角度来说，受众对传统媒介新闻的理解在很大程度上需要记忆来帮忙，而网络新闻海量信息的共存则在相当程度上缓解了受众的记忆负担，有助于新闻信息得到更自由全面的解读。自由的解读方式也带来了自由的生产。从隐性角度看，受众的每次阅读经历都是一个生产文本，赋予新闻以自己的意义的过程；从显性角度看，受众参与网络新闻生产的途径越来越多。对照传统新闻，网络新闻中受众参与的特有方式主要有针对新闻的读者评论（附属评论或独立评论）、对新闻的重组转贴、自己发布新闻、互动参与新闻生产等。这些行动让受众有机会发出自己的声音，体现了受众自己的社会生存现实，同时又能融入新闻文本中去，成为开放式新闻的组成部分。

网络新闻的意义则在两个层面上具有不确定性：一是文本边界的模糊性带来的，比如，新加入的滚动新闻可能改变以前所有新闻的意义；二是受众参与新闻意义的建构过程，而每个受众的前理解结构都是不同的，其再创造的方式也各不一样；同时，受众可以主动选择新闻观看次序与过程，造成新闻组合关系的不确定性——每个人都有自己的互文序列，由此影响新闻意义的建构。传播者与接受者角色的模糊、受众参与新闻生产，带来的必然是意见的勃兴。与传统媒体习惯将读者意见束之高阁相反，现在的新闻网站非常重视这块内容。这反映了从传统媒体到网络媒体的转变中权利的转移。据国外调查，重视评论的网站往往能获得高点击率。

由此可见，在相当程度上，网络新闻已从传统静态的可读文本转向了动态互文的可写文本。这说明，任何新闻作品都不是孤立的，而是在千丝万缕的联系和关系中才能存在，一则新闻只是新闻地理的一个点，我们要在整体中通过无数的点看到地理的立体结构；二则新闻不是一组作品系列，而是动态生成的新闻流。凭借自身的优势，网络新闻在对深刻、全面与平衡的把握上是传统媒体难以企及的。它同时也说明，在新闻意义的生产方面，必须把受众放在更重要的地位。

三、网络新闻写作要点

"生得快，死得早"是网上新闻的特点。网上新闻的时效特征直接影响到记者的写作风格。虽然大多数网站都能查询到以前的新闻，但人们在网上看新闻都抱着"看完就完"的心态。为了更多更快地获得受众的注意力，我们在网络消息写作中要注意以下几点。

（一）倒金字塔写作方式

它以事实的重要性程度或受众关心程度依次递减为次序，把最重要的写在前面，然后将各个事实按其重要性程度依次写下去，一段只写一个事实，全部陈述事实，犹如倒置的金字塔或倒置的三角形，因而得名。它多用于事件性新闻。为了使读者在尽可能短的时间内知晓新闻的内容要点，大多数网络新闻都采用倒金字塔的写作模式，即充分重视新闻导语的作用，把最重要、最新鲜、最能吸引人的新闻事实放在最前面。其长处在于：可以快速写作；不为结构苦思；可以快编快删，删去最后段落，不会影响全文；可以快速阅读，不必从头读到尾;符合新闻"快"的特点等。其缺点在于缺少文采与个性。在制作网络消息时,首先要对重要新闻要素进行合理排列。要严格按照倒金字塔的结构安排新闻稿件,将最重要的新闻要素永远置于最前面。无论是写作一篇新闻还是处理其中的一个段落,都要遵从重要为先的原则。

（二）短、精、易

在网上,人们很少逐字逐句阅读,而是快速浏览。只有让读者在浏览时迅速抓住一篇新闻的主要内容产生兴趣后,才有可能进一步深入阅读。大多数网络读者对内容是一扫而过,扫描式阅读已经成为网络新闻阅读的主要方式。在这种阅读方式下,要想保证读者能够容易、清晰、准确地捕捉新闻的核心内容,在写作上就要做到:一是将重要新闻因素用最清晰的文字描述出来;再就是要对重要新闻因素进行合理排列,例如,加粗、用特殊色彩等,也可以利用"列表"的方式将要点一一列出。

网络新闻传播开辟了人类信息传播史上"扫描式"阅读的时代。"扫描式"阅读就是用较短的时间快速扫视文章,这种阅读带有极大的跳跃性和忽略性,如果新闻中没有读者认为值得留恋的关键词或引人注意的细节,就难以抓住他们飞速运行的眼球。这就需要网络编辑根据受众这一需求,有针对性地采写"短、精、易"的新闻稿件。

1. 篇幅短小

虽然网络媒体的容量相比报纸、电视、广播等要大很多,但是网络新闻宜短不宜长。由于电脑显示屏的光线对受众的眼睛有一定刺激作用,阅读时间过长,容易引起视觉疲劳。基于对网民的健康考虑,网络新闻也应该用尽可能少的文字传达尽可能多的信息。网络新闻篇幅宜短、导语宜短、段落宜短、句子宜短。有学者提出网络新闻以不超过500字为最佳,或以不超过一个屏幕的大小为标准。导语开门见山,精心提炼,以不超过两句话为宜。一个段落一个中心,不宜将文字堆砌成大段,善用分段,每段两三句话为宜。小标题既可提示本段主要内容,又可起到一个缓冲作用。语言简洁,文章短小精干、一针见血,言词客观、平实,结构清晰,是网络新闻写作的普遍标准。传统的"倒金字塔"结构非常适宜于网络新闻写作。因为这种新闻写作方式将新闻、摘要和结论放在篇首,细节和背景信息放在后面,使网页更加便于浏览,同时也节约了读者的时间,能够更好地满足读者快餐式"搜寻"的需要。

以下就是一条简单的网络消息:

贵州省纪委完成机构调整执纪监督人员占6成

2014年07月23日22:25　人民网北京7月23日电　据中央纪委监察部网站消息,7月17日,贵州省纪委机关、省监察厅第二轮内设机构调整工作全部完成,执纪监督部门行政编制占机关行政编制数的58.5%。

根据中央纪委关于深化机构改革和"转职能、转方式、转作风"的要求,按照不增加机构、行政编制的原则,7月17日,贵州省纪委机关、省监察厅第二轮内设机构调整工作全部完成。

这次机构调整后,贵州省纪委机关、省监察厅设办公厅、组织部、宣传部、调研法规室、党风政风监督室(省政府纠正行业不正之风办公室)、信访室、案件监督管理室、第一纪检监察室至第七纪检监察室、案件审理室(案件申诉复查复议办公室)、纪检监察干部监督室共16个职能厅部室和机关党委、离退休干部处,机构设置与中央纪委监察部保持一致。执纪监督部门占机关机构总数的75%,执纪监督部门行政编制占机关行政编制数的58.5%,执纪监督机构力量显著加强。

目前,市(州)纪委内设机构的调整正在制订方案,预计今年第三季度前完成。县级纪委内设机构的调整预计年底前完成。

资料来源:http://politics.people.com.cn/n/2014/0723/c1001-25330306.html(2014-07-23)

另外,网络记者还要善于把新闻事件拆开来写,坚持一事一报,独立成篇,坚决避免相关新闻的长篇罗列。如在专题会议或学术论坛上挖掘到了几条新闻,那就一件事报一条新闻,切忌将几件事写成一条不分主次的综合新闻。

2.语言精练

语言精练简洁,是对新闻写作的共同要求,扫描式阅读的网络新闻则更须突出这一特性。能用百八十字说清楚就不用几百字去解释,叠加空话、套话既浪费记者编辑的时间,也浪费网民的时间。形容词、感叹词、修饰词等非直接叙述新闻事件的词语也尽量少用。标题是一篇新闻稿件浓缩、提炼、概括的精华。据调查,很多网民每天就是通过看标题而不看正文来获取信息,重大新闻事件或精彩的标题才会吸引他们点击链接进入正文。标题已经成为受众识别新闻内容,判断新闻价值的第一信号,成为受众决定是否索取深层新闻信息的第一选择关口。受众这一阅读习惯就要求网络记者要用心思考,仔细推敲,精心提炼新闻标题。

网络新闻正文的撰写要本着保证读者容易、清晰、准确捕捉新闻的核心内容的基本原则,在写作过程中首先要高度概括新闻事件最重要的部分,坚决剔除多余的部分,剪掉枝叶,删去华丽辞藻,做到言简意赅,简明扼要。

3.通俗易懂

网络媒体的受众上至老年人下至青少年,有受教育程度高的,有受教育程度低的。受众的广泛而不确定性就要求网络新闻必须做到通俗易懂。新闻语言要通俗,就要避免使用生僻字词、公文语言和慎用古汉语,选用熟语和习语,过于花哨和艰深晦涩的文字会让人反感,没有人会花时间仔细琢磨这些词。同时,学会善用广大人民群众丰富、生动的口头语言,把枯燥难懂的书面语言转化成轻松自如的口头语言,再现生活原貌,不仅使稿件通俗易懂,还会使其鲜活、增色几分。

另外,网络新闻要慎用专业术语。在报道专业新闻时,在保持专业化的同时更要顾及通俗易懂,推敲适合于网络新闻的生动语言。对于稿件中必须提及而又无法深入浅出做解释的专业术语,不妨在文中或文尾以链接等形式加注背景资料,以供受众阅读新闻稿件。为了达到"短、易、精"的要求,我们在写作网络新闻时,还需要特别注意以下几点。

第一,让关键词语突出,明确地强调它们。注意强调一些携带着重要信息的字词,避免去强调整个句子或者是一个段落,因为扫描状态中的眼睛一次只能掠取两三个词。

第二,注意用一个段落描述一个主要的内容,用另一个段落去描述另一个内容。因为读者的注意力是跳跃的,很难在一个段落中同时注意到两个重点。

第三,要注意用最重要的事实或者是观察的结论作为这一页新闻的开始,在处理文字较长的新闻时,应该为它写一个简短的概要。

第四,要高度简洁地表述最为重要的事实,需要在网页的第一视觉区域内完成对重要新闻的精准概括、描述和引导,切记将最重要的新闻要素置于最前面。

第五,网络新闻的导语写作必须符合人们在网上阅读的习惯。在这种阅读方式下,要想保证读者能够容易、清晰、准确地捕捉新闻的核心内容,在写作上就要将重要新闻因素用最清晰的文字方式描述出来,注重导语的重要性。

(三)导语和概要应便于检索

搜索引擎已经成为人们检索网上信息必须使用的重要工具,是扩大新闻传播的影响范围,增强新闻的再度利用率的重要条件。超过半数的网络使用者依赖于搜索引擎去发现自己需要阅读的网页,当使用者从搜索引擎上看到一个网页的链接时,搜索引擎上展示的对这个链接的简要说明,应该能够保证他们立刻准确了解这个网页的内容,清晰判断这个网页与他们的需求之间有什么样的联系。因此,简严的链接说明能够使得新闻更容易被受众检索和查寻。为了使新闻信息最本质的内容能够在搜索引擎上清晰地显现,在新闻写作上要注意以下两个环节。

1.为新闻制作清晰明确的标题

新闻标题往往最先被搜索引擎捕捉,也是使用者识别和查找信息的最初标识。新闻标题虽不直接关系新闻在搜索引擎上呈现的面貌,但考虑到便于使用者通过搜索引擎进行检索,网络新闻标题需要有一个单独一行的言简意赅的文字标题;标题的第一个词非常重要;新闻标题应具有独特性;标题应该在完全了解文章的前后关系后制作;每一个独立的网页都必须用醒目的标题作为标识。在后面的章节,我们会专门讲到网络新闻标题的制作。

2.为新闻制作精彩的导语或概要

在搜索引擎上,一则新闻最前端的数十个字往往作为这一新闻全部内容的简明提示,使用者往往就是通过在搜索引擎上呈现的这数十个字的描述去判断这则新闻信息,因此需要根据读者的需求制作导语或概要。这需要注意:使用能够引起人们注意的词汇和简洁的句式制作导语或概要,将其置于页面的最前端,在这个概要上设计链接,将读者引向报道的详细内容;准确反映全文的内在联系及本质含义;注意事实,不要用夸张和浮华的语言。

第二节 网络新闻的用语规范

网络新闻与传统新闻相比,尽管其已具有自己的特点,但由于多数网络新闻来源于传统媒体,两者的根本属性依然没有改变,主要表现在新闻的采写手段、发布途径、受众对新闻在道德上的要求及评价标准等方面。这在很大程度上决定了网络新闻用语与传统媒体新闻用语之间存在很多的共同点,因而传统媒体新闻用语的一些不规范现象在网络上也可见一斑。再加上网络本身的技术特性,其不规范性主要体现在以下几点。

从标题上来看,网络新闻的最大特点是非线性编辑,这种新闻表现方式使受众最先看到的是新闻的标题,标题吸引人与否直接决定了其内容被访问率的高低。故新闻标题的制作不仅要引起受众的注意,还要可被用来对新闻信息进行分类。而从眼下的情况看,为了引人注意,有些新闻标题有华而不实之感、哗众取宠之嫌;在选词上欠考虑,标题用语不慎,可能使受众对网络新闻产生不信任感,严重的可能导致信息处理、检索等环节紊乱。

从导语上来看,与传统媒体新闻相比,网络新闻极少规范导语,或者有时根本就不用导语。究其原因,部分是由于对新闻原创性的追逐而忽略了对导语的制作。特别是有些商业网站上的滚动新闻,偶尔出现导语,但很不规范,有时导语比正文还长。尤其是对突发事件的报道,速度是达到了,但对导语用语的要求也被迫降低了。"永远把最重要的事实放在导语中"这个新闻写作要求在网络新闻中未能真正体现。

网络新闻报道偏长或偏短,文字质量良莠不齐也是一种普遍现象。篇幅太长,受众会产生厌烦心理;太短,因未能满足信息需求而产生失望心理。所以,网络新闻用语必须紧凑简洁,篇幅适中。这符合受众上网看新闻是想尽快了解世界上的大事,而不是品味解读一大块文本的心理。此外,以快制胜的网络新闻,还经常发生文字错漏百出、内容前后矛盾、令人误解、非法抄袭等问题。这些都是迫切需要解决的问题。

一、对网络新闻用语是否需要规范的几种观点

网络新闻用语的诸多特征和存在的问题已引起广泛关注,关于网络新闻用语是否需要规范,目前存在着以下几种观点。

第一,语言具有很强的社会性,它随着时代的步伐前进,网络时代也不例外,网上新闻传播用语不可避免地要和传统媒体的发展过程一样存在一些问题,出现一些不规范的用语。这些用语很可能会与现有的规范和观念产生摩擦冲突,但经过一段时间后,新的规范自然会形成。有些用语虽然看上去有些奇怪、别扭,但其表现力会比一般传统媒体强得多,很能反映分众化传播时代传受双方的个性及对新时代的敏感度。至于网络用语是否能被受众接受,还需要一定的时间去检验。就目前来讲,编辑也可以一边运用,一边发表各种不同的看法,规范问题看来还有一段很长的路要走。

第二,语言样式是环境的产物,出现新的网络环境,肯定会产生新的网络语言。网络平台赋予的虚拟、即时双向交流特性,显然不同于传统媒体,也不同于现实生活环境。如果我们承认生活中的书面语言和口头语言,因使用环境不同而存在较大的差异是合理的,那么网络语言的存在为什么就没有了合理性?网络社会的开放性和自由度导致了网络中出现的语言有便捷性、实时性、视觉显著性等种种新特点,因而这里的语言会跃出书面语言的规范。对于不准确、不文明的用语当然要进行控制。而对于某些极具网络特色的用语,只要是文明得体,不但不应禁止,还要鼓励其发展。只有这样,才能够推动汉语网络语言的发展,以此形成一个良好的、符合网络社区特定规律的语言环境。

第三,语言的发展性很强,不宜太强调规范。过分规范,将扼杀人们的语言创新精神,使语言失去活力。应强调规范并允许创新,适应信息时代求新求变,不断突破陈规的束缚。对于网络新闻用语,当然最低的限度得包含正确、客观和文明的信息量,且易于理解,不会产生误会。否然,创新就会失败,更谈不上什么流传和规范化。

二、规范网络新闻用语的现实必要性

首先,因网络的快速高效而产生的负面影响在实务上有着最直接的表现,即未得到求证而草率发稿。为了掩饰疏漏,一些网络媒体不惜以"据报道""据有关部门了解"或"据政府高层人士指出"等为根据,其正确性与真实性值得怀疑;片面追求新闻互动性的个人化服务,造成不计其数的信息垃圾充斥网络;受众选择性的扩大、自主地位的强化带来新闻界"把关人"功能的逐渐丧失。再加上超媒体、超链接及分散式资料库功能技术的发展,虽可节省资料搜索时间,但也会使更新及错误更正变得困难,引发一些不必要的新闻诽谤、纠纷。

其次,从网民年龄结构来看,20—30岁间的占总数的60%,他们上网的主要目的是看新闻,而不是收发电子邮件。这个年龄阶段的人群语言创新能力很强,对新事物的接受能力强,而对自身从道德和法律方面的约束力相对较不稳定,易受不良文化产品、文字等影响从而失去分辨能力。

再次,规范化可弥补自律机制的不足。自律的最大特色在于它不具备法律上的强制效果,而规范化的制度可限制某些新闻用语的功能,使之不至于产生歧义和误解,而且规范化的教化功能还可潜移默化地净化网络新闻环境。

三、规范网络新闻用语策略

网络带来了更自由的表达空间,短小精悍、风趣幽默的网络新词逐渐被新闻媒体接受,在求新、求变中表达了广大网民的共同心声,很受读者欢迎。但是规范网络新闻用语在当下网络环境下又实属必要,我们应该通过多种方法、引导为主,尊重规律、主动创新,以提高超文本记者的专业新闻用语水平等策略来规范网络新闻用语,净化网络环境。

(一)多种方法,引导为主

网络创造的环境是虚拟的,而传者是个体加个体不断积聚而形成的一个真实群体,这个群体和其他的群体一样存在个体差异,即每个传者都是基于自己的个性写作,而个人的用语习惯不可能完全相同。但这并不意味着无法规范他们的新闻用语,只是从一个侧面证明了新闻用词的多样性中还需有主导力量的存在。由国家信息产业部颁布的《互联网站从事登载新闻业务管理暂行规定》(以下简称《规定》),针对网络由于严重的抄袭复制等原因而导致的新闻原创主权丧失及用语和观点片面、错误等现象,已经明文规定"未取得从事登载新闻业务资格,擅自登载新闻的、综合性新闻单位网站登载自行采写的新闻或不符合本规定中规定的新闻来源的、未注明新闻来源的新闻,一律视情节的严重性给予应有的处罚"。《规定》的出台,有力地推动了净化网络新闻环境、规范网络新闻用语的工作向有序的方向发展。

(二)尊重规律,主动创新

网络语言和现实生活中的语言一样,有其自身发展的规律。网络语言从产生至今与语言体系一样经历了产生、发展、更新的阶段,它相对于现实生活中语言的演进而言,只是在时序上被大大压缩了而已。这正是由网络技术的飞速发展和网络所具有的开放性和快捷的信息传输速度所决定。也正是由于网络的这些特性,如果仍一成不变地沿用以往传统媒体的报道,网络新闻将会从方式、内容、用语上都与网络的特性格格不入。结合我国新闻传播业的实际情况来谈这个问题,尤其具有实际意义。在网络浪潮刚刚席卷全球时,我们主动迎战,但基于某些先天性的和人为条件的不足,我们承受信息传播全球化冲击的能力还不能令人乐观。为此,寻找突破口时应大胆突破旧的新闻宣传模式。

(三)提高超文本记者的专业新闻用语水平

提高专业水平是一个老话题。以往的提高,往往局限于国内的竞争,但由网络做媒介,它成为全球范围的竞争。当务之急是培养网络时代的超文本记者,为国家网络新闻业建设积累丰富的人力资源。超文本记者至少要具备运用多媒体、超文本进行新闻写作报道的能力;具有较强的验证、过滤信息文字的能力;深入研究、深入报道的能力;同时也应具有与受众平等交流的能力。这些能力的具备意味着"把关人"功能的发挥。"把关人"功能最基本的要素就体现在对新闻用语的运用上。用公正、客观、正确、真实的新闻用语报道事件,超文本记者责无旁贷。这份责任感的培养就从提高新闻专业用语水平做起。

第三节 微博平台新闻写作

当今是一个日新月异的时代,网络的发展带来了新闻写作文体的创新,网络新闻以其独特的视角、风趣的语言、新鲜的阅读快感深深吸引读者。而随着网络技术的进一步发展,微博作为全新的新闻传播平台,进一步满足了读者更快、更准、更有趣地获得第一手信息需求,无论是新闻来源、新闻题材还是新闻写作上,微博新闻都开创了崭新的新闻形式。

一、微博及微博新闻

微博(Weibo),微型博客(Micro Blog)的简称,即一句话博客,是一种通过关注机制分享简短实时信息的广播式社交网络平台。微博是一个基于用户关系进行信息分享、传播以及获取的平台。用户可以通过WEB、WAP等各种客户端组建个人社区,以140字以内(包括标点符号)的文字数更新信息,并实现即时分享。微博的关注机制分为可单向、可双向两种。微博作为一种分享和交流平台,更注重时效性和随意性。微博更能表达出每时每刻的思想和最新动态,而博客则更偏重于梳理自己在一段时间内的所见、所闻、所感。

微博平台具有多样的信息发布与传播互动功能。以新浪微博为例,它是一个类似于Twitter和Facebook的混合体,并可上传图片和链接视频,实现即时分享。新浪微博可以直接在一条微博下面附加评论,也可以直接在一条微博里面发送图片。新浪微博最先添加这两项功能。

最早也是最著名的微博是美国Twitter。2006年3月,博客技术先驱blogger创始人埃文·威廉姆斯(Evan Williams)创建的新兴公司Obvious推出了大微博服务。2009年8月中国门户网站新浪推出"新浪微博"内测版,成为门户网站中第一家提供微博服务的网站,微博正式进入中文上网主流人群视野。随着微博在网民中的日益火热,在微博中诞生的各种网络热词也迅速走红网络,微博效应逐渐形成。2013年上半年,新浪微博注册用户达到5.36亿,2012年第三季度腾讯微博注册用户达到5.07亿,微博成为中国网民上网的主要活动之一。

微博为传统媒体的发展带来了更多的机会,新旧媒介高度融合产生的聚合效应也为传统媒体带来了新的发展机遇。传统媒体微博指传统媒体在微博平台上以自身媒体的名称注册使用,从而传播媒体内容和实施品牌宣传的微博。传统媒体开办微博的热潮,与新媒体的不断更新和所带来的冲击密不可分,也是传统媒体积极应对挑战的有效策略。国外媒体机构如CNN、BBC、英国天空电视台、《时代杂志》和《纽约时报》等均是在Twitter上受到高度关注的媒体,近年来国内一些传统媒体也不断加入Twitter用户的行列,如《新京报》和湖南卫视等。当前Twitter在全球范围的用户已经超过了5000万,而其中50%以上的用户是媒体机构。

在我国,各大传媒集团也纷纷启动"全媒体战略",并积极运用微博,直接和读者零距离沟通,争取更多的新闻资源。媒体是党和政府的喉舌,所以其发布消息的权威性是任何社会化媒体无法比拟的。如王立军事件,人民网在其微博上的预告,引来数十万的转发量。据统计,到2013年仅在新浪微博落户的传统媒体就超过了7000余家,媒体形态涵盖了报纸、杂志、广播和电视等。这些传统媒体微博依据其微博主体主要分为两类,即机构微博与媒体微博。机构微博是指报纸、杂志、电视、广播以整个传媒机构为主体开设的微博,如天津日报报业集团、财新传媒等,以媒体集团的身份进驻微博。在其页面中以栏目或标签的方式,显示其拥有的旗下媒体,但当前这类以集团形式开通微博的较少,多数集团都选择将其旗下媒体以独立个体的形式进驻微博;媒体微博,指传媒集团只将旗下的媒体,以个体形式独立开通微博,这是因为受众接触到的媒体不是传媒集团这样的整体,他们在微博中选择关注对象时,更倾向于了解具体媒体的信息,而非笼统的集团信息。

二、微博新闻写作

与我们通常所指的网络新闻相比,微博新闻由于其传播方式与结构的不同,也有其自身的文本特征。

以下摘录了几则《人民日报》微博发布的微博新闻,从中可看出微博新闻写作的一些特征。

【19人赴泰国旅游因拒绝强制消费被扔郊外】 7月初,西安高先生参加了团费2500元左右的泰国6日游旅行团,途中遭遇导游提出最低2300元的自费项目加价。一行19人不同意,结果被扔到郊外5个小时。无奈之下,他们只好求助中国驻泰国大使馆。在大使馆帮助下,19名游客才顺利返回宾馆。

【广西政协原副主席李达球被提起公诉】 广西壮族自治区政协原副主席、总工会原主席李达球涉嫌受贿一案,近日吉林省延边朝鲜族自治州人民检察院已向延边朝鲜族自治州中级人民法院提起公诉。起诉书指控李达球为他人谋取利益,非法收受他人巨额贿赂。

【孩子爸,你在哪儿?】 12日,一对双胞胎被遗弃在合肥一小区楼道,手臂上贴有纸条。警方查找父母未果,先将孩子送去福利院。24日下午,"抛弃"双胞胎已12天的母亲唐嫣(化名)终于将孩子接走。然而,她称自己一个人无力养活两个孩子,希望孩子的爸爸邵斌能尽快露面。

【优秀讲师入职9年未评职称　被清华解聘】　清华外文系讲师方艳华的课,深受同学喜爱。但她因忙于教学,无暇搞科研,根据入职合同规定的"就职9年未评职称老师必须离职"条款,她将被清华解聘。学生们已发起请愿活动,"评价一个老师时,最有发言权的难道不是她的学生吗?"

微博新闻写作有如下一些特点:
1.篇幅较小、要素齐全,尽可能满足5个W要素,以使网络用户快速了解新闻事件。
2.时效性强、更新迅速,前一分钟的新闻在下一分钟可能就成为了历史。
3.多媒体的新闻报道形式可以运用文字、图片、视频等形式,以超链接进行报道。这种运用多种媒体形式进行新闻报道的方式,不仅增强了新闻的吸引力,还能全面立体地展现新闻事件的全貌。此外,如果一则新闻,在微博的字数限制之内无法实现报道完整,还可以利用附上超链接的形式,引导受众进行进一步深入浏览。
4.单篇微博新闻要求结构简单、角度单一:只报道一个事件、一个情境、一个观点。

微博新闻的写作技巧要注意:
1.第一时间迅速发稿,以文字、图片、音视频等多媒体呈现;
2.要素齐全、语言简洁,对新闻事件进行高度概括和描述,用词准确到位;
3.标题精炼、字数不宜过多、信息明确;
4.选材典型、善用细节,表现新闻事实,刻画新闻人物;
5.善用"@"、表情符号、小图标网络语言,以引起网民关注。

此外,微博平台十分适合突发事件的滚动发布。2013年7月22日甘肃省定西发生地震,《人民日报》官方微博一天连发几十条微博新闻对这次重大自然灾难进行报道。这些微博新闻文字简短,呈现碎片化传播状态,几十条微博新闻为受众播报了甘肃定西地震的全过程,既有时效性,又有人情味。

【快讯】　中国地震台网自动测定:07月22日07时45分在甘肃省定西市岷县附近(北纬34.5度,东经104.2度)发生6.2级左右地震,最终结果以正式速报为准。(2013年07月22日07:50)

【正式测定:6.6级!】　中国地震台网正式测定:07月22日07时45分在甘肃省定西市岷县、漳县交界(北纬34.5度,东经104.2度)发生6.6级地震,震源深度20千米。(2013年07月22日07:56)

【甘肃定西发生6.6级地震　西安有强烈震感】　7时45分在甘肃省定西市岷县、漳县交界(北纬34.5度,东经104.2度)发生6.6级地震,震源深度20千米。网友发布图片称"摇得好厉害,楼下隔壁家属楼的人还是直接就穿着睡衣跑出来了"。据多位网友消息,西安有强烈震感,吊灯摆动明显。成都、绵阳也有震感。(2013年07月22日08:06)

【地震已致53人死亡,数字请你停下来】　全市灾害已造成53人死亡、337人受伤。其中,岷县蒲麻镇3人死亡;梅川镇30人死亡;同井1人;申都2人;禾驮9人;中寨镇4人死亡;维新死亡2人;茶埠死亡1人。愿逝者安息。(2013年07月22日14:39)

【定西,加油!】　89人遇难,628人受伤,尚有5人失踪,灾区传来的消息让人揪心。

夜已深,距离首次地震已经过去15个小时,救援仍在进行。请相信,我们一秒都不会停歇,尚在危险中的亲人们,请坚持。你们的平安是我们努力的全部意义。祝福同胞平安!我在北京,我为定西祈福!(2013年07月22日22:52)

【你好,明天】 6.6级地震,89个逝去生命,将目光引向定西。灾难让人无助,当地的贫困、基础设施的脆弱,更凸显欠发达地区面对灾难的无力。中国的现代化,若忽视广袤的中西部,北上广的繁华会大打折扣。灾难中携手相助,更要发展中协调共进。震后第一夜,愿逝者安息,生者坚强。守望,祝福,定西平安!(2013年07月22日23:58)

微博平台上的新闻形式虽然与传统新闻、网站新闻有所不同,但是对其新闻价值评判的基本标准并没有改变。微博新闻发展的早期,为了最大限度地获得关注度,新闻价值在一定程度上呈现出无理性状态,娱乐化、炒作化倾向严重,总是有意无意地迎合受众。随着受众和微博新闻在新闻价值及伦理道德判断上逐渐走向成熟,传统媒体判断新闻价值的五个基本标准也成为衡量微博新闻的主流标准。

【知识回顾】

曾经担任包括《华尔街日报》在内的100多家日报以及合众国际社顾问的罗伯特·加宁在其著作《清晰写作的技巧》中提出清晰写作的十条原则:保持句子短小;宁可简单而不是复杂;尽量使用熟悉的词;不用多余的词;使用动作性强的动态动词;按说话的方式写作;使用读者可以想象的词语;与读者的经历联系起来;充分利用多样的变化;通过写作来表达而不是追求轰动的效应。[①] 网络新闻写作因其平台不同,而有其自身特征。 但是其对新闻价值的追求与传统新闻写作是一致的。

【思考题】

1. 微博新闻写作应遵循哪些基本规律?
2. 网络新闻写作与传统报纸新闻写作有何异同?
3. 如何理解网络新闻文本的互文性?
4. 你如何看待网络新闻用语的规范性要求?

---

① 布鲁斯·D.伊图尔,道格拉斯·A.安德森.当代媒体新闻写作与报道[M].贾陆依,华建昌,译.北京:中国人民大学出版社,2006.

第四章
网络新闻编辑基础

🔍【知识目标】

1. 网络新闻编辑的四个层次
2. 网络新闻编辑的基本规律

🔍【能力目标】

1. 掌握编辑单篇网络新闻的技巧
2. 了解处理长消息的基本方法

🔍【案例导入】

2005年9月,国务院新闻办公室和信息产业部联合发布的《互联网新闻信息服务管理规定》是目前对网络媒体管理较为具体、细致的一部法规。其中明确指出,新闻信息是指时政类新闻信息,包括有关政治、经济、军事、外交等社会公共事务的报道、评论,以及有关社会突发事件的报道、评论等。依据该规定,从事时政新闻相关业务的网络媒体可分为三类:新闻单位设立的超出原有媒体刊登播发新闻范围的网络媒体,如新华网、人民网等传统媒体设立的网站;非新闻单位设立的转载时政新闻的网络媒体,如新浪网、腾讯网等商业门户网站;新闻单位设立的登载原有媒体刊登播发时政新闻的网络媒体,如报纸的电子版等。

但是商业网站并没有新闻信息的采访权。根据新闻出版总署2009年7月公布的《新闻记者证管理办法》(以下简称《办法》),新闻记者证是境内新闻记者从事新闻采编活动的唯一合法证件,新闻采编人员从事新闻采访工作必须持有新闻记者证,并应在新闻采访中主动向采访对象出示。《办法》中明确指出,新闻机构是指经国家有关行政部门依法批准设立的境内报纸出版单位、新闻性期刊出版单位、通讯社、广播电台、电视台、新闻电影制片厂等具有新闻采编业务的单位。2010年2月,新闻出版总署新闻报刊司负责人回答人民网记者采访时明确表示:"商业网站不是新闻单位,由于其没有合法采访和首发新闻的资质,经批准的也只有转发新闻的职能,没有自采新闻职能,因此这类网站一律不发放新闻记者证。"

商业网站转载传统媒体及其网站新闻信息,媒体之间也相互转载新闻。因此,对网络新闻进行编辑是网络新闻从业员工作的重要组成部分。

第一节 网络新闻编辑概述

在这一章中我们将会谈到有关网络新闻编辑的基本概念及内涵,稿件的选择及修改,编辑方针的制订,新闻稿件的组织及策划。关于标题的制作、网络专题的策划等内容,我们将专门另立章节讨论。

从过程的角度来讲,网络新闻编辑就是对网络新闻所做的编辑工作,或曰编辑网络新闻的具体行为(过程)。和其他形式的新闻如报纸新闻、广播电视新闻等的编辑一样,网络新闻编辑所涉及的方面很多,如新闻策划、报道组织、图文编辑等。

一、网络新闻编辑的四个层次

网络新闻的处理,应做到参差有序。根据信息处理的深度,我们可以将网络新闻编辑分为四个层次:转载、编辑加工、聚合与解读。[1]

(一)转载新闻

从网络新闻的发展过程来看,粘贴新闻是最原始的一种方式。随着互联网的优势突显,传统新闻媒体(包括报纸、杂志、广播电台、电视台、通讯社)为保住自己的地位纷纷进军网络传播领域,通过与网络"联姻",来获取一种前所未有的"新闻网站"或"电子版"的新形态。世界上第一家基于互联网的电子报纸是美国加利福尼亚州的《圣何塞信使报》。虽只是将纸质报纸的内容悉数搬至网络,但从此开创了网上报纸的新纪元。但早期的新闻网站是传统媒体报纸在互联网上建立自己的网站,走的是粘贴"自己"的道路,即将印刷版一字不改地拷贝到网上。除了版面的设计无法沿袭印刷报纸版面外,其内容上与母报没有区别。而且粘贴时间跟着印刷报纸走,甚至要落后于出报周期。这种新闻网站所起到的作用主要是扩大传统媒体的读者范围,提高其知名度与国际影响力,而对网络技术要求较少,因而很多网站没有网络新闻编辑或直接由传统媒体编辑来承担,执行着最简单的粘贴新闻工作。实际上,直到现在,网络上的大量新闻几乎仍是原文"转移"。

粘贴新闻这种模式存在的问题也是显而易见的。第一,它可能带来知识产权方面的问题;第二,从新闻质量方面看,一旦进入信息过剩的时代,这种简单的新闻处理方式的问题就会立即显露出来;第三,互相的粘贴带来新闻的趋同倾向,因为不同新闻网站的识别度小,其刊载的内容都几乎相同。

但是,不能因此而否定这种新闻处理方式的合理性。对于受众来说,这种新闻处理的方式是有优点的。它可以使人们在进入任一综合性网站或媒体网站后,就可较全面地获知重要的新闻。从媒体网站来看,商业网站转载它的新闻,也可以带来一定的社会效益与经济效益。

---

[1] 彭兰.网络新闻编辑教程[M].武汉:武汉大学出版社,2007.

更重要的是,"粘贴"带来竞争,一种量与速度的竞争,没有这种竞争,就不会有网络新闻的繁荣。粘贴新闻是搭建起整个网络这个大的新闻平台的基础,每个新闻网站或频道,都应该给它做添砖加瓦的工作。只有这样,才能使整个网络与传统媒体相比获得自己基本的竞争力:及时、全面。

(二)编辑加工新闻

网络中的"编辑新闻"是对传统媒体新闻编辑经验的继承与发扬,但是仅有"粘贴"是不利于一个网站品牌的建立的。随着网络的迅速发展,互相粘贴带来的新闻趋同性逐渐被重视起来,网络编辑需要对转载的新闻进行一定的选择与修改。它包括传统的改正错别字、做标题,对新闻的真实性、权威性加以审核,对其中出现的事实性、政策性、知识性等错误加以纠正,以及提高文字的准确性、可读性,以保证新闻的质量;而且由于网络新闻发布的特殊性,对个别时效性要求特别高的新闻,也可在初步编辑之后即发布上网,此后再对其进行追加编辑,及时纠正错误;同时也包括技术工作的处理,以符合网络特性,便于网民阅读。

做标题是编辑新闻的一个重要环节。在网络新闻中,标题具有特别显著的导读效用。因此,做好标题是争取点击率的重要手段。但是,不能片面地把做标题的意义放在"骗"点击率上。网络的新闻阅读是一种快餐式阅读,很多人只是通过扫描标题来获得一些基本印象。因此,一般性新闻的标题,应该更多地以提示新闻事实为主,而不要故弄玄虚。一些新闻网站为了增加点击率,修改标题往往会"挂羊头卖狗肉"。2014年国家互联网信息办公室部署从5月9日起,在全国范围内开展了为期两个月的规范互联网新闻信息传播秩序专项行动。国家互联网信息办有关负责人介绍,这次专项行动,针对当前网站登载新闻存在的突出问题,重点整治新闻来源标注不规范、编发虚假失实报道、恶意篡改新闻标题、冒用新闻机构名义编发新闻等违规行为。网络编辑对标题进行修改时,应该注明原标题,以防误导网民。

网络的"编辑新闻"工作,其含义当然远远不止改正错别字、做标题。它还包括对新闻的真实性、权威性加以审核,对其中出现的事实性、政策性、知识性等错误加以纠正,以及提高文字的准确性、可读性,以保证新闻的质量。这是对"粘贴新闻"可能出现的漏洞加以预防或弥补的一个重要方面。通常情况下,"编辑新闻"应该做在"粘贴新闻"的前面。但由于网络新闻发布的特殊性,对于个别时效性要求特别高的新闻,也可在初步编辑之后即发布上网,此后再对新闻追加编辑,及时纠正错误。

(三)聚合新闻

网络新闻是多媒体化与分散的。为了让受众对新闻事件或新闻人物获得较为全面的新闻信息,新闻编辑往往会对网络新闻进行聚合处理。如在新闻页面上添加延伸阅读(图4-1)。

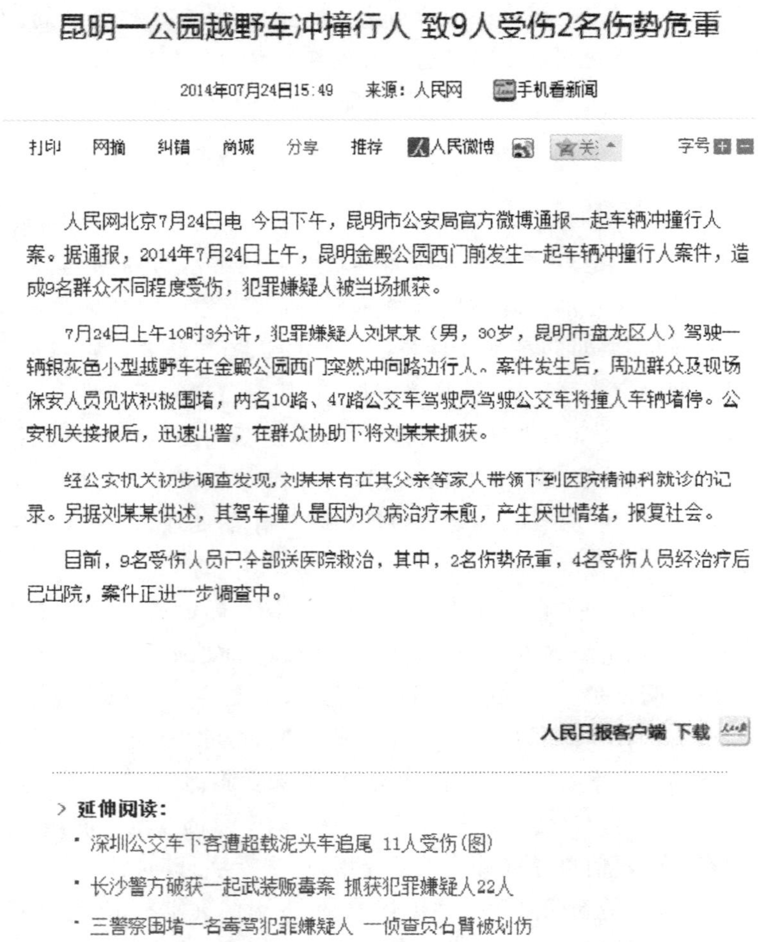

昆明一公园越野车冲撞行人 致9人受伤2名伤势危重

2014年07月24日15:49　来源：人民网　手机看新闻

打印　网摘　纠错　商城　分享　推荐　人民微博　关　字号

人民网北京7月24日电 今日下午，昆明市公安局官方微博通报一起车辆冲撞行人案。据通报，2014年7月24日上午，昆明金殿公园西门前发生一起车辆冲撞行人案件，造成9名群众不同程度受伤，犯罪嫌疑人被当场抓获。

7月24日上午10时3分许，犯罪嫌疑人刘某某（男，30岁，昆明市盘龙区人）驾驶一辆银灰色小型越野车在金殿公园西门突然冲向路边行人。案件发生后，周边群众及现场保安人员见状积极围堵，内名10路、47路公交车驾驶员驾驶公交车将撞人车辆堵停。公安机关接报后，迅速出警，在群众协助下将刘某某抓获。

经公安机关初步调查发现，刘某某有在其父亲等家人带领下到医院精神科就诊的记录。另据刘某某供述，其驾车撞人是因为久病治疗未愈，产生厌世情绪，报复社会。

目前，9名受伤人员已全部送医院救治，其中，2名伤势危重，4名受伤人员经治疗后已出院，案件正进一步调查中。

人民日报客户端 下载

> 延伸阅读：
> - 深圳公交车下客遭超载泥头车追尾 11人受伤（图）
> - 长沙警方破获一起武装贩毒案 抓获犯罪嫌疑人22人
> - 三警察围堵一名毒驾犯罪嫌疑人 一侦查员右臂被划伤

图 4-1　网络新闻延伸阅读

资料来源：http://society.people.com.cn/n/2014/0724/c1008-25337987.html（2014-08-15）

其中，专题是新闻聚合中的重要形式。专题的组织是变被动为主动，提高新闻竞争力的一个重要手段。目前的新闻网站还是以"粘贴型""编辑型"为主。从选题策划及采访报道方面看，新闻网站还是不成熟的。不过，其中，传统新闻网站做得相对较好。这里面虽有种种客观条件的限制，但从长远看，网络原创新闻必然会加强。因此，网络也会像传统媒体一样，越来越重视选题策划，并以强有力的采访力量来实施新闻报道。

从专题上看，一般新闻网站或频道在重大新闻事件上是很容易达成共识，各家也都会推出自己的新闻专题。在这种情况下，专题的竞争，常常不是题材上的竞争，而是组织方式的竞争，特别是在栏目设计上。一些细微的差距，可以体现出不同网站的功力。例如，同是美国军事打击阿富汗的专题，一般网站是笼统的"各方反应"栏目，而新华网推出了"经济冲击"，使栏目的指向性更强，更容易引起人们的关注。

专题也往往是多媒体进行内容比拼的场所。但是，目前我国新闻网站的多媒体新闻开发并不好。人们对多媒体的理解，片面停留在音频、视频上，但这些素材本身采集却是较为困难的，也就不容易形成自己的特色。

（四）解读新闻

在信息过载的时代，人们的要求是要得到有用的信息，得到"关于信息的信息"。"关于信息的信息"在网络中有两种含义，一是指在哪里能得到某个信息，这个工作通常可以使用某些工具如搜索引擎、数据库等来完成；二是指对于当前信息的分析与解释，我们这里所说的"解读新闻"，无疑指的就是这一含义。"解读新闻"即对新闻事件或其中某些环节的来龙去脉、前因后果进行深度剖析，释疑解惑。

信息时代的媒体竞争，在很大意义上不仅仅是新闻题材的竞争，更是新闻挖掘方式与深度的竞争。媒体不仅要告诉人们发生了些什么，还要告诉人们它为什么会发生，这件事与那件事之间有什么联系。许多看来不相关的事，其实背后都是有关联的。媒体要做的，不是让读者自己去费力寻找那些联系，因为对他们来说，信息消费只是业余生活中的一部分，他们不可能全天候地跟踪世界的发展与变化，并且还能对这些变化做出合理的解释。这样一种跟踪与解读的工作，应该由媒体来完成。目前一些正在崛起的媒体，也正是在"解读新闻"上动了脑筋、下了功夫。

在网络新闻中，实现解读新闻的途径，主要可以从以下几个方面展开：在评论中解读新闻、依据多篇新闻内的逻辑性组织新闻，从而达到深入解读新闻的目的；数据新闻是组织新闻信息的新手段，在信息匮乏时，我们所做的大部分努力都是信息的寻觅和搜集，而当信息充足时，对信息的处理就显得更为重要。通常我们对信息的处理分为这么两个层面：1.通过分析，理出头绪，从源源不断的信息流中构建出轮廓；2.将重要和相关的信息传达给受众。和自然科学相类似，数据新闻揭示的方法和结果的呈现是能通过复制得到证实的。

二、网络新闻编辑的基本规律

从人类认识宏观事物的发展规律看，任何一门学科的研究都是从具体到抽象、从特殊到一般。对编辑学研究来说，如果没有对各种特殊形态编辑活动的研究，就难以提炼出一般编辑活动的本质和规律。所以，加强对网络新闻编辑活动的研究，有助于完善编辑学的学科体系，促进编辑学的整体发展。网络新闻编辑活动是一种客观存在的、按其自身规律发生和发展着的社会文化现象，是社会文化活动中一个不可缺少的重要组成部分。网络新闻编辑学是应用科学，它所阐述的理论不仅是用以解释网络新闻编辑活动的种种现象，更重要的是用以指导实践、推动实践。这样，网络新闻编辑学才能被社会所接受，才能不断地发展。

在网络新闻编辑实践的过程中，必然遵循网络新闻编辑活动的内在规律。网络新闻编辑规律主要表现为以下几点。

（一）传播时效与价值优化相统一的规律

这是从编辑价值角度考察的。在编辑活动中，随时都有价值判断和选择取舍的态度问题。编者在长期的价值判断、价值选择活动中，形成一种相对稳定的编辑价值观，用以判断稿件和人的行为的好坏、美丑、善恶、得失等。在不同编辑价值观的指导下，编者对编辑活动会有不同的价值追求，对稿件也会有不同的评价和取舍态度。编辑价值观的基本要素主要有以下几方面。

1.编辑主体的角色认定。即编辑主体对自己的社会角色、社会责任有明确的认识,并以此作为进行各种价值选择的根本出发点。

2.编辑主体的社会规范意识。即对经济、政治、法律、道德、艺术和日常生活等方面的社会规范进行选择,并自觉地遵守执行所接受的社会规范。

3.编辑本位的价值选择。当现实生活中的多种价值(如文化价值、经济价值、消闲娱乐价值等)不可兼得时,选择最重要的本位价值,并以此作为判断、取舍稿件的首要标准。

编者选择、优化作者的作品时,必然包含对作品的价值判断和价值取向。读者(受众)接受这些作品时,也会接受编者对作品的价值判断和价值取向,使编者和读者(受众)在价值判断、价值取向方面取得认同。文化价值是编辑的本位价值。

在网络时代,传统的新闻价值体系发生了变更,尤其是及时性与全时化之间的关系处理。网络时代的全时化趋向与当代新闻业自身的发展规律密切相关,更重要的是,由于其理念的形成基于网络媒介独特的介质属性,因此,它为网络新闻的业务运作,尤其是采写与编辑的作业形态指明了新的方向。从传统新闻学意义上说,及时性是对新闻报道追踪新闻事实的速率的度量,新闻通常被人们视之为对新近发生的事实的报道。尽管电子媒介已经把近代传统媒介发布新闻的定时性有效地拓展为及时性,使得时效性的概念比一个世纪以前要先进得多,但在网络时代,要求网络新闻编辑的编辑价值观要与时俱进显得更为重要。全时化的编辑趋势要求网络媒体每天 24 小时不间断推出新闻产品,且新闻文本必须有完整的历史向度,还要对特定的新闻事件的后续进程保持恒久的兴趣;而时效性则要求网络新闻本身内涵具有影响力和适当的时间跨度。编辑活动既要准确判断原型作品本身的时效,及时有针对性地进行选择,还要保证在经过一个编辑过程后能保持作品的影响力,并在受众最需要的时候公之于众。编辑活动有若干环节,是一个过程,需要一定的运行时间,所以称之为编辑周期。若要编辑不失时机地提供定稿品,就要对编辑活动进行严格的组织和控制。编辑周期过短,会影响定稿品质量;过长而不能及时提供定稿品,新闻就会失去时效。质量、时效和编辑周期三者是互相制约而时有矛盾。网络新闻作品作为瞬时性文化产品,其编排周期很短,这样在追求时效性的同时还要注重传播质量,就要求网络新闻编辑根据相应的规范和标准对新闻作品进行优化,一是编辑过程每个环节的优化,如选题优化、加工优化等;二是各个组成部分的各自优化,如文字优化、插图优化、页面优化等。

(二)技术交融性与主体复合型相协调的规律

这是从技术层面来研究的。网络化将给新闻实践带来巨大冲击,从时间到空间、主体到客体,网络新闻编辑都发生了交互化、立体化和技术化的复合型革命。一方面传统媒介正在充分利用网络技术提高原有产品的质量和效率,如图书编辑可以利用互联网的各种信息资源库,更及时、准确、快速地开发选题,可以网上征稿,网上组稿,网上寻找作者,可以组织读者的信息网,还可以利用网络不受时间、地域限制的优势,组织有关会议,加快开发过程和提高质量。另一方面,传统媒介正纷纷借助网络,增添新闻网站。新闻网站不是原产品的原始上网,而是与原产品并行且融合网络技术打造出来的,是能满足受众多方面需求的新产品。例如,期刊社和网络公司合作建立专业网络,打造出快速、互动的新型新闻网站刊物,可以把纸介质刊物不能表现或不方便表现的功能,借助网络技术充分呈现出来。这种交融是双赢的,双方都极大地扩展了自己的活动空间,拥有更多受众,并发挥出"1+1＞2"的强大作用。网络新闻实现了传播者和受众之间的双向互动传播,很多新闻网站在每则新闻之后设置"发表评论"的链接,旨在给公众提供一个交换批评和评论的场所,使网民能够直接参与新闻报道。这不仅做到了网络媒体与网民之间的沟通,还实现了受众对受众的传播。交互性使网络新闻成为大众共同发言的新闻类型。交互式编辑,就是在重要新闻文本后面提供交流手段,让受众自由发表意见和观点,并能充分使用链接;立体化编辑,要求网络新闻的编辑不再仅以传统意义上的、狭义的新闻信息为全部对象,而是进一步扩及一切泛指的信息,这些都是交融性现象的特点。概括起来,所谓交融性现象是指在不同传播媒介之间,一方会交叉利用另一方的优势功能,扩展自己的活动空间和存在价值,并协同发挥"1+1＞2"的作用。事实上,从多种媒介产生以来,交融性现象就一直存在。而网络的兴起,由于其无比强大的功能,更使交融性提高到了一个新的高度。

网络新闻编辑活动的交融性具有两个特点:一是以计算机技术、网络技术为支撑,没有这方面知识和技能的编辑人员将不能开展编辑活动;二是双向或多向的跨传媒交融。编辑活动需要由交融双方或多方的有关编辑人员共同来完成,是一种多工种编辑人员的协作。从成品而言,是多工种人员各自成果的高度集成(或称组合)。这就要求作为编辑主体的网络新闻编辑不再是单纯的编辑,而是集新闻写作、编辑以及制作三位一体的结合。因此,从单兵作战走向协同作业,从技能走向全能,是网络新闻编辑的必由之路。在网络新闻编辑活动中,以网络传播技术的交融性特点为基础,构建复合型编辑主体,是网络时代编辑活动遵循的一个重要规律。

(三) 编辑与作者和受众及时性互动的规律

在传统的编辑活动中,编者根据出版文化信息或影视制作要求设计文化产品,推动、组织作者的创作活动,或者发现、采集作者的作品和文献资料。然后对采集、组织的稿件进行选择加工,提供可以复制传播的定稿。其工作环节包括审稿、加工、组合集成和装帧设计等。编者通过审稿加工发挥把关作用,保证文化产品符合传播要求。最后还有一个工作环节是审查样品(包括母带、样盘)、检查成品、制订宣传计划、提供宣传资料和售后服务,以及了解网民反馈信息等。但是,在这整个过程中,编辑与作者和受众的互动过程是缓慢的,互动周期较长。在这些工作环节中,起主要作用的是作者和编者。

而在网络新闻编辑活动中,从宏观角度对编辑过程进行考察发现,整个编辑过程是动态的、及时性的。在形成定稿之后,编辑过程并未结束,编者还要根据作者和网民的反馈意见,调整修改网络编辑出版计划。例如:提出电子出版物的重印修订计划,或者提出新的选题计划,或者对已有内容重新整合编排,使用多种媒介进行传播。这样,作者和网民的反馈信息就会成为新的编辑过程的起点,使编辑过程永不停顿地向前发展。在这种动态编辑过程中,网民起了巨大的作用。所以,及时与作者和网民进行信息沟通是网络新闻编辑过程中一个承上启下的重要环节。作者和网民的反馈信息是出版文化信息的重要来源,能否及时获取作者和网民的反馈信息,并及时调整原定的网络编辑计划,提出新的编辑计划,是网络新闻编辑活动成败的关键。

编辑活动在本质上说是一种文化创造与传播活动,作为网络新闻编辑活动同样具有这一本质特征。网络新闻编辑在文化创造与传播过程中,其核心环节是选择和加工,它贯穿于各种具体的、特殊形态的编辑活动,也贯穿于各个不同层面的编辑活动,其中包括各种不同的原则、方法、手段和因素。

作为网络编辑,要能灵活而熟练地应用网络带来的种种好处,为编辑工作服务。在利用网络工具的过程中,要注意以下几点:

1.时效性

时效性一直是新闻传播机构追求的目标。传播技术的进步也是以时效性的提高为衡量标准。对于印刷报纸而言,尽管在采写环节中可以采取各种方法来提高时效性,但它的生产过程决定了它要把最新采写到的新闻立即传播出去必然有很多限制。虽然有些报纸通过增加每天的出版版数来改善这一状况,然而这毕竟只是改善而不是完全解决这一问题。新闻网站的出现却为解决这一问题提供了最切实可行的方法。

网络传播的中间环节少,制作方式简单,而且它的传播形式允许它即时地更改页面上的内容——或者全部,或者部分。提高新闻网站时效性最重要的是打破过去印刷版的"张"的概念,改变过去更新内容"一刀切"的做法,对不同的新闻内容,根据事物的发展状况,进行不同频率的更新。例如,对于重大新闻,则采用不定期的更新,以保证重要新闻能随时上网。

当然,在更新新闻时,应当把读者需求放在第一位。例如,要考虑哪些新闻是读者真正需要的,否则,在网上放置过多无关紧要的消息,可能会干扰读者对重要新闻的注意力。还应注意让读者始终获得对新闻事件的完整印象,因此保留前续报道或适当在新报道中做些"回叙"等都是必要的。此外,最好在编排上有所分类。

2.利用超链接,为新闻信息提供更多更好的背景资料

传统印刷报纸的编辑理论中,就十分强调背景资料的作用,它可以为读者释疑解惑,开阔视野,加深其对新闻事件的理解。但是印刷报纸的版面空间本来就十分有限,再配发资料自然就显得捉襟见肘,其效果也就在一定程度上受到影响。而网络传播借用的是被称为"海量存贮"的网络,容量不再成为一种限制因素,所以新闻网站应尽可能多地利用这一优势。

新闻网站配发资料的方式,一种是在文章后汇集相关新闻,以便读者进一步了解,另一种是利用"超链接"功能,对文章中出现的一些关键字,建立与有关信息的联系——可以链接到某个站点,也可以只是一个专门的背景介绍。

在这里,对于超链接使用的"度"的问题,有必要进行一些探讨。

"超链接"方式,是互联网发展到一定程度的产物,也是互联网得以普及应用的一个功臣。它使得网络上信息之间的联系得到了加强。但它也改变了人们传统的线性阅读方式,人们的阅读过程不再是简单的从上到下、从左到右,封闭地完成一个阅读行为,而是可能在任何地方被"超链接"出去,到另一个站点或页面,而在新的站点或页面,又可能会有很多引起读者兴奋的关键字,这些关键字同样还有超链接,如此下去,读者的阅读行为离他的既定目标就会越来越远。

超链接的出现,本来是为了加强信息之间的联系,提高信息的利用效率。但是,在实践中我们常常体会到,原来的意图并没有以最佳的方式实现。它干扰了正常的阅读过程,使读者耗费大量时间去漫游既定目标之外的世界。这不仅浪费时间,也使信息以一种非

正常的方式被消耗,因此,它往往没有达到提高信息利用率的目的,反而造成了信息的过载与浪费。

3.利用新闻专题方式来处理重要新闻

传统印刷报纸中,稿件或报道的组织与配合是十分重要的编辑手段,它强调稿件或报道的群体优势。在印刷版上的稿件主要是通过两种方式分别进行集合的。一种是空间上的分类,即在版面上将有联系的稿件放在一起,成为同题集中或形成专栏;另一种是时间上的延续,如采用连续报道或系列报道的方式,使对同一主题的事件报道通过时间的延续得以加强。而新闻网站则可以将两种手段综合使用,使稿件的群体优势得到有效发挥。一般网络报纸编辑们仍称这种方式为专题报道。

4.使用交互手段来发挥受众的能动性,并获得及时的信息反馈

信息传播要得到好的效果,就要改变过去的单向交流方式。网络传播的技术手段给双向传播提供了可能。"双向"在目前网络报纸的实践中至少应该有两种含义:

(1)受众在接收信息时应有更多自主权——目前通过网页设计可部分实现这种想法,可效果并不理想,但随着微博、新闻APP、微信等工具,受众在依据自身需求订制新闻信息方面具有更多自主权;

(2)读者与编者之间或读者与读者之间,有更多的交流——从技术上基本可以实现,但需要进一步提高质量。下面是几种常见的方法。

第一,对于重要的新闻事件,用网上问卷的方式,调查读者对这一事件的意见与想法;

第二,建立常规性的读者问卷,了解近期读者对报纸的意见、建议与需求;

第三,设立论坛,让读者就某些议题进行讨论。与问卷形式相比,这种方式可以直接让读者与读者进行思想与意见的交锋,具有更强的针对性。

第四,设计读者信箱,欢迎读者针对网站建设提出宝贵建议。

此外,网上的读者民意测验虽然十分方便、快捷,但其说服力受到了一定影响。读者是否参与投票至少与以下因素有关。

第一,他的性格——他是否喜欢参与发表意见;

第二,他是否读到这条新闻;

第三,他在阅读过程中是否看到了投票这种方式;

第四,这件事对他的重要程度——这决定他认为是否值得投票。

因此,这种网上民意测验如果要能真正反映民意,还需要进行技术上与程序上的改进。

5.建立具有自己特色的完备的数据库

传统报纸一天的版面只能提供当天的信息,如果要查询以前的报纸,则需要在报纸堆中爬上爬下,其效率是可想而知的,而且对于大多数读者来说,要完整保存所有报纸也是一件十分困难的事。新闻网站却可以轻而易举地解决这一问题。

所以大部分有条件的媒体都在新闻网站中增加了全文检索功能,即把若干年的报纸全文制作成数据库,方便读者检索。对于在传播学领域从事"内容分析"研究的学者来说,这更是一个福音。当然,目前一些数据库的制作还不够完善,如有的网站只能提供按"关键字"查询等简单功能,而那样的检索方式效率仍旧不高。所以当务之急是完善现有的数

据库,增强其服务功能。

在建立了本报数据库的基础上,各报还可以考虑建立有本报特色的其他数据库,如《人民日报》的《邓小平文选》和《外交部发言人》数据库、中国法律法规数据库等,以便扩大自己的影响力。

6.图像与其他多媒体手段的运用

当传统报纸开始大量运用视觉手段来进行新闻报道时,新闻网站却面临着使用图片带来的麻烦。由于图片文件的体积往往很大,而现在网络上最主要的困难之一就是带宽拥挤,所以传输图片成了一件不轻松的事。这就意味着,提高新闻网站的信息传输速度就要以牺牲图片的数量与质量为代价。但是网页上没有任何图片,难免会显得单调,何况对于新闻性的网页来说,图片本身是极具表现力与说服力的。所以新闻网站应适度运用高质量的照片。从制作上来说,为了缓解矛盾,也可以先在页面上放置一张较小的照片,与效果更好的同一张照片进行链接,由读者决定是否继续进入。

多媒体手段对于网上报纸来说,是一个全新的领域,看上去也是一个十分令人兴奋的体验。

但是,多媒体的视与听不是在任何时候都有积极意义。一些学者认为读文字的东西更容易引起人们的思考,而面对具象的画面,人们更多只是观看,而不是思考。画面的"实"削弱了人们的想象力的空间。当然,对于新闻媒体而言,视、听等多媒体手段仍然有它的力量,它可以起到"证实"的作用。但是对于深度报道,文字仍有它的优势,这也是报纸在传统媒介竞争中的一个优势。所以对网络报纸而言,如果没有足够的能力,最好不要放弃自己的长处而去从事自己还不擅长的工作。更何况,多媒体信息要被受众接收到,还需要较高的计算机硬件与软件环境。

第二节 利用网页表达编辑意图与评价

传统印刷报纸的载体是纸张,它承载和展现信息的特点决定了印刷版读者的阅读行为具有一定的模式,并具有与此相关的阅读心理。而新闻网站的信息组织形式是网页。网页具有自己的特殊性,并由此对原有印刷品下的阅读方式产生了"颠覆"性的影响。新闻网站应合理地运用技术手段来适应读者的阅读习惯与心理。

一、新闻网页信息提供方式及受众阅读习惯

印刷报纸的载体是纸张,纸张由一定的页面组成,页面与页面之间有固定的物理关系,如第一版的反面是第二版,第三版的反面是第四版。而版面上每一篇稿件都有且只有一个固定的物理位置。因此,对人们阅读线路的主要影响因素是稿件的物理位置。一般认为,读者的阅读视线是沿着顺时针方向移动的。尽管编辑可以用很多手段来形成某些稿件的强势,从而改变读者的既定阅读路线,但是至少读者会在完成一篇文章的阅读后再转入下一篇文章的阅读,会在完成一个版的阅读后,再转入下一个版。在阅读一篇文章时,他的阅读线路是线性的。

而读者阅读新闻网站时主要是依据网页之间的组织结构,来完成整个报纸的阅读的。这个阅读线路与传统印刷报纸的阅读线路相比,具有更复杂的特点,主要原因在于以下三方面。

(一)网页之间的结构关系复杂

读者阅读新闻网站时的主要依据是网页之间的链接关系。新闻网站从整体上看,采用的是树形结构。一个网页可以与多个网页之间具有联系,所以读者的阅读也就具有了更多的可能性。

(二)读者获得一条信息一般需要经过多个层次

对于重要新闻,阅读通常有两个层次,即标题与内容提要——正文;一般新闻,阅读大都至少要经过三个层次,即栏目标题——新闻标题——正文,有时层次会更多,所以很多读者没有耐心去经过层层"关卡"阅读一般新闻。

(三)超链接可能造成阅读干扰

有时编辑会采用超链接的方式为某些关键字或新闻信息提供背景资料,超链接带来的可能不仅是在站点内的阅读线路的改变,还可能使读者跳出当前站点。

此外,站点提供的其他热点链接或广告,也可能会随时对阅读产生干扰。

人们的阅读,不是一个读字、读词或句的过程,而是一个需要依据上下文获得阅读情境以便进行整体信息的把握与分析过程。但是WWW的"超链接"方式摧毁了传统阅读方式中的情境。美国天文学家、电脑安全学家克利夫·斯托尔认为:"我们只是从A地浏览到B地,完全没有深入阅读,若说电视是广大的荒原,网络就是劣质的、肤浅的大洞。"

这种情况在新闻网站阅读中也经常出现。因此,新闻网站的阅读甚至在单一文章的层次上都很难做到完整。除了网页之间关系的复杂和各种超链接的影响外,上网时间的限制、网上信息传输速度的限制、人的眼睛和身体的承受能力以及各种环境因素的干扰等,都会使得这个阅读变成一种片断的行为。

而印刷版承载信息的是纸张。纸张有固定的篇幅大小,或对开或四开。读者阅读时,一般可以做到让纸张的一面全部出现在视野中,读者的阅读是先浏览全版做出基本判断,再决定阅读的大体方向。但是新闻网站提供信息时,依靠的是电脑屏幕。一般的电脑屏幕多为14、15或17英寸,而且是采用的横式(Landscape),与报纸版面的直式(Portrait)不一样。许多网页的大小都超过一个屏幕,这就意味着,读者在读新闻网站时,不能再像看印刷版那样做到一览无余,也就很难对报纸的总体有一个明确印象。因此,过去印刷版上的稿件之间的联系变得松散,而且读者也难以从位置上判断出稿件的重要程度。

印刷版的好处还在于它可以使人们在阅读其中一篇文章时,用余光扫视它的周围,以便很快决定下一个阅读目标,而在新闻网站上,这样的方式几乎是不可能的。印刷版的标题与稿件正文是在一起的,读者看了标题之后可以尽快扫视正文以判断是否值得继续阅读。而在新闻网站上,标题一般与正文相分离,先于正文出现。所以标题往往是决定读者选择阅读先后顺序的一个重要因素,但它带来的结果往往是误导。印刷版的阅读完全由读者来掌握,轻松简便,而新闻网站的阅读需要频繁地使用鼠标点击导航条或链接对象,阅读过程需要有很多附加动作,影响阅读进度。此外,印刷版的栏目名称很多时候不会吸引读者的注意,所以栏目名称是否准确恰当相对来说不会影响读者阅读时的整体判断,但新闻网站的各栏目名称则对导读起着重要作用,如果名不符实,也会造成阅读上的麻烦。

二、新闻网页表达编辑倾向的方式

虽然传统印刷报纸的版面语言在新闻网站上的使用受到诸多限制,但是其中有一些规律还是可以继续沿用,而网页制作本身的特点,又给新闻网页以新的表达编辑倾向的特性。

(一)以时间为手段来评价稿件的重要性

传统印刷报纸的载体是纸张,它的所有文字及其他版面元素都在纸张的一定空间上陈列着,所以版面语言主要是在空间这个舞台上进行展示:空间上的位置、占用空间的大小、用何种方式占用空间等。但是,印刷报纸中的编辑手段也可以通过时间这个因素来传达。

新闻网页设计却打破了时间的界限。新闻网站的内容更新不必再像印刷报纸那样整齐划一,有些内容可以几小时更新甚至随着事件发展即时更新,而有些内容则可以在网页上存在几天甚至更久。而这,正为新闻网站的编辑表明自己对新闻事件的重视程度提供了行之有效的方法。

以时间为手段,强调编辑意图,主要可以采取以下两种方式。

1.单一题材性新闻采用连续报道或者系列报道的方式,通过时间的延展性来强化主题。

2.延长某一则重要新闻在首页上或页面醒目位置存在的时间。如某一则新闻特别重要,编辑则可以将其更长时间地放置在首页,或新闻频道网页的突出位置。不过,这种时间表上的延续,一般也不可能太长,因为新闻在不断更新,过长时间地将某则新闻放置在醒目位置,势必影响到其他新闻的正常滚动播出。

(二)以空间评价网络新闻的重要性

在版面语言中,"强势"是一个很重要的概念,它指版面吸引读者注意力的方式或能力。在新闻网站中,报纸的强势与空间位置、空间大小、标题或正文的字体、大小、排列方式、色彩、线条、图像以及稿件集合多种手段有关。强势仍然是一个十分重要的概念,因为在新闻网站中,标题与内容是分离的,如果没有一定手段对读者进行提示,读者往往就只能是由标题的内容是否吸引人为标准进行选择,倘若标题与内容相偏离,就会对读者产生误导。因此,网页上的强势不但可以体现编辑们的意见,还可以帮助读者分清主次,以便尽快获得重要信息,在这种情况下,网页强势就具有重要意义。

网页的设计与印刷版面的设计也有很大的不同,为方便读者的阅读,以及不使读者产生视觉疲劳,网页的字符、色彩、线条的运用应尽量简单统一,而且色彩、线条的主要作用已变成装饰或分割而不是强调,所以它们不再承担"发言"的功能。在网页设计中,体现强势比较有效的方式是图像,用给稿件配发图片的方式,可以吸引读者视线,并促使他们阅读正文。

过去在印刷版面中,对强势起重要作用的"空间位置"因素在新闻网站中还有一定作用。一般来说,处于屏幕左方和上方的信息强势较大,因为这些部分信息是最先出现在受众眼前的。但是,有时把一些信息放在"劣势"的位置,不是因为它们不重要,而是出于对整体页面安排的考虑。另外,当一个屏幕上出现多条信息时,不能简单地把上方的信息当成最重要的新闻。这一点,与印刷版是有所不同的。

(三)通过网页调用层次评价网络新闻重要性

一个新闻网站是由很多的网页组成的,不同网页之间由一定的层次结构组成。一些页面会先被读到,而另一些页面则只能较晚出现。主页是第一个被访问的页面,所以一般新闻网站都在主页上设立本报重要新闻一栏,给予重要新闻最早被读者调用的特权。这正如在报纸的头版上安排重要稿件,而其他新闻则被安排为一个栏目的重要新闻,或是一般性新闻,这样,读者就能从这种阅读顺序中体会到稿件重要与否。

(四)用稿件集合形成群体优势,表达编辑的意图

在传统报纸中,稿件的集合不但可以形成版面上的强势,还可以产生"1+1>2"的效果,因为它更好地挖掘了稿件之间的内在联系。在新闻网站上,稿件集合仍然是形成群体优势的一个行之有效的方式,它的作用,除了前文提到过的可以更好地提高信息服务的质量外,还可以增加某些稿件的吸引力,使人们给以更多关注。编辑可采用专题的形式,利用图片、多媒体以及文字报道的集合,形成强势。

第三节 网络新闻编辑方针的制订

新闻媒介的编辑方针是根据媒介方针(如办报方针、办台方针)对新闻传播活动做出的决策,它规定了媒介的受众定位、传播内容、传播水准和风格特色,是媒介编辑工作必须遵循的准则。对于网络新闻媒体来说,目前主要指前两者,即网络用户定位和内容定位。传媒的风格一般指传媒在一个时期内形成的思想倾向、内容选择、编排方式、谋篇布局、遣词造句等相对稳定的特色,可分为严肃的、活泼的、幽默的、含蓄的等多种类型,例如人民网就以严肃著称。再如新华网开办初期就提出,要高起点,面向全球,建成具有中国特色的世界性通讯社的新闻信息网站,建成中国对外宣传的一个重要阵地。传媒的水准层次也要明确定位,一个媒体的内容可以较通俗,也可以较专业;可以侧重普及,也可以侧重提高。

一、网络媒体的用户定位

受众向分众化发展,每个受众群都有各自的特点和喜好,年龄差异、性别差异、地域差异、职业身份差异等都决定了各个受众群的需求差异性。受众的需求在直接或间接地影响着传播者对传播客体的选择、传播内容的构思和传播方式的选择。传播者如果此时心中无受众,则不可避免地会陷入盲目性。新闻媒介的受众定位,是指确定媒介的受众目标,是在对媒介市场进行分析的基础上,对媒介产品的市场占位做出决策。媒介发展的速度极快,大众传播已经进入了由"大众"变为"小众"(或称"分众")、由"广播"变为"窄播"的

转型时期，一家媒介覆盖全体受众已经不可能再实现，每一媒介都必须有所选择，有所放弃，确定最适合自己的目标受众。网络受众非常复杂，有针对性地提供新闻信息服务是现实可行的选择。

（一）要用科学的方法调查了解自己的潜在用户

现在一些新闻网站已经有了用户调查意识，例如人民网设有一个《人民日报网上调查》的栏目，用交互式问卷的方式进行网上调查，而《中国日报》、英国《泰晤士报》、美国《纽约时报》则在用户进入真正主页前就须进行登记。但这只能获得用户情况的基本数据，还需要对用户上网后的有关行为进行分析，例如每个访问者在该站点停留的时间平均多长，平均阅读的网页数，网站在哪一天哪一时段访问者最多，一个星期中哪一天访问者最多，访问者从何处上网，目的如何等。虽说不是每类数据都有充分的说明力，但对编辑却有很大帮助。

以下是腾讯网站的网络调查问卷的部分页面截图（图4-2）。

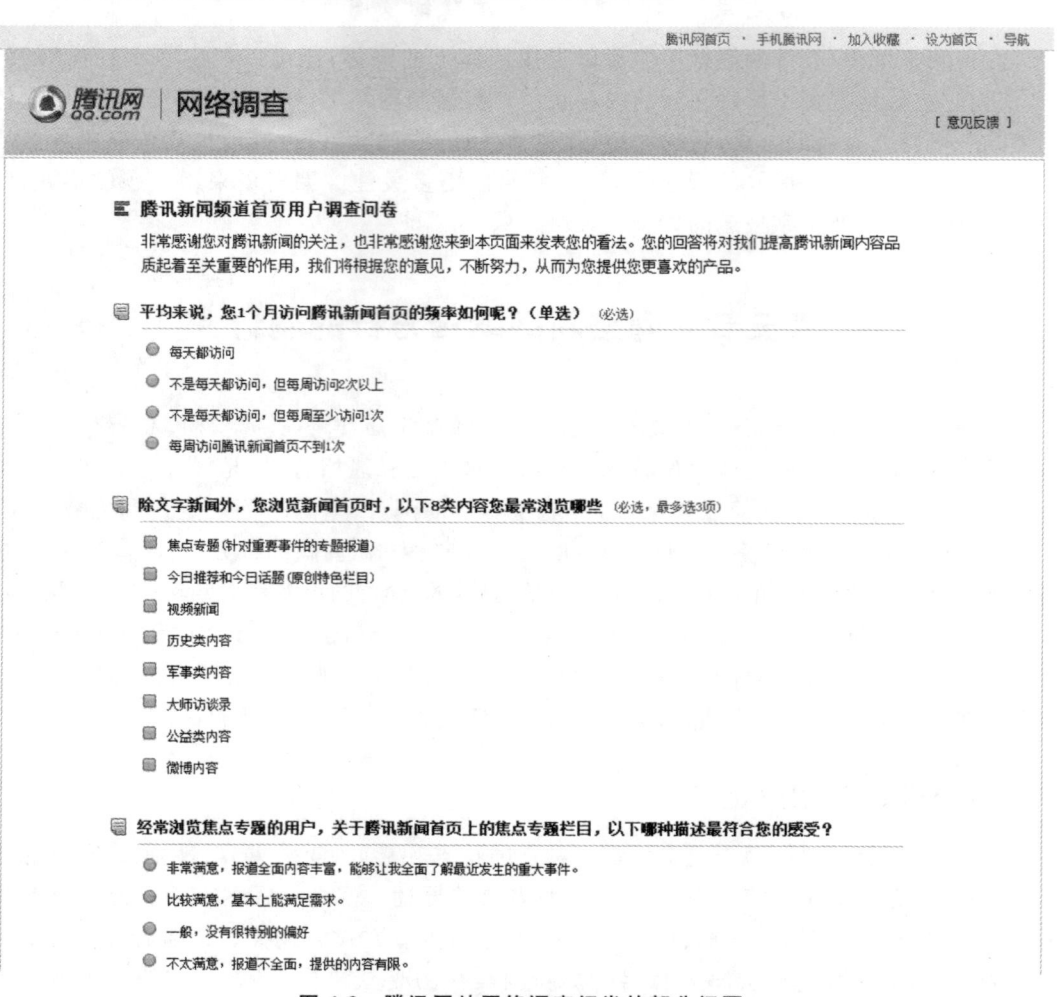

图4-2　腾讯网站网络调查问卷的部分问题

资料来源：http://page.vote.qq.com/? id＝1013608（2015－06－15）

（二）从潜在用户中定义出自己的目标用户

对于传统媒体办的新闻网站，原有媒体的影响力会影响决定着该网站的用户范围。影响大的可定义宽些，影响小的则应采取以小胜大的策略。例如新加坡的《联合早报》过去只限于新加坡地区，影响不是很大。进入互联网后，它没有把自己的任务定位在征服全世界上，而只是把目光集中在华人特别是具有内地背景的华人身上，因此，它从内容到整个风格的设计，都是面对这一类用户的。而事实也证明这一做法是明智的。另外，传统媒体进入互联网后，面对的是一个十分广阔的空间，原来的劣势处境会得以改变，有些甚至变为优势。还是以新加坡《联合早报》为例，它作为中文报纸在国内的处境越来越差，因为新加坡29岁以下的人受英文教育的程度远远高于受中文教育的程度，以中文出版的中文报纸无疑处于劣势。进入互联网后，这一点却使它可能产生出自己的优势。因为在华文圈中，与香港报纸相比，《联合早报》更关心政治，国际新闻的比重较大，这一点与中国读者的需求相切合；与台湾报纸相比，立场更中立些，在一定程度上更客观。这些长处，使不少华人包括中国内地的人们都愿把它当作一个重要窗口。

（三）潜在用户中的优势群体

目标用户是从它的潜在用户中产生的，虽然这些用户分布广泛，从整体上看没有显著的一致性，但可以大致从中找出一个或几个优势群体，也就是具有较明显特征的群体。正如《联合早报》把具有大陆背景的华人作为优势群体一样。另外，还要注意网络用户的分层和变动性。就分层而言，我国新闻网站的潜在用户分为三个层次：中国地区用户、世界华人用户、全球范围（非中文）用户。这就要求媒体网站根据自己的实力和优势，以国际视野来确定自己的用户层次。人民网就设有英文、法文、日文等版，目的在于增加其在非中文用户中的影响力，向世界更好地介绍中国。用户是经常变化的，这也要求依据变化适当调整编辑方针。

二、内容定位

就目前来说，我国新闻网站在内容设置方面有明显不足，大都是在传统媒体翻版的基础上增加一些多媒体符号特点和超链接等信息服务功能，而真正做到跨媒体新闻信息平台的很少。这样致使网站个性不鲜明，内容差别不大，服务意识不强，网络新闻报道的互动性、多媒体、检索性等特色没能充分发挥出来，而且相当一部分网站缺乏长远规划、整体设想，相互模仿。但也有较有特色的，如人民网，人民网包括以下三部分内容。

（一）《人民日报》报系：《人民日报·海外版》《华东新闻》《华南新闻》《市场报》《汽车报》《讽刺与幽默》《环球时报》《新闻战线》《中国质量万里行》《大地》《时代潮》《人民论坛》《上市公司》《京华时报》等。

（二）每日更新的独立新闻发布：滚动新闻、每日整点新闻、新闻专题站点，常设的网上期刊如网络文摘、人民书城、电子出版世界等。

（三）信息服务：中国地方新闻联报、资料查询服务、导航服务、全国各地的上网媒体、"知名站点"特色服务"实用信息导航"。信自、服务包罗万象，如"实用信息导航"又分为天气预报、金融信息、旅游服务、宾馆饭店、学生服务、电视节目预告、人才择业、医疗服务、中外地图、航班列车等。

总体来说,新闻网站需根据网站目标用户、自身特点等方面,进行有效、明确的内容定位。

第四节　网络新闻的选择和修改

和报纸新闻编辑一样,网络新闻编辑也有稿件选择、修改梳理等程序。稿件的修改是选择新闻稿件的延续,是对入选稿件的一次全面检验,入选的稿件并不等于都适合网络媒体,因此部分入选的稿件还需要进一步修改。

一、选择、鉴审稿件的标准

网络新闻储存传播空间很大,是以往任何媒体都无法与之相比的。这种对新闻信息客观要求和实际提供的极大丰富性,使网络新闻编辑面临"信息的海洋",选择范围广,选择量大,而实际传播出去的新闻信息也是海量的,所以择定新闻并不像传统媒体那样苛刻,受量的限制。但是由于用户调阅信息的自由和个性化,又使网络新闻的择定范围和标准扩大和软化,再板着面孔推出少量信息已不能满足用户的胃口了。一般说来,选择鉴审稿件时应考虑以下几个标准和要求:

（一）真实性标准

真实是新闻的内在要求。网络环境下信息来源的复杂性使这一命题尤显突出。那么甄别审选新闻稿件时首先就要确保它的真实性。要探究新闻来源,看它来自传统媒体,还是中央新闻单位、国家各级机关、部门新闻单位、其他网站或社会自然来稿等。选择那些权威性高、可信性强的机构发出的信息,并对各种来源信息进行全方位调查和分析,以确保其真实可信,是稿件选审的普遍做法。

（二）新闻评价标准

新闻之所以能满足受众需要,不是由于新闻事件本身,而是新闻报道与受众的关系,亦即新闻价值,它决定着新闻能否成立及其意义的大小。所谓新闻价值,就是指凝聚在新闻事实中的社会需求,就是新闻本身之所以存在的客观理由。在我们比较固定的认识中,它包括时效性、重要性、显著性、接近性以及趣味性等几个基本属性。对于网络新闻来说,新闻价值的要领与要素依然适用。

（三）社会评价标准

社会评价是对新闻可能产生的社会效果的好坏利弊进行的评价,包括政治、经济、军事、法律和文化道德等诸方面的效果预期评价。其中政治评价占首位,它要求遵守国家的媒介宗旨、方针政策而不能违背和偏离。

二、对网络新闻真实性的判断

实际上,无论是传统媒体还是网络媒体,都深受假新闻的困扰,在国际上,已经屡次发生传媒因疏于核实网上的信息,而陷入报道失实的困境中。1999年初,英国广播公司(BBC)《每周焦点》节目收到一份电子邮件,称塞拉利昂前外长阿巴斯·邦度对持续不断的内战负有不可推卸的责任。于是英国广播公司在未经核实的情况下在网上及广播电台报道了这则"小道消息",最终致使阿巴斯向伦敦高等法院提出诉讼。6月28日,法院判决英国广播公司败诉并要求在其节目中以及在互联网上向阿巴斯公开道歉,赔偿名誉损失,并支付全部诉讼费。

这样的案例屡见不鲜,曾有一名叫杰森·布莱尔的黑人记者大肆编造独家新闻的"传奇经历"使得美国很有影响力的《纽约时报》陷入了困境。20世纪80年代,老牌的资本主义报纸《华尔街日报》曾有个"道听途说"的栏目,专门发布一些消息来源不明或者不能透露的小道消息。这个栏目很受欢迎,并且对市场的影响也很大。1987年,《华尔街日报》主持该栏目的记者与市场投机者相勾结,事先泄露即将发表的内容以牟取利益,后被揭发出来,成为当年一大新闻丑闻;同是80年代,德国第一周刊《明镜》刊登独家购得的"希特勒日记",一时声名大噪,后来却被证明该日记实属伪造;也是那个年代,《华盛顿邮报》女记者珍尼特·库克以杜撰的八岁吸毒小女孩吉米的故事骗得普利策奖……

而在互联网上,与传统媒体相比假新闻可以说是有过之而无不及。网络平台的特性,使得假新闻得以更广泛和快速地传播,而造成的损失更加难以估量。2003年3月29日,一则名为"比尔·盖茨遇刺身亡"的假消息出现在某主流媒体网站上之后,随即被各大网站纷纷转载发出,半个小时后,却被证实是一则过了时的愚人节新闻,最后该网站更正并表示了道歉。

这则假新闻当时传播很广,造成了很不好的影响,也严重影响了新媒体的公信力。首发者是主流新闻媒体网站,且是国内最权威的英文媒体网站,其新闻来源又是"CNN",这很具有迷惑性;新浪、搜狐等传播影响力巨大的门户网站以及一些媒体网站甚至一些电视媒体又在第一时间转发;与此同时,手机短信也在第一时间发出,成千上万的新闻短信订户陆续获取了这一假新闻。究其原因,可以归结如下。

第一,新媒体过于追求时效性,而放弃了新闻最重要的真实性。如果从业人员一味追求时效性,将时效性放在第一位,尤其将突发事件的首发视为自己实力的最重要标志,忽视新闻的真实性的做法是不可取的。但需要注意的,时效性和真实性不是对立的,更不能以牺牲真实性来换取时效性。

第二,新媒体"把关人"环节薄弱。新媒体运作的一个特性是网站编辑往往以个人的判断选择新闻、发布新闻,"把关人"的责任是一个人来承担的。"盖茨被暗杀"事件发生后,向新媒体的运作提出了一个问题,即是否需要建立完善的"把关"机制,特别是涉及国际、国内时政以及重大突发事件发生时,新闻的刊发是否应有一定的程序。另外,建立并完善危机公关处理机制也是很有必要的,万一由于各种原因刊发、转发假新闻后,能够在最短时间内采取一切必要的手段消除不良影响,真诚地向当事方及受众道歉。

第三,新媒体编辑的职业素质有待提高。"盖茨被暗杀"假新闻的成因,是网站编辑

"过失性"错误所致,即并不是新媒体故意制造假新闻。新媒体编辑在新闻发布的几个重要环节上均有所失误失察:从聊天室发现新闻、链接到假冒的CNN网页、对该网页上众多疑点没有辨别。对重大、突发新闻的核实、求证,是媒体工作的基本原则,在这一事件中都被忽略了。互联网上的信息多种多样,来源广泛,自然鱼龙混杂,泥沙俱下,对一些新闻和资料的真实性要有一种鉴别的眼光。判断互联网信息的真伪,辨析其内容的良莠,应是新闻工作者的一个重要素质。

不可否认,作为一种全新的现代传播方式,网络媒体提供了最快捷、最便利的传播平台。网民也借助着这个虚拟空间,极大地扩大了信息源,增加了社会的透明度。但一个不争的事实是,不少网络媒体为了吸引受众眼球,制造轰动效应,为了追求高点击率,在竞争中求得一席之地,放松了对新闻的把关。被视为新闻的生命的"真实、准确",成了次要甚至成为可有可无的摆设,以至于互联网上各类谣言盛行。正如有人所说,"网络可能是一个糟糕的传播媒介,传播一些无从证实的传闻、流言、诽谤、错误的信息、假情报、天花乱坠的谎言。网络用户有能力在几分钟内传播上万条错误信息,并在同一过程中不断增加一些虚构的情节"。

三、对网络新闻信息源微观层面的鉴别和筛选

对新闻信息源微观层面的鉴别和筛选是指对某个信息源提供的新闻事实的真伪判断,由于网络媒体对新闻数量的要求,这一点常常在实际操作中为编辑所忽略。

就具体的操作层面而言,网络编辑对事实的验证包括以下方面。

(一)检验信息来源的确切性

对于直接由个人提供的信息,可以从提供者的道德品质、提供者与事件的时间、地点、职业、行业等的相关性(是知情人,还是道听途说)以及提供者说话语气、表达清晰度和节奏等方面加以判断。

由组织提供的信息,则要判断该组织对于事件本身是否算得上权威,提供者是否担任比较重要或核心的职务,要从该组织与事件的相关性等方面进行判断。

引用文字和图像资料时,要追问其出处和提供者,文字最好到原始出处核对,图像要追问其是否经过任何加工处理。

转载其他媒体及网站的内容时,要了解该媒体或网站的背景,包括创建人、出资者和网站的性质等,而后再酌情采纳。

确保网络媒体在事件发生的第一时间获知事实,需要拥有多样化的信息来源和畅通的信息传输渠道。通常网络媒体的信息来源有以下几种。

1.直接来自某人的信息源

这些人包括政府官员和事件的参与者与目击者。对于这种信息源,美国学者梅尔文·门彻评价说:"他们的可信度低于物的消息来源(记录、文件、参考资料、剪报),因为一些人需要保护个人利益,另一些人则是未受过专门训练的观察者。在使用人的消息来源时,记者需找到最有资格发言的人——某个问题的权威、目击者、官员、参与者。"

在媒体的日常新闻传播中,来自政府的消息和声音从来都是传媒信息源中的主角。

学者研究表明,在英国新闻媒介中,社会上层人士或精英分子是新闻的主要消息来源,政府官员及政府发言人借此机会提供观点、判断社会现实。

我国新闻发言人制度不断完善,为网络媒体从政府部门获得有关新闻事件的确切信息提供了更为便捷的途径。

来自专家、事件参与者、亲友的信息也是网络媒体收集信息的有效途径。专业传播者常花费大量精力培养人际网络,以便在突发事件发生时获得信息资讯。

2. 传统媒介信息渠道

利用来自报纸、广播、电视、杂志等传统信息源的好处是,其专业从业者已经通过较为系统的采集、编辑和评论,提供了整体性的、比较完备的信息概略。在新闻信息源可靠性的判断中,新华社、《人民日报》、中央电视台等有实力、负责任的传统媒体受到网络媒体的青睐,来自他们的稿件大部分可以直接采用。但传统媒体信息也难免疏漏和错误,因此需要保持审慎和质疑的态度。

3. 新媒介渠道

新媒介渠道包括浏览其他网站、手机短信、博客网站、QQ、MSN、电子邮件、聊天室、BBS论坛等。虽然它们并不具备一定的传播资质和权威,但网络媒体完全可以将其中的信息作为线索,以专业的手法进一步求证。对于网络媒体来说,这种求证过程本身就十分有意义。

无论是传统媒体还是网络媒体,都要对其传递信息的真实性负责,选择可靠的信源渠道。从宏观角度看,无论选择何种渠道作为有效信息来源,首先要做的就是判断信源的可靠性。美国威德纳大学的两位学者,提出了对网页可靠性的5次检测:

权威性:网页是谁制作的?你能否接触到制作网页的人?你能否了解是谁撰写了网页上的信息?他们资质如何?

准确性:是否有可供验证的资源?

即时性:网页是否即时更新?能否在网页中看出信息何时撰写?何时发布?

全面性:资料有疏忽遗漏吗?

客观性:广告与信息间的区分明确吗?如果有偏见,这种偏见明显吗?

一般正规的新闻媒体网站,由于有正规的新闻运作机制,其新闻的可信度相对比较高。一些大的商业性网站,因为建立了良好的信誉,其提供的信息一般也较为可信。而相对于一些个人网站,由于其信息来源复杂,需要对其提供的新闻或信息的可信度加以谨慎判别分析。新闻或信息如果是由网站自己制作成正规网页发布的,一般其真实性就要比在论坛中任意贴上的一个帖子要高。在网站经常性的新闻或信息发布区域发布的内容,与在聊天室、论坛中发布的内容比,前者要更可信。因为在论坛中,信息发布者是不确定的和隐匿的,即使发布了假的信息,也不易识别。因而注意新闻和信息的发布区域是判断真实性的一个重要的辅助手段。

(二)运用逻辑推理判断事发可能性

网络新闻编辑可以就信息中的一些细节、叙述方式和写作条件,推测事实的可能性和准确性。有些信息有悖常识,编辑就要谨慎处理;有的信息夸大和吹捧的成分很多,编辑也要持冷静态度;有的信息在情节的衔接上有破绽,这时编辑就要多加质疑。如果内容过于奇怪、过于离奇、违背了常理的新闻和信息在网上出现，就要注意多问自己几个"这是真的吗"？

（三）从同类媒体的反应来判断

信息真实、影响甚广的突发事件，通常会在极短时间内得到多家媒体的一致报道。在"盖茨被暗杀"事件的报道中，虽然有许多媒体进行了转载，但是由于事实真实性可疑，人民网当时并没有跟进报道。所以网络编辑也可以从其他一些权威媒体的反应上，感受到同行对信息的判断。

（四）多方信源求证判断

从单一信息源获知消息后，网站编辑还可以通过其他渠道印证。2003年4月1日"愚人节"这天，香港著名影星张国荣跳楼自杀。许多媒体在得知消息后，唯恐是愚人节的恶作剧，都不敢贸然报道，直到联系到张国荣亲友及事发现场目击者之后，才最终确认其真实性。

如果有多个来源的信息是矛盾和冲突的，就要分析其中的新闻内容会不会出现错误。判别新闻的真实性，除了最有效的以事实为准绳外，在一时难以判别的情况下，可从其他来源证实或证伪。通常而言，相互印证是鉴别新闻真实与否的一个好办法。

四、网络新闻稿件的修改和梳理

新闻选择与鉴别环节之后，是对新闻稿件的修改和梳理。修改包括推敲主题、矫正差错、修改辞章等，这些都是修改梳理新闻稿不可或缺的内容，传统媒体的具体做法完全可以移用过来，这里不再多说。这里专门针对网络新闻的传播特点着重对网络新闻的修改进行讨论。

通过对新闻网站及网络新闻的观察，我们发现有着良好传播效果的网络新闻多半会有如下特点：

(1) 突出关键字和关键内容，方法包括链接、字体变化和颜色变化；
(2) 使用有意义的小标题并予以突出显示；
(3) 像排行榜一样，将大意清楚地逐条列出；
(4) 一段一个内容，并要注意如果这一段的开始几个词不能吸引用户的注意力，其余内容就有可能被忽略掉；
(5) 采用倒金字塔模式，把重要内容放在最前面；
(6) 文章尽量简短。

此外，修改梳理网络新闻时要注意以下问题：

(1) 注明新闻来源，或在标题中注明，或在文末注明；
(2) 适应多媒体报道要求，提供不同的媒体表现方式；
(3) 对长篇报道给予恰当处理。

一般说来，长消息并不适合网上阅读，因此对传统媒体上传载的长消息应作相应处理。处理长消息有以下几种常见办法：或是在报道中增加小标题或关键词，使网络用户能迅速了解全文的主要内容，快速读完整篇报道；或是分层报道，运用摘要和链接等形式给用户提供选择；或是提供简讯和详细报道等形式供用户选择阅读。可采取的方式多种多样，关键在于能否帮助受众快速获取重要信息。

第五节　网络新闻报道的策划与组织

所谓新闻报道策划是指新闻报道主体遵循新闻规律，围绕一定的目标，对已占有的信息进行去粗取精、去伪存真、由此及彼、由表及里的分析和研究，发掘已知，预测未来，着眼现实，制定和实施相应的政策和策略，以求最佳新闻传播效果的创造性策划活动。

目前，各传统媒体都很重视新闻报道的策划与组织。

一、新闻报道策划的分类

如果对新闻报道策划给予分类，按不同的标准可分为以下类型。

（一）以新闻事实发生状态作标准，可分为可预见性报道策划和非可预见性报道策划。前者指对能够提前获知的事件性新闻和非事件性新闻报道策划，如卫星发射、两会召开、奥运会等。这类新闻的报道策划可提前进行。后者指对无法预见的突发事件的报道策划，如飞机失事、战争爆发等。这类新闻的报道策划一般无法提前进行，通常是在事件发生后进行。

（二）以报道策划的运行时态作标准，可分为周期性报道策划和非周期性报道策划。前者指新闻采编部门对日常新闻报道的一种常规性策划，策划的时间具有周期性，如按季度、月、周等进行的报道策划。后者指根据需要临时进行的报道策划，如对突发性新闻的报道，一般不可能提前纳入常规性的报道策划之中，只能在事件发生后立即策划报道，这种策划是周期性策划之外的一种应变策划。不过，这两类策划往往合并在一起使用，周期性报道策划之中有非周期性策划，非周期性报道策划有时会引出周期性策划。

（三）以报道策划的运行方式作标准，可分为独立型报道策划和连动型报道策划。前者指报道策划独立存在，与其他策划活动无关，如人大政协会议召开，新闻媒介不介入其中，只是以旁观者的姿态予以客观报道。后者指报道策划与其他策划有关联，并相互发生作用。报道策划者同时参与其他活动策划，如策划救助学生的公益活动，使该活动成为新闻事实而予以报道，报道策划与活动策划"连动"，报道者既是"报道者"，又是"当事人"。这类策划有三种情况，一是策划其他活动在先，报道策划在后；二是两种策划同步进行；三是报道在先，报道过程中又策划其他活动，接着继续报道策划。不过，新闻报道策划一定要与新闻炒作区别开来，不能把炒作新闻、"制造新闻"与报道策划混为一谈。

二、对新闻资源的重组

对网络新闻报道进行策划和组织，重组新闻资源，目前来看也是一个很重要的方面。所谓新闻资源重组，是指通过分析传统媒体提供的新闻资源，运用筛选、集成、配置和深度加工等编辑手法，从而编辑出符合网络特点的新闻，进而增加其新闻价值。无论是有传统媒体背景的新闻网站，还是没有这些背景的门户网站，对新闻资源进行重组都是他们的重点工作。因为这样,一来可以深度开发资源内容,适应网络大信息量的要求;二来可以使网络新闻增值,减少资源浪费,并避免"千网一面"的局面。对新闻资源重组没有现成的经验,更没有捷径可走。在保证网络新闻编辑自身综合素质的前提下,有效重组新闻资源要做到以下两点。

(一)处理好新闻编辑和发布的几个辩证关系

首先,新闻资源优势和新闻资源重组的辩证关系。网络新闻编辑不应成为新闻"搬运工""理货员",因为新闻资源再好也只是资源,而非网络新闻成品,如果原样照搬,资源优势就会成为资源包袱,就会扼杀网络新闻编辑的创新力。

其次,量和质、长和短的辩证关系。网络新闻信息量大,且更新快,甚至十几分钟更新一次。可是网络新闻又要"靓",以吸引眼球,保证点击率。这就要求在保证数量的基础上,加强质量的追求。"短"也是编辑工作的重点,除开很有吸引力的新闻可略长外,其余的应努力缩至一屏(500字左右),一些信息量大的长新闻可以采用化整为零的方法处理。一屏的信息量可能不够,但文章下面的相关新闻足以弥补"短"的缺憾。

其三,快与慢、抢与压的辩证关系。网络新闻当然要"快",要想在"网海"中捞到"活鱼",不妨让简短信息立即上网,深度的、综合的报道可以补发。好新闻当然要抢,而一些难以把握的新闻则不妨压一压,待消息证实之后再予发布。这种"压"的效果往往可以压出"真实和权威",压出品质上的"新闻强势"。

(二)制订严格、可行、统一的操作规范

因为新闻资源重组难度较大,所以严格的操作规范就显得非常重要。对编辑的操作流程、稿件的发布和不同新闻体裁的不同格式的统一,甚至对新闻长度都应做出明确的规定,让重组后的新闻"精致"起来,"统一着装",凸现"这一个"的新闻强势。另外一个重要的方面是要编辑"挂牌服务",要求编辑走出幕后走向前台,在稿件后署名,明确责任,强化管理,这样既可避免"无错不成网"的局面,增加网络新闻附加值,又能打出编辑知名度,塑造网站形象。

🔍【知识回顾】

网络传播的内容海量、泥沙俱下已成为共同特点。有的专家将这种现象形象地比喻为"信息沙漠化"。受众面对"信息沙漠"迫切希望有人对信息进行整理,为他们提供真正有价值的信息。这个"把关人"就是网络新闻编辑。在这个信息爆炸的时代,专人加工整理过的信息对社会反而更有用,网络媒体相对于传统媒体来说,更加能反映舆论,更加能左右舆论,这需要有人代表社会从事对信息进行加工、筛选的工作。从这个角度来讲,网络新闻的编辑工作不但不是以前所谓的"搬运工",而是非常重要的把关人。网络媒体强大的交互功能,读者可自由组成社区进行交流,发表评论,在这种氛围中,编辑如果没有较高的政治素质,要想做个合格的"守门员"是非常难的。从这个角度来讲,网络编辑的工作也相当重要。

【思考题】

1. 如何对网络新闻信息的真实性进行鉴别?
2. 为何进行受众定位对新闻网站发展具有重要意义?
3. 新闻网站编辑如何应用新闻网页表达其倾向?
4. 选择某一天的某一时间点,比较同类网站的头条、要闻区的新闻,归纳出不同网站的选稿标准,并分析其可能的原因。

第五章
网络新闻标题制作

【知识目标】
1. 网络新闻标题的基本功能与构成要素
2. 网络新闻标题的特点

【能力目标】
1. 掌握制作网络新闻标题的基本要点
2. 了解网络新闻标题与传统新闻标题的异同点

【案例导入】

以下这则网络新闻是新浪网转载自中新网的新闻,编辑对其标题进行了修改。原标题为:《中国人赴美买房各州特点大不同 纽约买房西部安居》,修改后的标题为《中国人赴美买房特点不同:四成人将长期居住》。新闻将最后一段的内容进行提炼后放在标题中,以示突出,并没有改变新闻内容,但其与原新闻所强调的重点则已大不相同。对于网络新闻用户来说,他们往往只阅读标题,而不一定点击进行详细阅读。因此,修改标题看似只是细小的变化,但实际会对受众信息的接收产生影响。

中国人赴美买房特点不同:四成人将长期居住

中新网7月24日电　据美国侨报网编译报道,中国人进军美国房产市场并非盲目地投资,他们已经学会根据各州不同的特点,选购适合自身需要的房产。

报道援引美国有线新闻网财富频道(CNN Money)消息指出,对中国买家来说,最热门的房产市场位于洛杉矶、旧金山、圣地亚哥、纽约和西雅图。洛杉矶成为热门城市并不出乎业界所料,这里是全美华裔人口聚集的主要城市之一,空气清新,更贴近中国人的生活方式。

另外,居外网联合创始人安德鲁·泰勒(Andrew Taylor)表示,洛杉矶欣欣向荣的高科技产业也为意图移居美国的中国人带来就业机会。

加州房地产经纪人协会(California Association of Realtors)首席经济师莱斯利·茬(Leslie Young,音译)认为,富裕的中国买家喜欢前往旧金山这样的大城市置产,而不太富裕的中国买家会选择在奥克兰(Oakland, CA)或房价更便宜的地区。

西雅图市的科技工作机会和众多教育水平较高的大学成为吸引中国买家的两大优势。在西雅图置产的大多中国买家是为了子女的教育,所以购买的房产多是小公寓。很多中国学生来华盛顿州求学,毕业后希望在这里就业。

相比其他买家,选择纽约市房产的中国买家更多是为了投资。华裔房地产经纪人谭伟民（Weimin Tan，音译）表示，很多中国买家花费数百万美元在曼哈顿区购买房产，但从来不居住在这里。

谭先生的中国客户会花费100万美元至400万美元在纽约购买房产，但纯粹是为了投资及升值。"他们只是为了自己的投资更多样化。"他说。

在佛罗里达州，中国买家更倾向在度假胜地附近购置房产。在迈阿密，中国买家喜欢购买滨海地区新建的高端住宅。这种住宅不但可以用于买家度假使用，还更容易出租。

近来，越来越多的中国买家前往德克萨斯州购买房产，该州奥斯汀（Austin）和休斯敦这两大城市尤其受到中国人欢迎。出乎意料的是，距离达拉斯市不远的布兰诺市（Plano）市是华裔居民的聚集地，华裔人口占比达5.2%。

总体来看，中国买家最不看好密歇根州的房产。泰勒表示，虽然中国买家持续关注底特律、萨吉诺（Saginaw）和弗林特市（Flint）的房产市场，但还没有"大举进场"。相比密歇根州的工业城市，该州的大学城看起来更受中国买家欢迎。

全国房地产经纪人协会（NAR）数据显示，大约40%的中国买家将长期居住在美国，而那些不会居住在美国的中国买家则对房屋的投资回报率要求甚高。（王青）

（原标题：中国人赴美买房各州特点大不同　纽约买房西部安居）

资料来源：http://news.sina.com.cn/c/2014-07-24/160830573225.shtml（2014-07-24）

第一节　网络新闻标题概述

从中外新闻标题发展史来看，中外都经历了漫长的从无到有的过程。17世纪末至18世纪间，西方出现了印刷报纸，1693年，英国国会废除了压制出版业的出版法案，报业发展一度活跃起来。1702年，英国第一家日报《每日新闻》在伦敦创办，最初只有半张，单面印刷，每版两栏，新闻无标题，目的在于迅速、正确而公正地报道国外新闻，不加评论。这种新闻无标题的状态一直延续至19世纪廉价报纸兴盛时期。与中国报纸新闻标题不同的是，西方报纸新闻标题发展经历了几种风格的转变。

我们可以试着将这几种风格概括为简易新闻标题、黄色新闻标题、理智新闻标题。

简易新闻标题主要出现在19世纪西方近代报纸最初起步时期，也就是廉价报纸刚刚兴起的时期。这一时期西方报业在迎合大众口味和阅读习惯上做出了巨大的努力。如英国的《每日电讯报》开创了新闻有标题的新时代。但其标题的制作却非常简陋，往往只是将新闻内容用标题凸现出来，重大新闻采用的多行标题也不甚讲究。美国报业也是如此，南北战争爆发促使了新闻标题的出现，因为烦琐冗长的报道根本不适应紧张的局势和人们的需要。并且由于战时特殊情况所迫，记者们常常担心他们的电报消息是否会全文发出，所以往往用数行简洁文字先概括消息内容，然后再做详细报道。这就是最初的新闻标题。这些标题无论从制作上还是形式上，都比较简易，因为，它的目的只有一个，那就是将消息用简短文字传递出去。

但这种简易风格的标题并没有延续多久，随着报业内的激烈竞争，黄色新闻标题成为主流风格。19世纪中叶，报纸种数大量增加，竞争因此加剧。在美国，1880年，报纸增至7000家，报刊经营全面转入商业化，标志着西方新闻事业现代化的进程已经完成。而这一时期的《纽约世界报》与《纽约新闻报》的竞争是不能不提的,正是二者的竞争导致黄色新闻标题的泛滥。这种新闻充满刺激性,以煽情主义为基础,注重犯罪、丑闻、流言、离婚、灾难、性和体育新闻的报道,用夸张的、煽情的、甚至歪曲性的标题来吸引读者,将标题用大字号尽可能突出,有时还采取套红印刷。

到了 20 世纪初,人们认识到黄色新闻的负面影响,并对这种风格开始厌倦,于是,新闻工作者们集中于更加理智地运用标题、图片等。由此,西方报纸新闻标题进入了一个更加成熟的时期,呈现出理智的风格。

可见,标题在新闻报道中的重要地位,也是随着时代的发展不断发展变化,进而成熟完善的。新闻界普遍认为,新闻标题有四个主要功能:概括新闻内容、评价新闻意义、吸引读者注意、美化新闻版面。也有人说,"标题是新闻的眼睛",因此对于任何新闻来说,标题都是相当重要的。然而,对网络新闻来说,标题"吸引读者注意"功能的重要性则更加突出。因为报纸新闻,原则上标题、正文、图片是同时平面地呈现在一起的,标题固然以其更大的字号和不同的字体首先映入眼帘,但整个新闻和标题却是连成一体的,有些读者会被图片吸引或在对正文的一瞥中发现自己的兴趣所在,因此吸引阅读的任务并不仅仅在于标题。而网络媒体的超级链接方式使它的标题承担了吸引读者阅读的重任,因为大量新闻信息的存在,使网络势必只能简明扼要地以列表的方式把新闻标题呈现在主页面上,网络新闻主页面就成了一片标题的海洋。一则新闻要从众多新闻中突显出来,吸引读者点击,靠的就是标题的出彩,标题吸引不了读者点击,就意味着新闻传播的失败。

由于网络自身独特的传播物理特性,其版块设置和报刊有着很大的不同。网络新闻标题和新闻内容的板块分割突出了标题的点题和引导功能,网络传播的多媒体技术也为其新闻标题写作提供了更加广阔的形式。新的传播平台带来了内容制作方式的转变,在这种转变当中,不同理念的冲撞一步步促使标题写作的进步。在当前网络新闻标题的写作当中,各大网络媒体风格存在着很大的差异。

第二节　网络新闻标题的功能与构成要素

"题好一半文",对于任何新闻来说,标题都是相当重要的,它是用精简的词语,对新闻内容和中心思想进行富有特色的浓缩和概括。它是新闻的一个组成部分,是新闻报道的延续,它对新闻事实"画龙点睛"式的评论,能让读者透过这个小小的"窗口",窥见新闻的要意。它一般具有四个功能,即揭示新闻内容、评价新闻内容、吸引用户点击阅读、说明报道形态。

一、网络新闻标题的功能

标题是新闻的"眼睛"。对于网络新闻来说,标题直接影响着新闻的被点击阅读率。网络新闻标题的作用一般有以下四个功能。

(一)揭示新闻内容

新闻标题必须用最精练的文字概括出新闻最重要、最有价值、最有吸引力的内容,让用户迅速判断新闻事实,决定是否阅读。

(二)评价新闻内容

评价新闻内容是新闻标题的传统作用,或者通过对新闻事实的选择,用适当的措辞含蓄评论事实,或者单刀直入直接评价新闻事实。通过评价,引导用户更准确地把握新闻意义之所在。

(三)吸引用户点击阅读

标题要突出报道中较具异常性、显著性、趣味性的内容,用词尽可能生动活泼以吸引用户的注意力。

(四)说明报道形态

网络新闻报道的超文本、多媒体特性,致使其表现形态多种多样,文字、图表、音频、视频不一而足。如果新闻中含有图片或非文字文本,标题应予以注明。

二、网络新闻标题的构成要素

编辑制作标题要明确网络新闻标题的基本构成。这些构成元素有哪些呢?

(一)标题主句(Main headline)

标题主句又称"主标题"或"标题句"。它主要承担着"标题"的任务,如:

电竞冠军3100万奖金如何分配　缴30％税每人拿390万
华视传媒与橡树资本、戈壁投资完成诉讼和解
老人坐过站未买票被赶下车　两天后找到遗体
詹姆斯对骑士影响力大大降低　他已失去最有力王牌
四川统计局报告:七成农民工不打算购房

资料来源:http://roll.news.sina.com.cn/s/channel.php?ch=01#col=89&spec=&type=&ch=01&k=&offset_page=0&offset_num=0&num=60&asc=&page=1(2015-12-01)

(二)题图(Picture headline)

在新闻标题区为重要的新闻配备的照片或其他多媒体样式如漫画、卡通等,可以起到解释新闻标题,引起受众注意,引导受众阅读的作用。

与文字相比,题图更具有现场感和表现力,更加简洁、明了。图片用得好,可以成为活跃版面、调节视觉疲劳的一种手段。

(三)题解(Summary headline)

题解又称提要,是标题句后的注解部分。一般以一段或一句较具体的话对标题作诠释,或对报道作指引、概括。题解类似于导语而不等同于导语,虽然有时二者是同一内容。

报纸新闻标题由主题、引题、副题组成,可以通过不同的字号、字体和颜色来加强吸引力。网络由于页面的原因,标题呈单行形式,而且标题与内容往往被分割在不同的页面,阅读新闻内容必须点击标题链接到另一个页面。单行式的标题写作模式趋于简练,措辞

简洁,它必须传达出更多的新闻内容。网络新闻标题与单行化趋势紧密相连的一个特征就是新闻标题用字与措辞的简洁,也即前人所谓的"事以简为止,言以简为当"。

但是单行化的标题通常很难将新闻关键内容一言而概,许多有价值的信息不得不舍弃。有些网站开始采用"标题+内容摘要"的方式来弥补单行标题的不足。对此有部分研究者认为:单行标题最大的缺陷是不得不舍弃一些可能很关键的新闻事实。为了弥补网络单行标题传递信息不够全面的劣势,新闻摘要的形式在一些西方主要新闻网络媒体上开始被大量采用,并且深受欢迎。这一形式可使用户在只浏览主页及各分类新闻主页的情况下,就能对当日要闻要点了然于胸。

英国 BBC 网站、美国《华盛顿邮报》的做法是在各个栏目的每条新闻标题下面给出简短的概要,类似报纸上常用的小标题形式。还有一种方式,即读者的鼠标在滑过某条新闻标题时,屏幕上会即刻自动生出一个很小的文字框,内中显示出该条新闻的提要;挪开鼠标,这个小框就会自动消失。但是这种做法带来的问题是:读者鼠标的移动会带来内容的弹跳,破坏了整个页面的整体性,读者阅读起来感觉比较费劲。有些网民仅仅只需从标题了解大概信息即可,但是弹跳出来的内容打断了其本来的阅读计划。

另外一个问题是,如果将标题和内容简单地捆绑在一起,则会使读者仅仅阅读这两项,而具体的新闻内容很有可能不会被点击。如此一来,网络新闻的形式就会成为"标题+内容提要"的模式,新闻事件的细节和背景则被隐藏在了处于另一个界面的新闻正文中。新闻的具体内容很少有人会去理会,尤其是在海量信息和受众接受信息"摘要化"的环境下。那么,该事件也就被"提要"化了。

(四)附加元素

网络新闻标题有时还有附加元素,通常包括以下三种。

1.随文标记。它以冒号停顿、括号或小字的形式标示在标题前或后,用来标明新闻的来源、发布日期、发布时刻。如图 5-1 中,有些标题标示了新闻的形态。如:标题"俄罗斯宣布在克里米亚扩建黑海舰队"被标识为视频新闻。

[娱乐]	李小璐伏天偷闲陪女儿 三代人同游古镇	07-25 09:52
[体育]	视频-书豪正式加盟湖人披17号 库总:3次想要他	07-25 09:52
[国际]	美国宾夕法尼亚州枪击案致1死2伤	07-25 09:51
[娱乐]	赛琳娜与两猛男出海 镂空露背装遭偷瞄	07-25 09:51
[娱乐]	视频:独家对话韩寒 世上一半人只获得了失败	07-25 09:51
[体育]	J罗太火!皇马卖10号球衣已赚3340万 亚洲人疯买	07-25 09:51
[科技]	欧洲央行曝安全漏洞:个人数据遭窃	07-25 09:49
[国际]	美国取消赴以色列航班禁飞令	07-25 09:49
[科技]	LTE的技术派报告:FDD对称吗?	07-25 09:47
[国际]	俄罗斯宣布在克里米亚扩建黑海舰队	07-25 09:46

图 5-1 使用随文标记的标题

资源来源:www.sina.com(2015-08-10)

2.主观标记。它是编辑在发布新闻时为标题贴的评价或示意符号,如"图文""New""酷""!""hot""★"等。

3.有的标题用效果字符显示,如发光、移动、变色、动画等。在图5-2中,阿尔及利亚客机残骸在马里被发现标题下方,直播前标有"live"标志,是发光的图标,以吸引读者点击。

阿尔及利亚客机残骸在马里被发现

[机上116人无中国人　或因避沙尘暴改航线　航线　动画演示]
[失联前10分钟曾与地面联系　法出动幻影2000搜寻　滚动　LIVE 直播]

专家:风切变或为台湾澎湖空难元凶

图5-2　使用效果字符的标题

资料来源:http://news.sina.com.cn/(2014-07-25)

上述三种附加元素显然也在标题区,但一般不属于标题制作的主要范畴。而且所有这些构成元素是被选择利用的,除标题句必不可少外,其余的倒不一定全部运用在标题中。

三、网络新闻标题的特点

今天,互联网在人们的日常生活中扮演着越来越重要的角色,越来越多的年轻人已经习惯于从网络上获取信息。网上获取信息的主要途径之一是阅读网络新闻。网络新闻与传统媒体(报纸、广播、电视等)负载的新闻有共同的特点,如准确、鲜明、简洁明快、通俗易懂等,但其自身的独特性也非常明显。下面我们就通过四种媒体的比较来分析网络新闻标题的信息形式、形成原因及其理解的途径。

为了更好地理解网络新闻标题的特点,我们先比较一下四大媒体新闻标题。

广播用声音来传递信息,声音转瞬即逝的特点决定了广播新闻的标题简洁、完整、易懂。

报纸主要以文字传播为主,受众在时间上有伸缩性,编辑就可以为提高新闻的受关注度而延长受众的解码过程,受众也乐于在阅读报纸时得到解码的乐趣,所以报纸新闻标题文字简约、语义丰富且更具吸引力。

电视新闻具备了声画结合的特点,其在时间上线性的传播方式让受众只能被动地接收,而电视画面在传播时占有优势地位,观众往往对由声音或文字形式表现的新闻标题产生忽略心态,所以电视新闻标题与广播新闻标题更简明、易懂。

网络新闻的标题无论是在传达的语义内容上,还是承载语义内容的语言结构上都要比其他媒体负载得多。标题传达的信息,一方面要求尽可能丰富、周密、全面,另一方面又要求经济、高效。因此,压缩信息在网络新闻标题中得到广泛应用。除单行标题之外,报纸常见的标题结构有"引题+主题""主题+辅题及引题+主题+辅题"等形式,在这些形式下,不同性质的标题会分行展示,因此报纸新闻的多行标题非常常见。而网络新闻是以标题点击的方式进入阅读的,为了浏览和点击的方便,也因空间节约的原则,网络新闻标题基本上都只有一行。具体而言,网络新闻标题有如下几个方面。

(一)字数长短

网络以海量信息为重要特点,主页面要安排尽可能多的标题,此外,电脑屏幕的阅读使眼睛更容易疲倦，因此网络新闻标题的字数比报纸要求更加严格。一般单行标题不要太长，如："上海金山石化一个污水储罐突发燃烧（图）"。如果内容较复杂，标题可分成两句话，如"三星手机频繁死机被告知不保修　投诉后终获特殊处理""凤凰古城明日起　开放游客可免费游览2处景点"等。但无论如何字数都会保持在一起范围内，不会出现标题过长而需要转行的情况。

（二）语法结构

具有整体浏览性的报纸新闻，其标题更讲究艺术性和耐人寻味，因此对语法和修辞都非常注意。而网络更多是为了适应年轻人海量信息需求的信息通道。这些人思维活跃、反应敏捷、接受能力强，更讲究效率，习惯于以很快的速度浏览感兴趣的或对自己有用的东西，因此以压缩信息的形式出现的标题最能适应他们的需要。因此，网络新闻标题为了做到简明扼要，可以只求简短表意而对语法不作严格要求。事实上，在网络新闻标题制作中，省略句是经常使用的，尤其是量词、介词、连词、谓语中心词等，在不影响意义传达的情况下经常被省略，甚至主语、谓语、宾语被省略的情况也不难见到。

（三）标题与标题之间的整齐性要求

报纸新闻标题的字体和所占的栏数可以根据需要调整，因此各个标题字数可以不求一致。而网络新闻版面的编排往往分左、中、右三栏（也有的分四栏甚至四栏以上，一般是三栏），基本上每个标题占一栏（两个标题共用一栏是个别现象），出于版面美观的考虑，每一行安排的字数要求尽量一致，因此经常有为字数而设计标题的现象。

（四）合理使用实题与虚题

报纸标题讲究虚实结合，尽管由于揭示内容的需要，报纸标题也是实题为主，但单纯议论、抒情、设问、起兴等性质的虚题也很常见。而网络新闻标题最首要的功能是吸引点击，吸引点击主要是通过表现其内容的吸引力来实现，因此网络新闻的标题更重视对内容的揭示，基本上全是实题，标题直接提示新闻的具体内容。对于专题新闻或深度报道，可设虚题配引言或导语。但对于单篇新闻标题一般来说都是实题并且是一行题。

从报纸标题写作来看：虚题和实题构成了标题写作的两面。主题可是实题，即叙述新闻事实；也可是虚题，即评价新闻事实，揭示其意义或隐含的观点。但在单独使用时，应是实题或有叙有议的虚实结合题。往往虚题可以起到点睛的作用。虚实相结合往往会带来极好的传播效果。业界主张网络新闻标题的写作也应该采用实题方式，实题写作可以带来新闻事件的点睛和提升，新闻信息直接、直观，一看标题就知道新闻事件。但是实题缺乏活泼和吸引力，标题比较生硬。

报刊和网络媒体标题最大的区别是：报刊新闻内容就在标题之下，读者可以一目了然，而网络新闻的内容则在另一个页面，这就导致了虚题本身就在很大程度上引导了受众的取舍。"概括出新闻事实，不能靠务虚的感慨或空泛的议论，否则就会造成网民判断、选择新闻的困难。"网络媒体的新闻标题采用虚题会使得接受虚题的结论而对其进行取舍，不会去点击新闻内容的页面，从而最终影响到点击率。实题可以使读者一目了然地了解事件大致情况，不至于将事件隐藏在虚题的评论当中。

(五) 标题内容概括的不完整性

报纸的标题和正文是同时呈现在读者眼前的，因此报纸新闻标题讲究完整概括新闻的整体内容，而网络新闻标题因引导功能的重要性和表述空间的限制使它必须在短短的一行句子里把最有"卖点"的新闻事实准确、生动地表达出来。因此，对吸引力和诱惑力的追求使标题通常偏重于提炼最重要的、最新的、最反常的或最本质的变动，并且经过精简和包装，使其更加突出和明了。故网络新闻标题往往要求"突出一点"而不求全面概括新闻的"中心思想"，即要素式标题比较多。

第三节 网络新闻标题的用语及句式结构

从目前情况来看，网络从报纸等媒体转载新闻时，对标题的编辑并不多，照抄照搬现象远多于创造性的编辑（对内容的深加工就更少了，基本上是照单全收）。事实上，网络作为一种全新的信息传播手段，急切需要与之相符合的信息传播方式和技巧。在新闻标题制作方面，网络在适应其独特的信息传播特点、力求增强信息的吸引力的同时，如何负责任地传播新闻，平衡感官的刺激与理性的思索，做到动情而不煽情，通俗而不低俗，幽默而不浮夸，以真正值得关注的内容和深度的思考来吸引读者，是每一位网站新闻编辑应该考虑的问题。

一、网络新闻标题的用语要求

准确、真实、精炼是网络新闻标题最基本的要求。网络新闻的媒介是网络，它必将受到网络大环境的影响。在网络新闻标题制作中，单音动词因其既简洁又能表意充足的特点成为优选的对象。先比较一下2002年11月18日新浪网和搜狐网的两则内容相同的新闻的标题：

例1：新浪：TCL信息产业集团持续亏损　吴士宏正式告别TCL

例2：搜狐：业务持续亏损　吴士宏别TCL

内容相同，传达的信息量也相近，但后者比前者明显干净利落，原因之一就在于后者用了"别"这个单音动词。汉语词汇的发展趋势是由单音节向双音节发展的，即在双音化的过程中常采用同义复加的方式产生新词。从信息传递的角度看，多音词和单音词各有优点：多音词通过信息的重复，达到强化信息的目的；单音词简洁、凝练，能给人营造想象和理解的广阔空间，如：

例1：新浪：英国即将进入全面备战状态　1.5万士兵待命倒萨

例2：搜狐：半岛电视台播出本·拉登录音　内容赞近期恐怖事件

语言类推原则的广泛运用在单音动词的使用中得到充分体现，但用得好可以收到言简意赅的效果，用得不好则会语意不明，如：

例1：专家指亚洲的性教育贫乏　仍有错误观念和神秘感

例2：上海推可视通话　长安街多媒体IC卡电话可发邮件

例句1中"指"究竟是并列式(指责)的省略,还是动补式(指出)的省略,意义差之甚远。例句2中的"推"是"推出",还是表示"去除"呢,读者也可能产生误会。

二、网络新闻标题的句法结构

网络新闻的正文需要用标题产生链接。读者总是根据自己的爱好和需要来选择是否打开正文,阅读详细内容。要想吸引读者,提高点击率,达到新闻传播的目的,作者就必须考虑用既简单准确又生动形象的标题牢牢抓住读者。

(一)主谓宾完全句占较大比重

由于网络新闻标题要求要准确、精炼,因此网络新闻中大多数标题都具有较完整的主谓宾结构。如:

例1:中国已经启动长江黄河源头水土保持预防工程
例2:北京今天开始对全市房屋及设备展开安全大检查
例3:联合国预测今年全球网民将占世界人口十分之一
例4:戴妃车祸现场"狗仔队"摄影师被控侵犯隐私
例5:贾春旺签署命令追授两民警二级英雄模范称号

上述五例均是主谓宾句式,主谓宾的格局符合人们的阅读习惯和思维规律。读者阅后,已能基本掌握新闻的主要信息,是否打开可根据各自的需要而定。值得注意的是,尽管上述五则标题均有主谓宾,但各句的情况又有不同:例1、例2的宾语中心语前有长定语,例3谓语、中心语后有长宾语,例4有长主语,例5的谓语中心语"签署"后有一个兼语、连动套用的十分复杂的谓语。出现这些情况的原因是新闻标题要尽可能多地突出新闻五要素,简单的"主—谓—宾"格式,无法满足要求,只有加大某一句子成分的容量,才能使读者获取一条较完整的信息。

(二)长句拆分成短句

"长句"和"短句"都是相对的概念。尽管长句有表意比较完整细密的优点,但阅读和理解都嫌拖沓,所以网络新闻记者和编辑在拟标题时常用两个短句来代替长句。如:

例1:辽宁清原法院11名法官被查 三名副院长全部涉案
例2:郭美美拘留期满未释放 分析称或被转为刑事拘留
例3:长沙公交纵火案嫌犯被批捕 称遭工友讥讽生恨

从句子的形体看,一个长句分成两个短句,每个汉字板块都不长,可让人"一目了然",读起来无障碍;从句子的表达看,前后两个短句是相辅相成的,或分别介绍事件的两个焦点,或交代事件主要背景材料,或者分析事件发生原因,或发表评论。

(三)普遍使用省略句

我国著名语言学家吕叔湘是这样谈省略的:第一,如果一句话离开了上下文或者说话的环境意思就不清楚,必须添补一定的词语才清楚;第二,经过添补的话是实际上可以有的,并且添补的词语只有一种可能,这样才能说明是省略了这个词语。省略形式是相对于完整形式而言的,完整形式是指表示一个完整的意义、内容所应该具备的言语形式。

省略是指承担一部分语义内容的符号的省略,也就是说,某些语义内容找不到对应的言语符号。表层结构与深层结构存在差异,深层语义结构和表层形式结构之间的差异即省略。它主要有以下几种情况。

1.省略介词

例1:联合国武器核查人员(在)巴格达展示先进核查设备

例2:30小时获嫌犯　上海警方侦破留学生(在)多伦多遇害案

网络新闻的标题常省略一些介词而不影响意义的表达。介词是虚词,不能充当句子成分,但其组合能力很强,能和其他词语组合构成介宾短语。介词本身没有词汇义,它只是语义成分的标志,特定的介词标志特定的语义成分。以上标题中省略的介词都是处所的标志,由于处所语义特征明显,即使没有介词的辅助作用,受众也能轻松地辨识这是事件发生的处所因素。

2.省略量词

与现代汉语相比,古代汉语的数词后往往不出现量词,直接同名词组合,整个句子显得干净紧凑。在网络新闻标题中,作者为达到句式精练的目的,也往往省略量词。

例1:对34条生命负责　重庆将开审开县井喷事故6(名)责任人

例2:出租车司机酒后驾车　北京一(位)交警工作时被撞牺牲

量词用来修饰不可数名词及集体名词时,具有不可或缺的语法意义和词汇意义,具有形体特征和形象色彩,有时省去量词会影响语义的完整表达。而当量词服务于可数名词且可用"个"替代时,这时量词的词汇意义已弱化。数量短语省略了量词而由数词来承担表数和事物单位的语法意义,也就是说量词省略了并不影响名词短语意义的表达,只是数词的语义值增大了。

3.省略谓语中心动词

例1:细雨浇不灭激情快乐　平安夜长沙处处"欢乐秀"

例2:江城会考重大改革　计算器不再是"作弊工具"

从信息结构的角度看,谓语中心语一般是不能省略的。而上述二例分别省略了"上演""实行"。这两个动词都不是动作动词,即这些动词所表示的状况没有一个随时间展开的内部过程,而这几个动词所关联的宾语"欢乐秀""改革",与一般名词也有所区别,一般名词表现为占有一定的"空间"而这几个名词则表现为占有一定的时间长度,不是典型的名词。因而这几个标题虽然省略了谓语核心动词,但不影响意义的准确表达。

网络媒体首页页面的空间限制使得在首页出现的新闻标题,要尽可能利用最少的空间传达最多的信息内容,要求内容不仅周密丰富,还要简练直接。这时以压缩信息形式出现的新闻标题便应运而生,而省略是这一形式所借助的语言手段。这种以压缩信息形式出现的新闻标题,符合他们跳跃性的思维习惯,能够满足他们对信息的需要。

这样,信息便会通过省略的手段,用不足的句法符号形式传达充足的语义内容。受众在理解这些不足形式时,主要通过以下两种途径。

(1)形式因素。受众可利用的形式因素包括:第一,上下文句子结构上的相似性,受众可机械地从上下文相同位置找回所省略的信息,缩短解码的时间;第二,凸显省略部分,凸显可增强信息的刺激强度,简化解码程序,可消除受众的焦虑感。

(2)意义因素。意义因素主要指句子成分之间语义联系的强制性。受众在阅读上述引用的标题时主要靠自己的知识储备对语义联系强制性的掌握,并通过残留下来的符号形式或残缺符号形式、句法空位来找回或弥补由符号形式的缺失带来信息内容的流失或残缺,使省略成分明确化。

第四节　网络新闻标题的制作与技巧

网络新闻标题的制作一方面需要遵循一般新闻标题的基本要求,另一方面,由于网络媒体的特性,又有着特殊的制作方法和技巧。

一、常用的网络新闻标题的制作方法与技巧

常用的网络新闻标题制作方法与技巧包括"一句话"实题标题、单行两句话标题、运用恰当的修辞方法制作的标题、适当使用的标题集群等。下面用实例来说明以上四种网络新闻标题的制作方法与技巧。

(一)"一句话"实题标题

"一句话"实题标题,就是网络新闻编辑在弄清新闻事实的基础上,抓住新闻的"时间、地点、人物、事件、结果"等要素,进行恰当的组合,点中新闻的要害。这是当前大多数网站的标题运用方式。纸质媒体的标题有虚、实之分,即使是虚题,因为文章就在旁边,只要看一眼导语,主题也就清楚了。而网络媒体不行,一条虚的标题肯定使读者丈二和尚摸不着头脑,从而影响"点击率"。因此,凡遇虚题,必须改成实题。这里的关键是要将文章先浏览一遍,抓住几个新闻"W",再恰当组合,点中要害,如能捉住"新闻眼",自然更妙。两行题或三行题容易使读者分散注意力,不能一下子抓住最重要的信息,所以最好压缩为一行实题。新闻摘要的形式在一些西方主要新闻网络媒体上被大量采用,并且深受欢迎,这应引起我国媒体网络业内人士的关注及借鉴。这一形式可使用户在只浏览主页及各分类新闻主页的情况下,就能对当日要闻了然于胸。

例如:
例1:北京一家游泳馆被曝池水余氯超标一倍
例2:高盛据称考虑在固定收益部门裁员逾5%

"一句话"标题简单明了,网民一看便知新闻的主要内容是什么。值得注意的是,网络编辑在制订这类新闻标题时,除了要言简意赅地告知受众基本的新闻事实外,还应具有一定的新闻敏感,能抓住新闻事实中最有价值的要素以呈现给受众。另外,标题的字数也不能太长,否则会显得头重脚轻。

(二)单行两句话标题

如果标题内容较复杂,可制作单行两句话标题。可以是一虚一实,也可以是两个实题;或前一句概括新闻要素,明示基本内容,后一句突出重要内容、强调意义和价值;或进行补充说明,完整表述新闻内容;或进行评议、评价。两分句的组合,并无定式,需要依照

新闻内容以及编辑的新闻价值来制订。

这类似于传统媒体的复合型标题,虽表现形式略有不同,但制作原理一致。传统媒体的复合型标题是由主题和辅题组成的,辅题又分引题和副题。主题、引题、副题三者之间的关系,是相互联系、相辅相成的。网络新闻标题也有主辅之分,但由于网络新闻媒体是"直线"的,没有平面媒体运用的手段多,因此主辅题常常以引题、主题或主题、副题的形式出现,且不分行。例如:

例1:"以史为鉴、面向未来" 中日举行外交当局磋商

例2:震慑恐怖组织和分裂势力 俄军演习进入实战阶段

例1中的引题"以史为鉴、面向未来",指出了中日进行外交磋商的主题,例2的引题指明了俄军进行军事演习的目的。从以上的例子可以看到,网络新闻的引题和副题对主题起着引导、补充、解释和说明等作用。主题和辅题相辅相成,不仅能进一步完善新闻事实,也恰到好处地指出"新闻眼",更能激发网民的阅读兴趣和欲望。需要强调的是,网络新闻编辑在制作主题和辅题时,应该仔细推敲,不要犯主题和辅题前后矛盾、缺乏联系、意思重复等错误。

(三)运用恰当的修辞方法制作标题

传统媒体的新闻标题制作常常根据新闻内容的灵活性采用修辞法拟写。别具一格、形式新奇的标题不仅能激起读者浓厚的主动阅读新闻的兴趣,也能使读者在接受新闻信息的同时获得一种美的艺术享受。新闻标题讲不讲究修辞,大不一样。目前有些人认为网络新闻标题是以实题为主,因此只要清楚明白地告知受众新闻的主要内容是什么就行,不需要讲究修辞,其实不然。网民在快速浏览大量新闻标题时,只有那些生动有趣的标题才会吸引他们的注意力。而修辞方法虽然主要应用于虚题的拟写,但其中一些也适用于实题的拟写,运用得好同样可以为网络新闻标题增色。所以网络新闻标题在"准"的基础上也应"更上一层楼",通过合理使用一些修辞方法修饰语句,使标题更加鲜明、生动,可读性更强。

运用一定的修辞方法制作网络新闻标题,主要有以下几种。

1.对仗法。对仗也叫对偶,即用结构相同或相似、字数相等的两个语句来拟写标题,使其看起来整齐醒目,念起来朗朗上口,听起来悦耳动听。例如:

例1:国产车高歌猛进 进口车降价无望

例2:"梧桐山"轮带伤返蛇口 300余旅客分批往海南

例中"国产车"对"进口车","高歌猛进"对"降价无望",两相对比,使读者对当前国内小轿车的市场行情一目了然。

2.设问法。即用表示疑问语气的句子作标题。设问标题能够一反常规,出奇制胜。按常规,新闻标题一般多用肯定或否定语气,而采用设问语气就能打破这种常规,让人眼前一亮。例如:

例1:"2亿人看发布会"神话下,"雷布斯"的小米怎么了?

例2:"退役"手机到底该去哪儿?

例子中标题的前部分运用一种疑问的语气,能够引起读者的思考,从而吸引他们去阅读对这个问题的回答和解释。

3.反问法。即用表示反问语气的句子作新闻的标题。例如：
例1：卡地亚身陷质量门　证书不齐售后差？
例2：苹果牵手IBM伤了微软、黑莓？
例子中标题的后部分运用了反问语气的句式,意思确定,语气强烈,能激发读者的感情,造成深刻的印象。

（四）适当使用标题集群

新闻标题集群则是在限制中寻求突破和创新的一种表现样式。所谓新闻标题集群,是围绕某个主题或事件,在一个大标题统率下,由多种传播符号(文字、图片、影像、声音等)构成,即时滚动播出多个存在相互关联的新闻小标题集合。它是网络新闻标题的一种特殊样式,一般出现在网站的新闻页面的显要位置,本身因标题集合形成的空间感,也具备吸引受众瞩目的特性。需要注意的是,标题集群的小标题一般是加"[ ]"标志,在一些网站也采用"大字号标题＋小字号标题"的方式,这种"小字号标题"一般是作为副题,"大字号标题"作为主题。如搜狐要闻版的新闻标题多采用此种形式来表现,以达到醒目和突出的目的,此时的"小标题"不加中括号。如图5-3所示,云南昭通地震、昆山爆炸事件都使用了标题集群的方式。

云南昭通发生6.5级地震 直播
[当地通信受影响　县城房屋受损但无倒塌][鲁甸县概况　专题]
[通往震中道路之前因泥石流已中断][四川宜宾持续摇晃近30秒]

昆山工厂爆炸71人身亡186人受伤
[女伤者头发烧光丈夫未认出][视频] 视频集：航拍显示房顶被掀翻]

图5-3　标题集群

资料来源：http://news.sina.com.cn/(2014—08—03)

二、在网络新闻标题制作方面，应当注意以下几点

制作一个好的新闻标题需要下点功夫,我们在网络新闻标题制作方面,理应注意以下四点：标题简洁明晰、重要新闻标题特殊化处理、网页内标题比主页标题标出更完整的信息、传统媒体新闻标题不可盲目转换等。

（一）主页新闻标题应力求直接实在，简洁明晰

用最简洁的语言直接把主要新闻事实说出来,实实在在,不必像传统报纸那样,讲究各种修辞表达方式,讲究生动形象、对称有韵味等,因为对众多网络新闻消费者来说,短时间内尽快获知重要新闻才是最主要的目的。

（二）当日最重要的新闻标题应被特殊处理，最醒目地突显在网络版主页上

传统报纸上最重要的新闻一般都放在头版头条的位置并加以强势处理,网络版新闻主页不具有报纸版位、版次、加框加线等版面编辑语言,但突出强调同样可达到先声夺人

的效果。比如,配发新闻照片,辅以大字号加大加粗处理的标题等。目前国内网络版报纸主页上,所有的新闻标题被一视同仁地排列在一起,不能一下子抓住读者。而在国外主要媒体网络版上,每日都有"焦点",成为与其他新闻网站竞争的"招牌"。

对价值较高的新闻的标题,对其进行强调有几种办法:一是采取加色彩的办法;二是加大标题的厚度、宽度和字号;三是配发图片;四是使用标题集。新华网在对《美新农业法挑战世贸规则》的报道中就运用了二号字,并辅助以黑色、青色表明其冷峻的感情色彩,这是因为大粗字体能够造成视觉上的强烈冲击。但由于网络上信息密集,如非十分必要,否则不采用大号字。

(三)网页内标题最好比主页标题标出更多更完整的信息,被压缩过的标题在内页应有完整的转换体现

如在时间、稿件来源、作者、图片摄制等方面,主页由于受版面空间的限制无法一一体现,但在页内应当得到反映以满足读者的深层次需求。由于网络版报纸有二级或三级页面设置,主页标题一般简洁直接,而网页内的文章标题相应地就要提供更多更完整的信息,这似乎更接近于传统报纸的标题。从主页醒目简练的标题到网页内更具体明确的标题,到新闻报道的全文,再到相关背景资料和深入分析以及相关链接,层层递进,向读者提供全方位详尽的报道。

(四)传统媒体新闻标题不可盲目转换

网络编辑在将报纸上的新闻标题转换为网上的新闻标题时,不能简单从事,直来直去,而要花时间浏览文章,然后对原有标题进行恰当的处理。是实题的对于缺乏的要素该补充的要补充,是虚题的则要重新制作。总之,网络标题既要将文章的意思准确无误地表示出来,又要使之更符合网上新闻传播的特点。

将传统报纸新闻标题转换化为网络新闻标题有如下几种情况。

1.网上新闻标题大多是报纸新闻标题的翻版

由于目前网络报纸的主要内容来自纸质报纸的全部新闻及其所属的子报、子刊,因此,纸质报纸的引题、主题、副题悉数搬上,只不过字体、字号及标题位置的表现形式不同罢了。在普遍人力有限的条件下,翻版纸质报纸标题不仅节省人力物力,而且能保证质量和权威性。

2.略去纸质报纸上较长的引题和副题,只保留主题

当报纸主标题是陈述主要新闻事实的实题时,网络版往往直接转用,而略去较长的引题或副题。如:

引题:国家工商局称抢注成功之说不确

主题:"伟哥"中文商标未生效

网络版标题只保留原主题。

3.将印刷报纸引题或副题作为网络版新闻标题

当报纸主题是虚题时,就选用实题的引题或副题作为网络版的标题。如:

主题:如意算盘落空之后

副题:默多克收购曼联事件余波未了

网络版上就把原副题用作标题,使读者一目了然。

4.把纸质报纸两行题或三行题压缩综合成网上新闻的一行题

引题:江泽民会见意大利总理时说

主题:科索沃是南内部事务

网上的标题为:江泽民说,科索沃是南内部事务

5.自己制作标题

有时,纸质报纸标题并不完全符合网络版的要求,或者尚不够明确清晰,这就要求网络编辑不拘泥于纸质报纸标题的内容与形式,自己制作标题。如:

主题:邮电资费今起全面调整

副题:总体水平将大幅度降低

网络版这则新闻的标题为:邮电资费全面调整互联网资费今起降低

三、网络新闻标题常见错误

网络新闻以其即时发布的时效性、实时参与的互动性、求新求异的多样性赢得了人们的青睐,其语言的鲜活性给现代汉语增添了新的魅力。然而也因发稿仓促,用语随便,"把关"功能泛化,造成较多的语言谬误,影响新闻信息的正常传播和运用。以下将以标题为例,从语言本体的角度,对目前网络新闻语言中的明显失误进行归类,并予以分析纠正,以期引起广大新闻工作者、语言学工作者及受众的注意。

(一)语言导向不正确

新闻标题集中体现着编辑的观点和倾向。虽然网络新闻的特点之一的导向功能有所淡化,但淡化并不等于没有。与传统新闻一样,网络新闻标题的主观倾向仍要通过富于感情色彩的词语来反映。根据现代语言学"言语行为"的理论,同一则新闻使用什么词语做标题,其"语力"的导向作用大不相同。如关于扫黑除恶的报道,某网站专题定名为:中国扫黑路漫漫。同类专题,央视国际网的专题名为:铁拳扫黑。

显然,后者使用了"铁拳"这个带有褒义的比喻词,突出了党和政府的态度和决心,以及扫除恶势力的力度;而前者使用了重叠式贬义词,片面地强调扫黑除恶的难度,传播着一种悲观情绪。再如2001年2月初,某网站一则新闻标题是,情人节促销:非合法夫妻可获豪华套房安全套。

一个"可"字,反映了编辑对这一涉及是非美丑的新闻事件的模棱两可的中立态度。而人民网上同一新闻的标题则是:赠你豪华套房和安全套 情人节岂可如此"性"促销,编辑加上一个文言副词"岂",引出反诘句进行质问,郑重鲜明地表达了批判的态度。

(二)词语使用不准确

新闻标题的准确是相对于新闻内容而言的。由于网络新闻标题与正文分离,其叙述内容更应该准确,避免损害甚至曲解原文大意。有的网站为了吸引受众,拟制了一些以偏概全、夸大事实、耸人听闻的标题,误导了受众,使他们对新闻的真实性产生了怀疑,以致损害了网络新闻媒体的信誉。其主要表现有以下几方面。

1. 名词性词语误用

对新闻事件发生的时间、地点、涉及的人物等要素概括不当。如新闻标题：塔利班准备明天投降。而实际新闻内容中，"准备投降"的只是"驻昆都士的塔利班军队"。对于投降来说，部分人与一个整体的概念的外延不同，其性质和影响大相径庭。

2. 动词使用有误

对新闻事件要素的表述及其性质的判断不当。例如 2001 年 4 月 1 日，美军侦察机在南海撞毁我军机后，个别网站拟制的专题标题是：中美战机南海上空相撞。而人民网、新华网的专题标题则分别为：美侦察机撞毁我军机事件、美侦察机撞毁中国军机侵犯我主权事件。很显然，"相撞"一词表明中美双方均有责任，而"撞毁"表明责任只在美方，后者更加准确地点明了事件的性质。

3. 语音节律不和谐

网络新闻语言视觉性较强，接近于报刊新闻语言，但是它的大众化、口语化的特点，又使它具有广播新闻语言的特点。因而必须重视语音节律的和谐，这一点，当前网络新闻语言似乎有所欠缺。主要表现在：

(1) 单双音节搭配不当。现代汉语的词语以双音节为多，单音节词的使用在一定的情况下要受到限制，如：三峡成世界最大考古工地、学者指中国内地失业率被高估明年控制目标为 4.5%。这儿"成""指"在双音词中间，读起来十分拗口，若改为"成为""指出"就比较流畅了。

(2) 句子结构不合理。根据心理学和医学专家的研究，网络新闻标题要力求简洁，否则不利于阅读时得到最佳视野，获得最佳印象。表意比较复杂的长句若不化作短句或进行拆分或进行相关处理，就会影响阅读效果。例如：俄媒称日本制裁俄罗斯突出安倍政治性格软弱。这则标题读起来比较绕口，可改为"俄媒称：日本制裁俄罗斯突出安倍政治性格软弱"。虽然只是加入了冒号，但读起来却轻松许多。

4. 语码转换不必要

新闻信息在传播过程中适当运用语码转换，可以起到特殊的修辞作用，但必须以不妨碍语义理解为前提。目前的网络新闻标题频频使用语码转换，有过多过滥之势。例如：你 happy 了吗 世界各地欢度圣诞节、"羊"推新概念：动画贺岁 VS 电视 flash、像 shopping 像公审——关于相亲的 N 个比喻。

在本该使用汉语的地方使用英语，并没有起到特殊的表达效果，相反，对部分受众来说，反而增加了阅读障碍，甚至使他们放弃进一步点击。再如，过多地使用只有专业人员才懂的字母词术语。例如：北京 CBD 开建 180 万平方米项目 2008 年前初具规模、通过 UFI 认证大连服博会拿到国际"大学文凭"。这些字母还远没有达到家喻户晓的程度，与网络新闻的服务性、广泛性等特殊性特征是不相符的。

5. 语法成分不相配

所谓句法成分搭配不当，是指句子中密切相关的句法成分，如主语和谓语、定语和中心语、状语和中心语等，在组织句子时，由于没有注意它们之间的配合，结果造成了搭配不当的毛病。如：

例 1：中美互访频率高 熊光楷将赴美出席副部长级磋商

例2：国务院部署治理机动车乱收费和整顿道路站点

以上两例动宾搭配不当。"出席""部署"均不能带谓词性宾语，在标题最后加上"会议""工作"就可以搭配了。

6.语义表达不清楚

语义表达含糊时，可能产生歧义。例如以下一则新闻：

手枪卡壳警察遭遇凶顽　　天佑正义毒贩最终被擒

11月16日电日，广西北海市一名打入贩毒团伙内部的警察在手枪卡壳的情况下，与持刀毒贩展开激烈搏斗，毒贩夺枪对他连扣扳机，所幸天佑正义，手枪没响，最终这名警察只身将毒贩擒获。

据南国早报报道，11月13日下午，化装成"广东老板"的缉毒警察郑年禄在北海市合浦县石湾镇附近与一男一女两名毒贩进行"交易"。由于对方临时改换地点，在与战友无法联系的情况下，为了不使侦查工作前功尽弃，郑年禄不顾安危亮出身份："我是警察！"要将对方活捉。

正在毒贩惊愕之时，郑年禄想鸣枪示警，手枪突然卡壳，女毒贩没命逃跑，穷凶极恶的男毒贩拔出一把尖刀朝他扑过来。两人扭打在一起，从木薯地滚到稻田，从稻田滚到木薯地。郑年禄打掉了对方的刀子，但右手拇指根却被对方咬掉了一大块肉，枪一度被对方夺去。毒贩对着他胸部连扣扳机，枪没响。

毒贩以为枪里没子弹，狂笑着说："没有子弹了！哼，我和你拼了！"凶残地用枪砸郑年禄的头。郑年禄立刻把手枪重新夺回来，在迅速排除故障后，他朝负隅顽抗的毒贩双腿"砰！砰！"连击两枪，终于赢得了的胜利。事后，战友们见到郑年禄时，他已经浑身是血。

最后，警方在这次行动中缴获毒品海洛因11克，这是北海市警方今年侦破的第14起毒品大案。

"手枪卡壳"语义指向是"警察"，还是"凶顽"？这类标题出现在网络上，会引起受众迷惑。

7.题文不相符

题文相符是传统新闻标题制作的一条基本原则，标题要求准确概括新闻的基本内容。而在网络新闻标题上，这一原则受到了冲击。对点击率的追求使网络新闻标题的制作者想方设法把自己认为最能吸引人的新闻事实以最吸引人的方式表达出来，因此，出于煽情和诱惑的需要，网络新闻标题故弄玄虚、断章取义、"挂羊头卖狗肉"的现象非常普遍。导读标题和主页面标题内容冲突、主页面标题和二级页面标题冲突、标题和正文内容不完全相符甚至牛头不对马嘴的情况时有出现，很多读者点击之后大呼上当。这种现象在娱乐新闻标题制作中尤其突出，把某艺人在某部影片中的身份或情节作为现实生活中的事实来表述，是网络新闻骗人点击的惯用伎俩。如网络新闻"张学友：四个女人不偏不倚"，说的原来是他对《雪狼湖》歌舞剧中四个女搭档的评价，但标题却有误导受众之嫌。

【知识回顾】

标题，是新闻的眼睛，是新闻编辑工作的重要环节。传统的报纸编辑认为，标题是新闻的概括和浓缩。新闻标题必须标出新闻事实，用事实说话；新闻标题必须具备足够把事实表达清楚的必要的新闻要素，具有确定性，能够给读者一个明确的概念。这一要求依然适用于网络新闻标题的制作。对于网络新闻而言，标题的作用尤甚，因为好的网络新闻标题能吸引受众进一步阅读。网络编辑人员制作一条好的标题需要一定的创意，要符合网络传播的特点和规律。但是过于追求受众的点击率，就会造成网络新闻标题制作中出现差错、文不符题的情况，甚至出现利用题目来进行"欺骗"的现象。这是新闻标题在网络新闻迅速发展和激烈竞争背景下所承受竞争压力时的一种扭曲。这如同虚假广告一样，是应该去规范的。

【思考题】

1. 如何处理好网络新闻标题中实题与虚题的关系？
2. 我国网络新闻标题中有哪些常见的问题？
3. 网络新闻标题制作中有哪些实用的技巧？
4. 请你自行选择一则报纸新闻，为它制作一条网络标题。

第六章
网络新闻专题制作

🔍【知识目标】

1. 网络新闻专题的分类
2. 网络新闻专题的作用

🔍【能力目标】

1. 了解网络新闻专题中信息整合的基本表现
2. 了解网络新闻专题策划的基本思路

🔍【案例导入】

　　网络新闻专题的产生,是深度报道在网上的体现,是网民选择和新闻规律的必然体现。20世纪二三十年代,深度报道分别出现在《纽约时报》和《时代》周刊这样的美国主流媒体上。在与广播、电视的竞争中,西方报界试图以深度报道掌握主动。今天,在美国一些主流报纸上,深度报道的篇幅已占整个新闻篇幅的70%以上,受到广大受众的青睐。随后,西方广播、电视也相继采取了增加深度报道的数量、播放专题性新闻节目等措施。美国内布拉斯加大学新闻学院副教授尼尔·高普鲁在《深度报道论》中说,"深度报道"实际上就是"将新闻带进读者关心的范围以内,告诉其重要的事实,相关的缘故,以及丰富的背景材料"。一般新闻报道有五要素,即何时、何地、何人、何事、何因。而深度报道则着重在"联系"上大做文章,将新闻事件所发生时间地点的相关背景、当事者与所处社会环境的联系及新闻事件将会带来的社会影响表现出来。换个角度看,深度报道其实是要求新闻工作者对纷繁芜杂的新闻表象进行筛选和挖掘,力求将新闻背后的东西表现出来。

　　网络新闻专题是指各个新闻网站根据新近发生的某个或某系列有重大影响的新闻事件,或自身对某个新闻事件的判断,经过周密的策划,动用互联网最新和最全的技术手段于一体的综合性新闻报道集合体,它属于网络新闻报道中的一种重要表现形式,它能起到报道最新动态、整合新闻资源、揭示新闻事件本质的作用。网络专题融合了其他各种网络新闻的报道形式,并集纳各种报道形式的优势于一体,在网络新闻报道中独具优势。网络新闻专题不一定都是重大新闻事件,但重大新闻事件一定以网络新闻专题形式表现。网络新闻专题是传统深度报道在互联网上的延伸。

　　1999年上半年,在有关南斯拉夫联盟科索沃局势的报道中,网络新闻专题小试牛刀。《人民日报》网络版早就设立了有关科索沃的专题。北约发动对南联盟的打击后,网络版立即开设了《北约空袭南联盟》专题,进行全天候适时发布新闻。北京时间1999年5月8日凌晨5时45分,以美国为首的北约集团悍然以5枚导弹袭击我国驻南联盟大使馆,导致

3名新闻工作者遇难,20多人受伤,馆舍被毁。《人民日报》网络版及时发布独家报道,并设立《吕岩松战地作品选》专题。这些专题使网民能充分了解这场冲突的来龙去脉,又能得到最新消息。网民从8日10时左右便开始大量访问《人民日报》网络版,关注最新事态发展。

第一节　网络新闻专题概述

随着互联网络在生活中的普及,以及受众资讯多元化需求的增强,网络新闻已成为当今社会不可或缺的资讯来源渠道。网络媒体以其本身的诸多优势,为网络新闻专题的出现和发展提供了基本的条件。由于网络专题在内容上能对某一主题作较全面、详尽、深入的报道,在形式上可以集网络媒体的各种表现手法、技法于一体,因而它被认为是具有网络媒体特色,最能发挥网络媒体新闻报道优势的表现形式。网络新闻专题的产生,是深度报道在网上的一种体现,是网民选择和新闻规律的必然体现。它通常围绕某个新闻事件或社会上存在的某种现象和状态,在一定的时间跨度内,运用消息、通讯、背景资料、述评、评论等文体,调用文字、图片、声音、视频等表现形式,并结合问卷等互动手段,通过页面编排与栏目制作,进行连续、全方位、深入的报道。

一、网络新闻专题的作用

网络新闻专题以其及时性、整合性、全面性、互动性以及多媒体性等多种优势,体现出了网络新闻传播的价值规律,自诞生以来,就成为网络新闻报道与编辑最独特的方式之一。在网站采访权尚未完全放开的情况下,以编辑为主的网络新闻专题制作在网络新闻的竞争中占有重要的地位。基于它在网络新闻传播中的地位及特性,网络新闻专题的作用也有着不同凡响的意义。

网络新闻专题的作用在于以下几个方面。

(一)服务于新闻报道,展现新闻事件及发展

网络新闻专题不受存贮空间的限制,它可以以特定的主题或事件为中心,将各方面的相关信息高度集成化,形成一个整体性的信息传播单位。在突发事件发生时,网络新闻专题可以在很短的时间内开通,并随时跟踪事件进展,因此,具有显著的实时性。但同时,所有的新闻报道和相关信息都可以根据需要长期延续在页面中,专题可以在一个空间内承载一个完整的报道过程。此外,网络新闻专题可以充分运用文字、图片、声音、视频、动画等多种手段,并且为它们的有机结合提供了可能。这不仅使专题显得更为丰富多彩,还可以给受众带来不同的视角与全新的体验和感受,而各种媒体的新闻在专题中融合后,可以相互补充、相互提升、相互促进,提高新闻的利用效率与传播效果。这些都使得网络新闻成为展现新闻事件及发展的良好平台。

(二)服务于网民,便于网民的在线浏览和认知平衡

网络新闻因其时效性高的特点,必然决定着它的碎片化缺陷。简短的新闻报道消息

只能满足人们对新闻浅层面的知悉，无法展现新闻的深度和广度，更无从了解新闻发生的背景及其前因后果。这个时候，网络新闻专题就展示了它的魅力，把相关的新闻信息片段收集在一起，通过主题提炼和排版设计，把整个事件串联起来，并进行多层次、多角度剖析解说，新闻发生的来龙去脉将一览无余。随着网络技术日益成熟，网络媒体在人们的日常生活中也发挥着越来越重要的作用，网络新闻由于其信息来源广泛的特点已成为了人们生活中越来越不可或缺的信息源。但是，网络新闻有时为了追求时效性而进行频繁的动态更新，很容易形成新闻的"瞬时化"和"碎片化"。针对这些问题，网络新闻专题便应运而生，网络新闻专题可以更广泛地利用网络信息资源，有效地整合网络信息题材，并且还可以通过互动得到受众的反馈。这些都使得网络新闻专题比同类新闻更专业、更先进、更全面。

（三）服务于网站，提升网站的报道质量和竞争力

网络新闻专题是具有网络特色的深度报道方式，它利用网络的巨大容量和丰富的信息资源，以及多媒体的报道手段，在多层面、多视野上对新闻事件展开立体化报道，以满足人们对新闻事件在广度上与深度上的信息需求。因此，无论是与传统新闻媒体的竞争，还是与网络媒体之间的竞争，新闻专题都是网络媒体提升新闻品质、增强网站竞争力、打造网站品牌的有力武器。在网络媒体还未获得采访权的限制下，与传统媒体间的较量也使得网络新闻专题更受重视，因为它为网络新闻媒体向深度报道模式发展提供了极大的方便。在网络采访权尚未完全放开的前提下，获取信源机会的相对均等、网络跨时空即时传播的技术特性使网络新闻专题成为突破网络内容同质化，体现网站特色，形成竞争实力的主要工具。

（四）服务于历史，为检索、查询提供完整的新闻档案

当输入一个关键词，搜索到一个专题页面，上面记录了所有与此新闻相关的信息，而且来龙去脉清晰可寻，主题鲜明易见，这无疑大大方便了读者对新闻的阅读需求，这就是网络新闻专题的好处——检索方便。它就像是一个归好类的文件夹，把同一个主题的新闻资料容纳进去，当需要的时候，就可以直接找到专题，翻查里面的资料，非常省时省力。

（五）服务于社会，培育舆论空间，加强舆论引导

在新的传媒环境下，科技的进步和受众的分化，使得舆论引导的途径也呈现多样化的态势，在坚持正面引导、正向引导、正确引导的前提下，探讨引导方式和手段的多元化也成为当下一个重要论题。现在，以互联网为代表的新兴媒体，正逐渐成长为社会信息传播的主要渠道之一，对社会舆论的影响将越来越大。人民网舆情监测室对2009年77件社会热点问题分析表明，约三成舆论因互联网而兴起，也就是说，互联网已经成为新闻舆论的独立源头。互联网上的新闻是分散而庞杂的，通过网络编辑的创造性劳动组合产生的网络新闻专题作为网络新闻报道的重要方式，在舆论引导中彰显出独特的优势，不仅可以反映舆论，还可以通过议程设置、评论、互动交流等倾向性的传播手段和传播过程正面引导舆论，增强舆论引导的有效性，构建和谐的舆论环境。

二、网络新闻专题的分类

新闻专题的最初形式,是从海量的各自独立的新闻中,检索出有相互关联点的信息集纳而成的。然而,仅有海量的信息,还远远不够,受众对网络信息的需求不仅要面面俱到,还要求重点突出、分门别类、深入精细。这就要求编辑能够抓住受众所需求的重点,对来自不同信息源、各有侧重的"原材料"进行深加工,实现对新闻内容的独特解读,从而抓住受众的注意力。

简言之,网络媒体的功夫就在于"整合"二字,在"粘贴新闻"的基础上,更要"挖掘新闻""读解新闻"。这才是网络新闻专题的制作难点,也是现阶段业界所普遍存在的问题的根源所在。

对于网络新闻专题的分类,依据不同标准有多种分类方式:如采访型专题与编辑型专题、事件性专题与非事件性专题、客观性专题与主观性专题、突发事件类专题、可预测事件类专题、深度挖掘类专题、栏目类专题、静态专题、事件性专题、开放式专题、结合性专题、事件类专题、主题类专题、挖掘类专题。[①]

以下主要分析事件类专题、主题类专题、挖掘类专题所具有的特点,其编辑重点、制作技巧有所区别。

(一)事件类专题

一般源自突发性事件,动态性强是其最大特点。如"11·28陈家矿难专题""东南亚地震海啸"专题等。此类专题,由于事件发生的本身具备较强的新闻性,在选题方面无须花费太大功夫,但因为是突发性,专题制作无法提前准备策划,这种情况在前期报道中以时效性取胜就显得尤为重要。首先,应赶在事件发生的"第一时间",以最快的速度将专题页面发布出去,内容以及时迅速的动态信息配合事件发生现场的图片为主。必要时,可考虑采用发布"快讯"的方式随时跟进事态发展,新浪网"东南亚地震海啸"专题的前期制作就是以快讯抢先的成功范例。海啸发生的几小时内,新浪网以快讯的方式在国内媒体中率先发布了这一消息,虽仅有短短几句话,但无疑成了吸引受众的一枚"重磅炸弹"。之后的两三天内,该网站继续以不断滚动的快讯追踪报道事件的进展,从而赢得了时间,同时,新浪网也奠定了在该事件传播中的"权威"地位。此后,国内各网站媒体也更加关注快讯在新闻事件及时传播中的应用。

对这类重大新闻事件,受众往往不会满足于最初发生时的事件本身,而是需要不断跟进即时跟踪报道事件的发生进程,以及大量的背景资料了解事件发生的深层次背景,甚至花絮、评论,以此了解社会对此事件的反应、看法。这时就需要编辑在追踪事件发展的同时,尽快搜集与该事件相关的材料,包括类似事件的相关报道,满足受众需求。

网络新闻专题策划中最为重要的是对新闻价值的判断,即什么样的新闻事件才能成为专题的制作对象。网络新闻专题的对象是新近发生的重大新闻事件或者重大的新闻话题。根据不同类型的题材,需要采取不同的报道方式和报道侧重点。

---

① 彭兰.网络新闻编辑教程[M].武汉:武汉大学出版社,2007.

重大突发事件对于媒体品牌的塑造作用不言而喻,但是,重大突发事件也带给新闻网站更多的压力,因为它要在最短的时间内做出最快的反应。做专题还是一般新闻,专题应该如何做、怎样做才能与众不同,这些问题都需要策划人员在第一时间做出反应。

对于重大突发事件的报道应当首先强调时效性,其次是突出后续报道的跟进。事件突发时,受众最想获知的是事件必要的五要素,在获知这些信息之后,受众更为关注的是事件背后的诱因及事件的发展态势。事件的前期策划重点在于内容的跟进而不是版面、声像、包装的雕琢。专题策划人员的精力是有限的,策划人员需要做到编辑的有序性,遇事不乱、突出主次轻重。

(二)主题类专题

一般源自可预见的主题,宣传性、服务性较强,所结合的新闻事实本身具有时间上的周期性,如"两会"专题等。此类新闻事件在一定时间、一定周期内都要出现,在某种程度上具有"程式化"特点,所以,如何把握本次会议中的"重点""新点""热点",以"常中出新"引发浏览者对最新一期专题的兴趣就成为这类专题制作能否"出彩"的关键。

由于有比较充分的准备时间,主题类专题一般都提前制订了比较明确的宣传要点及来自采访源的报道计划。这一方面保证了临场报道时的"忙中不乱";另一方面,要在一定程度上已经"既定"的报道模式中,及时抓热点"出新",对网络编辑的新闻敏感性又提出了较高的要求。全国两会期间,"反分裂国家法"的审议工作是全球华人关注的热点问题,国内多家网站都敏锐地把握住了这一热点信息,较早地在"两会"专题页面的重要位置推出了子栏目。在总体布局上,此类专题可以考虑选取几大块相对独立,却又相互关联的内容进行组合"拼盘",从不同侧面表现同一主题,如将"反分裂国家法"与"全面取消农业税""抑制过高房价"等问题相配合,做到珠联璧合,起到突出今年两会"落实科学发展观与构建和谐社会"主题的效果。

可预知的重大事件指的是已经有明确的发生时间或者时间段,整个事件的大体安排和走向都已基本明确或可预知的新闻事件。比如"神七"的专题报道,其火箭的发射时间、宇航员名单、在太空中的停留时间、具体的出舱时间等在"神七"发射前都已是非常明确的信息。

可预知性事件的策划重点不是报道的事件和对象,而是报道的时机、规模、角度与手段等。新华网对于"神七"的报道除了直播报道(文字、视频、滚动公告)外,更多的是报道角度的变换,其内容包括图片专区、航天员出舱、航天员生活、中国载人航天史、世界载人航天史等版块,包括"与神七同行 网友寄语"等互动性极强的版块。

此外,可将较充裕的准备时间充分用于丰富专题形式,克服此类专题带给受众的"刻板"面孔,以加大专题的吸引力。目前,各网站主题类专题的前期制作,往往借鉴原有的类似专题的板块布局和分配方式,但这样做的结果往往很难起到广泛的媒介传播效果,其原因就在于缺乏特色。这时,可提前准备音频、视频、Flash、文字现场直播及网友互动等形式,如选择多数浏览者关心的问题开展"主题调查";联系与热点新闻相关的某领域专家进行"嘉宾访谈",同时应注意把握受众对受邀嘉宾的接受程度,尽量将嘉宾访谈的影响范围做到最大;还可开展"网友评论",就一些现象或者话题展开全方位的讨论。

当然,此类专题在稿件选用时应特别注意遵循宣传要求,对于较偏的稿件选题应慎重,组织讨论应把握好引导。

（三）挖掘类专题

挖掘类专题是指结合新闻事件进行深度的素材整合,为受众展现新闻事件的实质及其背后的新闻。此类专题的代表有"聚焦'讨工钱'专家孙武胜""特富龙不粘锅"等。其制作核心是对新闻资源的"整合"和"再加工",所以,能否从新闻中提炼观点是该类专题制作的关键。

所谓挖掘,就是借助编辑的"头脑",对网络海量信息进行理性"过滤"和提炼,"矫正"其易使受众迷失等不利因素,使受众在有限的时间内获知新闻事件或现象的来龙去脉、前因后果,形成全面认识。

首先,其选题的"精"与"准"至关重要,判断所选择的新闻现象是不是一个值得深挖、有无重大社会意义的题材,是制作挖掘类专题能否成功的前提。

其次,这类专题从编辑思路、栏目构架等诸多因素考量,都是编辑整合了所拥有的新闻资源后做出的,其制作过程在完全意义上超越了机械的"拷贝""粘贴"等网络新闻的低级处理方式,是一个将编辑水平、灵感火花付诸实施的过程。所以,要求编辑对新闻的观点、思路的解读要独辟蹊径,形成鲜明的个性特色,忌与其他网站的专题重复雷同。

网络媒体在专题新闻制作过程中,须针对不同类别的新闻专题指定较为可行的实施步骤与流程。比如对挖掘类专题,可制订"准备选题、确定选题、提交讨论方案、选定主题与特色、制作专题"的步骤。如果编辑能在逐步的实践中,自如运用所制订的制作系统有效提高工作效率,再辅之以个人素质的提升,就能在专题制作中做到事半功倍,得心应手。

不同于事件性报道,重要话题的专题策划更侧重于社会生活中受众普遍关注的重大社会问题。此种问题大致分为两种类型:一类是受众讨论最多、关注度最大的社会热点话题;另一类是不为受众关注但具有重大社会意义的问题。

对于重要社会话题类的隐性话题的挖掘需要从编辑方针、栏目构架等诸多因素出发,整合已有的新闻资源,进行"再加工"。因此,策划人员的解读观点、解读思路对于网站专题的特色化极为重要,独辟蹊径、与众不同的策划是网站专题脱颖而出的制胜法宝。

非事件性的专题策划需要有敏锐的新闻观察力和分析判断能力,报道倾向于"程式化",重点在于对新点、热点的推陈出新,策划上趋于主动(可预知重大事件和突发重大事件在某种程度上是趋于被动的),其报道重点更为明确,报道效果也更为显著。

三、网络新闻专题的发展

网络新闻专题是随着网络新闻业务的发展而不断发展的。早期的新闻专题,模式单一,而经过近几年的发展,网络新闻专题的编辑思想与方法及表现形式等,已逐渐变得丰富与多样。[1]

（一）从编辑型专题到采访型专题

目前网络新闻专题更多地属于编辑型专题,即在一个特定的主题之下,进行相关材料

---

[1] 彭兰.网络新闻编辑教程[M].武汉:武汉大学出版社,2007.

的组织与整合。也就是说,通常素材是现成的,主要来自传统媒体。编辑的任务是按照一定的方式将这些材料组织起来。之所以会出现这种情况,主要是有关政策的限制。目前在时政新闻报道领域,有关部门并没有给予新闻网站采访权。一些有传统媒体背景的新闻网站可以利用自己母体的资源进行新闻报道,但相对来说,采访力量非常有限。而对商业网站来说,在这个领域则完全没有采访的可能。

在编辑型专题里,通过选题上的策划、报道的角度与内容的选择与组织等,也可以充分地体现出网络编辑的社会观察力与思考力,以及新闻素质。因此,它仍然有很大的原创成分。而另一方面,在非时政新闻领域里,新闻网站具有较大的原创空间。它们可以针对一定的选题,组织进行采访报道,最终制作完成专题。这样一种专题,既要充分吸收传统媒体在选题与采访方面的丰富经验,又要充分考虑网络新闻传播的特点。因此在采访团队的构成、采访方式的选择、素材的采集与运用方面,都应形成自己的特色。

随着网络媒体影响力的不断增强,在国家政策允许的范围内,各个网站的采访型专题的比重会不断增加。

(二)从事件性专题到非事件性专题

事件性专题是指针对某个新闻事件来展开专题报道。在中国网络媒体成长的早期,一系列的突发新闻事件或可预知的重大活动催生了中国新闻网站的事件性专题。围绕新闻事件展开的专题报道,成为网站专题的主流。

但是事件性专题最大的问题是,它是被动的,往往是由外界条件(例如突发新闻事件)所决定的,由于各个网站都会对某一新闻事件做出反应,也就容易产生同质化的现象。要拓展网络新闻专题的选题空间,就需要超越事件性专题这种单一模式。非事件性专题由此应运而生。它更多是针对某个阶段值得关注的社会现象或问题,围绕某一特定主题来收集与整合信息。它往往并不起因于某个特定的新闻事件,虽然在内容中也会涉及一些新闻事件。

非事件性新闻专题是对社会发展与变化过程的一种更深层的观察,它超越具体的新闻事件去捕捉那些或已外露或仍隐藏的现象、矛盾与问题。如果专题做得得当,就能够更好地发挥媒体的环境监测功能。非事件性专题也更能体现网站在选题策划上的竞争力,因此现在越来越受到各网站的重视。

(三)从客观性专题到主观性专题

在网络新闻专题的制作过程中,对稿件进行选择与编排时有两种不同的思路。一种新闻专题追求的是客观性、全面性,稿件之间只是用简单分类的方式加以组织;而另一种新闻专题则追求更有针对性,内容上讲求稿件之间的严密逻辑关系,整个专题往往像一篇文章一样,有谋篇布局的安排,专题有时也带有一定的主观评价,它们可分别称为客观性专题和主观性专题。早期的网络新闻专题绝大多数是客观性的,但近年来,有很多新闻网站正在探索主观性专题的制作与传播。

这两种不同性质专题的出现都有其合理的渊源,也能适应受众的不同需求。不同的方式,也体现了不同网站的新闻理念。但是,做主观性专题有更大的风险,对编辑的挑战也更大。在主题上,应慎重选挑选那些适合做主观性专题的题材。而编辑人员应该具有更高的思考与判断能力，才能把握纷繁复杂的现象。即使是主观性的专题，也要防止将网站的意见凌驾于受众的意见之上，或者出现一边倒的情况。只有保持公允，才能获得更好的意见表达效果。

（四）从"堆砌式"多媒体专题到"混凝土式"多媒体专题

多媒体是网络新闻专题的一个重要优势。但是，早期的新闻专题中运用的多媒体手段很少，图片几乎成了多媒体的代名词。而在今天的网络新闻专题中，除了平面图片外，通常还会使用三维动画、音频、视频等素材。多媒体新闻开始变得名副其实。

在多媒体素材越来越丰富的情况下，多媒体素材的整合理念与方式，就会成为提升其质量的一个重要途径。多媒体新闻专题的初期，只是将各种不同形式的素材简单地堆积在一个专题里，它们之间的内在关系没有得到展现，不同形式的信息之间也未能做到相互补充、相互丰富。

而多媒体专题发展的更高层次，是各种不同形式的信息的深层结合。文字、图片、动画、音视频等各种元素，应该像水、水泥、沙子一样，结合成牢固的"混凝土"。例如，运用Flash等技术手段，可以将各种元素结合在一起，形成一个具有互动功能的多媒体报道，每一种元素各司其职，而它们又是相互交织、共同作用的。

要达到这样一个境界，就需要在选题策划、角度选取、栏目设计、素材采集与编辑加工等所有环节中，运用多媒体的思维方式，为多媒体能量的发挥提供空间，使每一种媒体形式的新闻都得到合理、充分的运用。这种多媒体新闻将对网站的新闻采编能力提出新的挑战，也对新闻人才的培养提出更高要求。

第二节 重大新闻事件与网络新闻专题

网络新闻专题具有跨时空、超文本、多媒体、容量巨大、互动传播、影响力强等特点和优势。目前，各大网络媒体纷纷把网络新闻专题作为进行新闻报道和舆论宣传的"重型武器"，成为提高网站点击率和扩大自身影响力的重要手段。因而，各个网络媒体在搞好单篇新闻报道的同时，纷纷加强了对专题的组织和策划，从总体上看，目前网络新闻专题不仅种类丰富、数量庞大，而且质量也越来越高。

在网络媒体的新闻报道思路中，每当遇到重大事件的报道任务，常常是网络专题需要首先考虑的项目。其实，实践证明，网络专题是最适合于报道重大事件的表现形式。网络专题常常表现为微型网站频道的状态，这样文字、图片、音频、视频、Flash、互动调查等表现形式就很容易融入专题中，只要这些素材是围绕专题所要表达的主题而来的，均可根据实际情况加以运用。

可以这样说，网络专题不一定都是重大新闻事件，但重大新闻事件一定要以网络专题形式表现。重大新闻事件中很大一部分是突发性事件，而突发性重大新闻事件更需要利用网络专题的形式来进行全方位的深度报道。

网络媒体重视和加强对重大新闻事件的网络专题的策划和报道，对传统媒体产生了一定的冲击。

重大新闻事件的网络专题采用"集装箱"的方式，把关于某一新闻事件的所有信息全部摆在读者面前，为受众提供了进行多元阅读的"活性文本"。受众可以把来自不同媒体、不同党政、不同国家的信息进行分析比较，相互参照，从中得出自己所需要的东西。而传统媒体所提供的新闻一般都是有选择、有保留的，受众只能跟随传播者的意图，被动地接受信息。

　　重大新闻事件的网络专题十分重视报道的"过程"，它采用"跟随"的手法，注意去表现事件的连续性，表现事件每个发展阶段的情景。把细节放大，使网民能耳闻目睹事件的渐次形成，在与事件同行的过程中获取更多的阅读乐趣。传统媒体大多以报道单篇新闻为主，单篇新闻因受篇幅限制，往往只重视报道"结果"，忽视报道"过程"。

　　传统媒体的一个很大的弊端是容量小，查询难。一张报纸一天只能容纳几万到十几万的汉字，而且只能提供当天的信息。广播电视更是稍纵即逝，播过之后便无法再接收。而重大新闻事件的网络专题则不存在这个问题，容量动则上百万字，内容丰富、史料翔实、资料齐全、主题集中、特色鲜明。

　　任何重大新闻事件都处在一个发生、发展和瞬息万变的动态的过程中，而传统媒体对重大新闻事件的新闻报道只能是一种静态的报道，在时空上选取事件的某一个时间段，或某一个方面、某一个角度，不可能实时地反映事件发生和发展的过程，即使是所谓的"动态消息"也只是一事一报，这种碎片式的报道很难使受众对事件有一个完整、全面的了解。而网络新闻却是对重大新闻事件动态、同步、全时的反映。对于大多数重大新闻事件，网络新闻媒体一般会迅速制作一个新闻专题，从第一篇关于事件的新闻报道开始，然后通过对事件发展的滚动式报道不断地进行内容上的"刷新"，整个事件发展的脉络清晰可辨。同时，配以与事件有关的背景材料和收集的来自各方面的反应，以扩大其报道面。这种对重大新闻事件的动态的报道其好处十分明显，第一，它能让受众对突发事件发生、发展的全过程有一个整体的而不是支离破碎的了解，能够帮助人们更好地把握全局，对事件的性质、发展趋势和应对策略做出正确的判断；第二，它能吸引更多受众关注事态发展，关心事件中人的命运，监督危机处理的进展，并促成事件朝着有利的方向转化；第三，它还能有效地避免新闻失实，使报道尽可能全面、客观。因为事件总处在发展和变化之中，对最新情况的报道可以及时弥补已有报道的缺失和不足，使之更加真实可信。如 2005 年 11 月 28 日至 12 月 6 日新浪网对黑龙江"七台河矿难"的专题新闻报道，就采用了这种动态的、全时的报道方式。报道一开始就把人们的注意力吸引到了被埋在矿井下的 200 多名矿工的命运上，并以矿工的生存、矿工家属的反映、来自各方的救援、来自社会的监督和政府对事故的处理等五条线索展开了实时的报道。随着事态的发展，报道的深入，矿工死亡的数字在一天天增加，而揭露出来隐藏在矿难后的问题越来越多，各方面的反应也越来越强烈，最后促进了政府对问题的处理和解决。整个新闻专题共发报道 162 篇，起承转合、波澜起伏、峰回路转、惊心动魄，深深地牵动着受众的心。

　　重大新闻事件的新闻报道不同于一般的新闻报道，它因其涉及面广、信息量大、影响深远而受到各方面的高度关注，报道的频次和密度是任何单一媒介形式都难以完成的。因此，重大新闻事件的新闻报道适合于多军种、多兵种的协同作战和立体作战，这正是网络新闻媒体和网络新闻的长处所在。网络新闻运用多媒体的手段，既有文字和图片报道，又有音频、视频、动画、图表等形式;既有常规的消息、通讯、特写、评论,又有与专家、政府部门的连线、交互式访谈、现场报道;长炮短枪、十八般兵器一应俱全,为受众提供一种全景式、立体化的报道。

第三节 网络新闻专题的策划

网络新闻专题的组织和策划就是网络媒体在一定的时间跨度内,运用消息、通讯、背景资料、评论等多种体裁,调用文字、图片、动画、音频、视频等多种表现形式,结合电子公告板、在线调查等互动手段,对某个新闻主题进行连续的、立体的、深入的报道,最终形成一个网络新闻专题的过程。

一、网络新闻专题策划的必要性

网络新闻专题几乎穷尽重大新闻事件的方方面面,没有周到细致的策划,整个专题就会像一盘散沙,读者浏览起来找不着北。

策划即前期准备工作,是网络专题运作中一个极为重要的组成部分。纸质媒体的重大事件专题,最多也就十几个版面,加起来不过十万字,几十张图片。而重大新闻事件的网络专题的内容量则远远超过纸质媒体,《解放军报》网络版制作的《纪念抗美援朝50周年》大型专题,就是一个关于抗美援朝的权威数据库。专题共发表动态新闻155篇,纪实报道10篇,全景图片306幅,大事要记从1950年至1958年,问答100篇,重要文献38篇,图表14张,文字信息容量达160万字。如此大的容量,不进行策划和前期准备肯定是行不通的。

随着网络新闻业务的发展,对重大新闻事件的报道成为各大网站的"重头戏",它的专题化包装趋势日益明显。

人们对新闻网站的认识逐渐成熟,常规网络新闻的优势有目共睹,而它的不足也显山露水。仅仅依靠即时新闻已经不能满足网民的需求,动态新闻正向专题化方向发展。一方面,网民对新闻的短、平、快消费理念制约了网络新闻的表现力。诸如网络消息的单栏标题就不及报纸标题的字体、大小、主副引题、版式变化丰富,网页的视觉疲劳也使网页最佳字数较报纸有更大限制。另一方面,互联网新闻的超容量、超文本也使受众对网络新闻较之于报纸、电视有更大的视觉飘移。而建立在顺应新闻规律、发挥互联网优势、适应受众需求基础上的网络新闻专题在很大程度上可弥补新闻网站的上述不足,因而迅速为广大受众所钟爱,在新闻网站中占有举足轻重的地位。

网络专题在制作中运用了越来越多的手段,使得整个专题变得美观和吸引人,比如标题的字号、字体和颜色的改变,做到了醒目的效果;运用Flash动画,将图片剪辑串联起来,不断地巡回播放,视觉得到变换,而且增加了所传达的信息量;运用图表,比如"连战大陆行"这个专题,只要做了这个专题的网站,都在醒目的位置标放上了连战在大陆的行程路线图。

专题化实际上是对重大新闻事件的一个整体包装,以吸引受众的眼球,更好地传递信息,提升网络新闻在人们心中的认知率。

二、网络新闻专题策划中的不足

网络新闻媒体在重大新闻事件的新闻报道中有着许多优势,但凡事有一利则有一弊,正是在网络新闻报道最容易显示优势的地方却常常隐含着种种问题和不足。如为了突出网络新闻的时效性,采写时往往蜻蜓点水、浮光掠影,编辑时挂一漏万、把关不严,造成新闻的失实或者在不该"抢"时间的时候抢了时间;又如,网络新闻媒体与其他媒体协同作战,又有可能出现新闻内容同质化的现象,不但削弱了新闻报道本身的价值,而且人云亦云,还有以讹传讹的风险。新闻事件的网络专题策划中主要有以下几点不足。

(一)专题往往是信息的罗列和堆积

信息的罗列和堆积,这可以说是目前各大网络媒体制作专题的通病,最典型的要数商业网站。

比如新浪网制作的专题《吴仪访问日本》,包括新华社记者采写的《吴仪抵达日本访问》《吴仪参观爱知世博会中国馆,向游客赠送奥运纪念衫》、中新网照片《吴仪会见日本政界及工商界人士》《外电称吴仪为争端调停专家,访日任务艰巨》等几篇新闻。接下来就完全是资料链接,《钓鱼岛问题困扰中日关系发展》《小泉频频参拜靖国神社伤害亚洲人民感情》《美化侵略篡改历史》《遗留化武问题》等。最下面则将所有与吴仪访问日本有关的消息罗列出来,共46条,均来自众多媒体。

纵观新浪网制作的其他重大新闻事件专题,都存在这个问题,将范围扩大到其他的商业网站,发现罗列和堆积信息是一个普遍存在的现象。

网络媒体在版面扩张上具有先天优势,而正是这种版面资源的丰富性,导致了网络媒体的编辑理念过分偏重信息的丰富、全面。在当前网络传播观念和规则尚不成熟的情况下,这种"海量"必然造成编排工作相对粗糙。一方面,新闻罗列的做法往往造成信息简单堆积和低质量重复,条目之间缺乏有机联系;另一方面,超链接文本的使用在方便信息查寻的同时,却往往使受众在新闻的细节方面越走越远以致完全迷失,背离了专题思路的主线,妨碍形成清晰的印象。

很多网站把简单的新闻罗列和资料堆积视为增强报道深度的有效做法。在一些大型网站,一个新闻专题的相关报道甚至达到几十上百条。但是,内容"丰富"的背后是庞杂,包罗万象的后面是没有中心和主线。这些新闻大多是在同一层面上无限展开,内容大同小异,广度有余而深度不足。对于一些热点事件,受众既不能从罗列的新闻中获得清晰的认识,也不能从庞大的专题中得到引导。简单的"大而全"没有满足受众的需求,没有清晰地揭示出新闻事实的实质。

(二)在专题中没有自己的声音

信息的堆积必然导致另外一个问题——在专题中不能发出自己的声音。

目前,在各大网络媒体的重大新闻事件专题的制作过程中,都十分重视内容的详尽,有的甚至是无所不包,只要与该事件有一点关系的花边新闻也都一一罗列进了专题。

这种做法会导致各大网站的新闻专题都大同小异,看了新浪网的《宋楚瑜访问大陆》专题,就不用再看搜狐网的专题。详尽所有信息,最后只能导致大家的信息都一样,无所不包。在这样一个"疯狂"的信息搜集过程中，大家实际上是在比拼工作量，以最快的速度在网上发表最新的消息，最终导致各大媒体的新闻发布窗口失去特色，在网民中没有品牌认同感，也表达不了自己的声音。

相比于商业网站，新闻媒体主办的网站就非常重视表达自己的主见，重视在专题中发出自己的声音。比如人民网，在重大新闻的专题报道中，几乎无一例外地会派出自己的记者，在一线进行采访，在网上发布自己的独家报道。人民网也重视转载别家媒体的新闻，但是在处理上有一些技巧。首先，对于转载的内容，一般在版面上安排比较靠后（除非是非常重要的消息），它突出的一定是自己的独家报道。其次，在专题处理中，人民网之类的新闻媒体网站都有一定的思想性和引导性，不盲目地堆积信息。阅读这些专题，可以明显地感到它们有一定的导向，引导读者往某一方面思考。

目前，商业网站也非常重视新闻专题，制作思路也在慢慢调整，从简单堆积信息向突出本网站特色转变。新浪网等商业网站对新闻板块职员的要求越来越严格，从对招聘人员的要求可以看出，一般要求有新闻从业背景，能独立采写稿件，对新闻专题要有较好的把握等。

（三）互动性栏目的策划和监管不力

目前许多网络新闻专题都设有电子公告板和在线调查之类的互动性栏目。通过这种方式，可以推动和引导网民就专题中的热点谈谈自己的看法，以达到聚拢人气、察看民意、引导舆论的目的。但需要注意的是，无论是电子公告板还是在线调查，都不能设立不符合党和政府的方针政策、不利于改革发展稳定的大局、不利于维护公共利益的话题来让网民讨论。对于网民发表的观点和意见要及时监看，严格审查，对那些不利的、有害的帖子应该及时删除。

目前一些网站的互动性栏目，为了拉拢人气，对内容不加筛选，只要是网民发表的见解，就一味地刊出。某些互动性栏目已经完全成为网民们表达不满甚至是发牢骚的平台，形成了一股不良的风气和不好的舆论导向。

（四）专题的交互性、参与性不强

较强的交互性和参与性是网络媒体的又一个重要的特点和优势。通过在专题的页面上设置电子公告板和在线调查等互动性栏目，网络媒体可以与读者展开全方位、全时段的网上交流，也可以聚拢人气，引导舆论。有些专题中没有互动性的栏目，不管是出于什么原因，其实质上还是沿用了传统媒体的传播方式，对受众进行单向传播，专题的传播效果可能会因此大打折扣。

三、网络新闻专题中的信息整合

以整合拓展信息的维度和多种信息手段，网络新闻专题以超链接的方式组织，通过链接，互联网上所有与之相关的信息被当作一套超文本文档组织起来。用户可以在网页之间、文档之间构造任意链接，从当前文档跳到联入互联网的任何其他文档上去，这样的文本结构就像一张无边无际的大网，通过这张网可以不断把新的信息添加组织进专题文本中，从而使网络新闻专题的信息量被无限地扩充下去。在关于网络新闻的编辑研究中我们发现其实整合也是网络媒体的基本规律。网络新闻具有极强的整合优势,网络新闻专题具有更为明显的整合优势。这种整合表现在内容的整合、形式的整合和互动关系的整合三方面。

(一)内容的整合

网络新闻在内容上的整合表现在:对海量信息的梳理、归类,在网络新闻价值的衡量标准中,除了速度,深度和广度也是实现专题栏目设置求异创新的突破口,所以专题需要深度的整合、有思想的整合。深度的整合和策划创新一直被认为是传统媒体的优势所在。网络专题在新闻报道的深度和传播的广度方面已经体现出了对传统新闻媒体构成的挑战,通过选题上的策划、报道的角度与内容的选择、栏目的设置,既能加强网站的原创能力,同时也能体现编辑的观察力、思考力和新闻素质。

所谓的深度,其实在很大程度上就是以新闻事件为核心和基点,从纵横两个维度对相关信息进行梳理整合,当然这个过程也包括观点的整合。所以深度是以整合为基础和出发点的。网站编辑针对一些重大的新闻事件和热点问题,若要体现自己的个性,提高报道的深度,要求编辑站在一定的高度上思考专题所表现的事件,设置对当前现象的独立思考的栏目,通过横向或者纵向的比较,或通过对事件来龙去脉、长远影响的思考来深入表现主题。这需要编辑的思维更加发散、视野更加开阔地在一个大的主题中找到更多个性化切入点或题材的延伸点,从而对相关信息进行深度整合。所以在策划整合时,可以以某一个题材为原点,构筑出一个以时间、空间和社会影响等因素为轴的坐标系,从中寻找某一个适合表达、深化专题内涵的报道空间。这既是特色所在也是深度所在。

如何进行内容的整合,可以从以下三个角度入手。

1.纵向进程延伸。纵向进程延伸是指专题以事件发生的时间为原点,向前或者向后推移时间轴、寻找新闻点,或者依照事件的发展态势来顺次拓展。纵向延伸的方法多适用于事件性新闻专题的报道。这种方法使得网络专题脉络清晰,编辑容易策划、读者易于理解。例如,新浪网对于"神七"的专题报道大致是按发射过程、星箭分离、太空行走、返回地球的时间顺序来进行栏目设置的,各大新闻专题也是按这个逻辑来进行编排的。

2.横向维度拓展。横向维度拓展是指搜索与专题相近的话题和资料,包括对事件背景的搜集整理、对事件发展态势的前瞻及寻找类似的过往发生的事件等。以腾讯网的"神七"专题为例,除了3D、滚动、图集、视频、花絮、评书5个大专题外,其下分栏目分别设置有大策划大制作、飞天科学院、天行漫记、神舟家族、太空第一人、航天传奇、飞天特训、太空72变等12个子栏目。其专题维度扩散极广,几乎涵盖了多媒体的各方面内容。

3.多点聚合与单点分解。多点聚合是指将多个零散的新闻点或者新闻事件加以整理加工,找寻出共同点,筛选出所需的新闻话题。单点分解则是将某一新闻主题分解细化,对细化的新闻点深入报道,进行尝试性挖掘。多点聚合与单点分解多适用于非事件性报道,例如形势分析、政策解读等。

以上三种思维拓展方法并不是相离相背的,在某些时候是可以整合、交叉使用的。

(二)形式的整合

表现形式的整合是为了充分体现网络传播的特点,以网络为平台的新闻专题,在这一方面更有优势。所以网络新闻更应综合新旧媒体的优势,凸显自身的特色。网络新闻专题对编排手法的"整合"主要包括:新闻来源、报道手法、编排方式、资料分类等方面的综合利用与协调,这是由于网络新闻专题吸收了传统媒体的多种表现手法,同时融合了网络表现形式。传播学受众研究部分关于选择性记忆中谈到载体因素的问题表明,多种传播媒介的综合应用有助于受传者增强选择性记忆的效果和信息的传播。由于各种媒介的综合应用,使得媒介有了取长补短的机会,也使难读与易读、文字与图像、听觉与视觉得到了优化组合,同时又避免了信息的遗漏、损耗和遗忘。网络媒体集文字、声音、视频等于一身,可以综合使用文字、图表、图片、视频、动画等手段,以更加感性的信息形态呈现新闻;还可以利用计算机和网络技术生成平面和三维动画、全息图像、虚拟空间环境等,以新闻信息的整合、重构和各种信息形态的相互转换,使受众产生更加逼真的"现场感、参与感"。这种既有新闻事件进程的纵向展示,又有观点评论的深度开掘,还有相关资料的横向拓展的全息式、立体化的报道,是网络新闻专题的独特优势。其带给受众最大的便利就是可以从多角度理解某一新闻事件,使传播效果最大化。

(三)互动关系的整合

互动性是网络媒体区别于传统媒体的巨大优势。对于网络新闻专题来说,互动是一个绝对不可忽视的"武器"。所以说网络新闻一定要运用好互动这张"王牌"。在网络新闻编辑中,增加互动性的主要任务是在专题中增加可供互动的方式,如 BBS 评论/留言、电子信件、网上随机调查、手机短信互动等。这就要求编辑在思想上提高对互动的重视程度,在编排上把互动的方式和位置摆在更加合适和显著的位置。目前网络媒体在重视网络媒介的技术特性的同时,正在逐步提高与受众互动的能力,开发出各种互动形式,利用新闻跟帖、论坛、网民调查等方式迅速与网民进行实时交流,让网民畅所欲言,实现双向交流。另外,网络改变了受众在信息传播链条中的地位,因此也改变了其在信息界传输过程中的心理:他们不但要摄入信息,同时还要输出信息、交换信息。目前从形式上看互动的方式包括媒体与受众之间的沟通交流、受众意见调查、特约来宾与网友的交流、受众的论坛互动等。

四、网络新闻专题的策划思路

随着网络新闻专题在新闻竞争中的作用不断增强,专题的内容策划已经被网站提到了越来越重要的地位,网络新闻编辑的创造性也在专题的策划中得到了越来越充分的表现。而优秀的网络新闻专题需要良好的策划,现提供如下几点思路仅供参考。

(一)依不同选题的特点进行策划

1.重大突发事件

网络新闻专题启动迅速,在应对重大突发事件上,具有自己的优势。此外,凭借大容量、多媒体等长处,它可以为受众提供全面、丰富的信息,满足受众各个层面的需求。重大突发事件虽然是现成的选题,但是,它也很容易造成同质化竞争。因此,往往需要通过报道角度与内容等方面的策划,来更好地发挥网站的资源优势。重大突发事件通常有如下三类报道思路:

（1）进程式：即注重对突发事件发生后的过程的报道，让受众及时获得各种相关信息，了解事件的进展及其结果；

（2）前因式：即通过报道探求突发事件的起因、背景，以及其他社会环境因素，让受众更深入地理解偶然事件中所包含的必然因素；

（3）影响式：即全方位关注事件所带来的社会影响，为受众释疑解惑。

2.可预知重大事件

选题的策划要重点考虑的不是报道的对象，而是报道的时机、规模、角度以及手段等。从报道的时机来看，可预知事件的报道通常有如下两种。

（1）先发式：在重大事件到来之前的某个时间点，便启动新闻专题，以此求得先声夺人的效果，要在全面衡量的基础上，找到一个合适的时机推出专题；

（2）同步式：即新闻专题的推出与重大事件的发生基本同步，这样的专题让人感觉时效性强，也容易与受众的需求节奏同步。但是，这种方式容易发生与多家网站报道"撞车"的情况，难以凸显网站的影响力。这时就需要从专题的角度的选取、内容的组织、形式上的设计等方面来弥补。

从报道的规模与角度来看，可预知重大事件的新闻专题的组织主要有两种：

（1）全景式：全面展现新闻事件的面貌，给受众提供丰富的信息；

（2）特写式：只选取某一个横截面或纵截面反映新闻事件。它的好处是可以将有限的力量集中起来，在一个角度上深度开掘，也容易形成特色。

此外，对于可预知事件的网络新闻专题的策划，也需要找到好的表现形式。

3.重要的社会现象或问题

一些社会现象或问题具有重要的现实意义，也是媒体重点关注的对象。针对"热点"或"冰点"社会现象或问题开设的新闻专题，是非事件性的报道，是对网站选题策划能力的一种考验。

在具体操作时可以借鉴下列思路。

（1）纵向延伸与横向拓展，即从时间的坐标轴上探索某一个已有的选题的延伸可能性。编辑可以将与当前新闻事件直接相关但尚未披露的历史性事件作为报道对象，以延伸当前报道，也可以将当前新闻事件与以前发生的同类新闻事件进行比较，从其变化规律中寻找新闻选题。纵向延伸表现为向未来的时间点发展，即对某些尚未发生但可能发生的事件做出预测与前瞻性报道。横向拓展则表现为从已有选题出发，搜索与之相邻的、类似的话题，寻找合适的报道对象，同时也可以表现为从事件背景中进行的扩展。例如，近年来，矿难事件频频发生，它也是网络媒体要不断面对的报道对象。但是，在结束一次矿难事件的专题报道后，如果对矿难发生的大背景进行深入的思考，就会发现，"官煤勾结"是矿难不能从根本上消除的一个重要原因。这就寻找到了新的报道话题，这个话题源于矿难报道，但又超越了矿难报道，将选题拓展到一个更有价值的社会问题上。这种从事件的背景中寻找选题的方式在实践中是较常见的。

（2）多点聚合与单点分解。多点聚合意味着将一些看上去零散出现的现象或事件，用一个主题统领起来，作为新闻报道的对象。例如，腾讯网《我们的城市为何如此脆弱》的专题，就是将一些大城市在面对天灾人祸时表现出的混乱的现象集中起来，把这些"散点"现象集中在一起进行报道分析的典例。这不但可以找到了好的选题,还可以使读者站在一个更高的角度来认识个别与现象之间的关系及其深层原因。

单点分解则是将一个主题细分为若干个子主题,从中寻找新的报道落脚点。这有利于将这一个子主题做深、做透。在形势分析、政策解读、回顾与展望等类型的报道中,单点分解往往是一种可行的思路。

(二)从不同角度进行策划

所谓新闻角度,指的是新闻报道中发现事实、挖掘事实、表现事实的着眼点或入手处。对于网络新闻专题来说,角度的选取是选题增值的一个重要环节。

好的角度可以使好的选题进一步增色,而有些平淡、老套的选题,也可能由于角度选得新颖,让人眼前一亮。好的角度也可以使宏大的选题落到实处,使静态主题呈现出动态的效果,使抽象主题呈现出具象的效果。

合适的角度,也是使新闻报道"立"起来的支点,它可以促进新闻报道的立体化。好的角度还有利于多媒体素材的采集与表现,使多媒体报道的长处得以发挥。对于非事件类专题来说,角度的策划显得尤为重要。

在网络新闻专题的角度策划中,可以参考以下思路。

1.抓住阶段性特征以显示事物的进展

要深入认识报道对象在不同阶段的不同特征,尤其要能判断出它在当前阶段的新动向、新特点及新趋势,以此为突破口来揭示事物的发展进程。

2.通过透视背景来剖析现实

将眼光放到新闻事件发生之前,通过对事件发生的背景做出深入、透彻的分析,就能帮助人们更好地理解当前发生的新闻事实。这样的专题也能体现出编辑水平。

3.通过典型人物反映一群人或一个事件

而如果能在一类人中找到一些具有代表性的人物,那么焦点就清晰实在了。在采集多媒体素材时也就有了可以依托的对象。这种从人的角度出发做报道更容易引起读者的关注。

4.通过典型时刻反映全程

很多新闻事件都有一个较大的时间跨度,尽管网络新闻专题多从一个角度进行报道,但若多个角度的栏目集成后,仍能较为全面地反映出事件的全貌或某个突出的局部。

5.以典型空间或环境为场景表现对象

任何报道对象,总会有它所依托的空间或环境,从空间或环境出发,不仅有利于发现报道的特定角度,同时也便于为专题的多媒体报道提供舞台。

6.通过典型数据勾勒全貌

在某些情况下,一个主题或事件的全貌,可以通过与之相关的一些典型数据加以反映。典型数据提供了挖掘新闻主题的不同切面。

7.通过典型意见来反映事件的影响

将围绕新闻主题或事件形成的意见与争论作为报道的重点,是网络新闻专题常见的一种切入方式。它适合那些社会反响强烈且认识多元的题材。从这种角度进行专题报道,需要尽力做到客观、中立,尽可能呈现不同的观点,即使有些观点的声音很弱,但如果它们具有代表性,也应该给它们一席之地。在这类报道中,常常可以直接将网友的评论与编辑组织的内容结合起来。

8.以专业眼光审视大众话题

许多新闻报道对象本身是大众性的话题,但是,如果用大众化的视角来报道,往往会使报道流于平淡,难以形成突破。而从专业的角度来加以审视,就可以打开认识新闻对象的另一扇窗口,使报道超越普通人的认识高度。

(三)对专题栏目的策划

网络新闻专题的内容策划,最终体现在栏目的设计上。

1.核心信息的内容策划是在报道角度的引领下进行的,一般来说,可以在以下几个维度上展开:

以时间为维度:从事件的发生、发展过程、当前状态、历史背景、未来趋势等方面设置栏目;

以空间为维度:从地理上划分事件发生或波及的地区,将地区作为报道的栏目;

以人物为维度:从事件中的人物命运、人物的感情状态等方面设置栏目;

以社会环境为维度:从新闻发生的社会背景、社会影响以及其他事件之间的关系等方面设置栏目;

以意见态度为维度:从当事人的态度、相关人物的意见、社会舆论反响、专家的评论等方面设置栏目。

当然,一个专题并不一定要将所有维度中的内容都体现出来。

2.目前网络新闻专题栏目通常有以下几种结构方式。

(1)平行聚合式

平行聚合式是网络新闻专题中采用得最多的一种栏目结构方式。它的总体思路是,一个栏目反映主题的一个侧面,多个角度的栏目集成后,就能较为全面地反映出全貌或某个突出的局部。在平行聚合式结构中,各个栏目之间的地位是相对平等的,顺序是自由的。平行聚合式结构的主要目标是完整地表现主题或某个特定的角度,它比较适合信息十分丰富、事件处于动态发展中的客观性专题。

(2)层层递进式

在层层递进式的栏目结构方式中,各个栏目之间存在着逻辑上的先后顺序,前一栏目的内容是后一栏目的基础,后一栏目是前一栏目的发展与深化。

在递进式的栏目结构中,主要的逻辑关系有以下几种:

时间上的递进关系:以时间的顺序来组织栏目,条理清楚,符合人们的认识习惯;

观察事物的顺序:就像用视觉手段来表现事物一样,专题也可以以"全景—中景—近景—特写"这样一种观察事物的渐进顺序来表现新闻事件或新闻主题;

认识事物的顺序:认识事物往往有着由表及里、从认识现象到探究原因的一种发展过程。层层递进式栏目结构,多适合于主观性的专题。

(3)观点争鸣式

不少主观性专题侧重于关注事件或问题的影响,它们常常是以观点之间的冲突作为栏目结构的基本依据,即一个栏目集成一个方面的观点,各方观点同时呈现。

【知识回顾】

每当有重大新闻事件发生时，以新浪、搜狐为代表的商业门户新闻网站和人民网、新华网等中央重点新闻网站以及国内各地重点新闻网站都会在第一时间推出新闻专题，以满足受众获取信息的需求。网络新闻专题已经成为网络新闻领域非常重要的传播手段。网络新闻专题作为一种可持续发展的媒体报道形态，还有很多地方需要研究和挖掘。网络新闻专题不仅仅是传播信息，也并非对信息进行简单的堆砌与拼接，更在于对信息的选择、组合。一个好的网络新闻专题，能够充分体现编辑的意图与思想，是有价值的组合原创传播。如何通过网络新闻专题，突显网站特色与风格，是我们需要进一步探索的问题。

【思考题】

1. 请详细考察新浪网与人民网对最近的一次重大新闻事件的专题报道，对比分析其呈现方式的异同点。
2. 当前网络新闻专题发展有哪些趋势？试分析为何会呈现出这些趋势。
3. 自行选择某一网络新闻专题，对其进行评点。
4. 网络新闻专题标题与单篇网络新闻标题有何不同？

第七章
图片、流媒体及 Flash 新闻编辑

【知识目标】

1. 图片新闻的传播优势
2. 网络访谈节目策划的要点

【能力目标】

1. 掌握选择图片新闻的基本要求
2. 了解多媒体新闻在网络传播的优势

【案例导入】

随着信息技术,特别是互联网技术的不断发展和人们对信息需求的日益提高,单一形式的新闻信息服务已不能满足社会的需要,于是,融文字、图片、声音和视频于一体的、更能满足个性化信息需求的多媒体新闻,越来越受到社会的欢迎。

2007年新闻出版总署启动了全媒体数字采编发布系统工程建设,确定了南方报业传媒集团、《中国安全生产报》、烟台日报传媒集团等作为全媒体复合出版的试点单位。为适应转型需要,烟台日报传媒集团成立了"全媒体采编中心"。记者首次采集的文字、图片、音频、视频等新闻素材须首先进入全媒体数据库,经过二次加工和编辑,再由各媒体选用,最后通过深加工制作出多种形态的新闻作品,运用多媒体发布,充分发挥全媒体传播的优势。

再以新华社为例,2009年在汶川地震一周年之际,新华社新组建的多媒体中心精彩亮相,首次进行了12小时大型电视、网络、手机直播,首次设计并推出了系列多媒体融合报道,首次实现了文字、图片、视频稿件在同一界面编发,首次直接签发了供电视、网站、手机及户外屏幕使用的多媒体融合稿件。

另一方面,多媒体的发展也对记者提出了更高要求。美国媒介综合集团(Media General Inc.)有一位名叫 Jackie Barron 的女电视记者,曾用四周的时间在安东尼奥采访了一个重要的联邦案件。她每天的工作日程是:早晨六点给网站写一篇专栏文章,介绍案件的情况,然后到法院去采访当天的最新进展情况,上午十点通过电话给电视台发去最新报道;下午两点半到三点编制一个晚间电视节目传回去,然后再回到法院采访下午的进展情况,通常到晚上7点才结束采访;最后,还要给第二天出版的报纸写一篇新闻稿。如此技能全面的记者在今天已经成为非常抢手的人才。媒介集团对融合性新闻人才的需求已经成为推进新闻教育改革的动力。

第一节　网络图片新闻

这里所讲的图片新闻是狭义上的,指新闻照片。图片新闻也是现在网站新闻的主要形式之一,在互联网信息快速传播的同时,通过图片加文字的形式表现的新闻更能让浏览用户理解文章的用意,同时也可以减少文字的枯燥和乏味。图片新闻较之文字新闻的优势在于,观众更能直观理解,增加新闻含义的直观度,对阅读者而言具有"望图知意"的便利。

一、图片如何适应网络传播

在现代数字科技与网络多媒体技术的发展和影响下,人们的生活节奏加快,"读图时代"应运而生。由此,新闻传播在内容、形式、规模、效率等方面发生了深刻的变化,在网络新闻传播中"读图"作用表现得尤为突出。

图片传播具有信息接收的高效性。实验表明:人对图形、符号的反应与记忆有着较大差异,其中人对图像所传达的信息接收得最为充分,保持记忆的时间最长,与抽象形象或其他符号相比更有助于记忆牢固。

图片在传播过程中具有直接性。相对于文字符号而言,图片具有更容易理解的大众性,它不受读者区域语言或民族语言的局限,不受大众文化水平高低的局限,是人类文化传播中都能读懂的一种共同语言。

图片传播具有强烈的视觉冲击力,图像是最接近事物原貌的视觉语言,图像是艺术符号,具有丰富的情感,新闻事实如果用文字去表述通常会比较"干瘪",用图片去表现时,却能显得十分"丰满"。"一幅图片胜千言"充分地阐述了图片传播的形象性、生动性与纪实性,它们能优先唤起人们的视觉神经感知,能给人们的视觉感官带来强烈的刺激,从而深深震撼人们的心灵。

在网络新闻传播中,图片最能激发人们的认知兴趣,网页打开后人们首先关注的就是图片,特别是动态图片。它们对受众的视觉有着不可抗拒的诱惑力,能直接调动受众的感性经验和视知觉思维,激发受众认知事物的参与性与认知兴趣。图片便于阅读,受众们对网页中图片的阅读速度要远远快于对文字的阅读速度。在网络新闻传播中,充分发挥图片的造型特色,依靠图片所提供的形象来叙述事件、刻画人物,就能使之具有鲜明突出、一目了然的效果,富有强烈的艺术感染力。这样就能很快抓住读者的心,使传播容量得以扩大、传播节奏得以加快,契合现代社会生活快节奏、多信息的特点。

网络新闻图片编辑和报纸图片编辑基本一样,报纸图片编辑的技巧都可运用到网络新闻图片编辑上去。但图片的选择首先要满足以下3个基本要求:

1. 能有效传播信息,能突出或恰当陪衬信息;
2. 能吸引用户注意,引起阅读兴趣;
3. 能加强文章其他方面的效果。

二、如何在网络传播中有效运用图片新闻

作为形象报道的重要手段,新闻图片以直观、形象的独特优势吸引了读者的视线,在网络新闻传播中发挥的作用越来越大。正如英国现代美术史学家贡布里希所说:"我们的时代是一个视觉的时代,我们从早到晚都受到图片的侵袭。"因此,我们应从更广和更深的层面探讨"读图时代"网络新闻传播中图片的运用。

1. 充分发挥图片的优势。在目前的网络新闻传播过程中,使用最多的就是文字和图片。新闻照片以准确的纪实性来增加新闻报道的真实性,新闻照片中的人、事、物都是客观存在的真实反映,看起来真实可信。随着科技的发展,世间万物,大至星球、小至微生物,甚至人类难以涉足的领域,都能通过照片如实记录下来并进行报道。图片以直观和真实的特性,赢得了广泛的读者,也确立了自身在新闻传播中的地位。

2. 加大图片用量,注重图文编辑。在网络新闻传播中,页面的大小没有限制,可以向下无限滚动,给大量运用图片带来了便利。同时其超链接也可以由文字指向图像,由小图指向大图,用立体的方法将图像展现出来,也给大量运用图片提供了较好的展示方式。因此,在进行网络新闻报道时,应尽可能运用图片报道,以激发受众浏览的兴趣。

当然网页中传播的大部分新闻图片还必须依赖文字说明,其内容的表达才会清晰完整。文字说明能补充新闻事件的五要素:时间、地点、人物、事件和原因;文字说明能完善图片形象,揭示主题;能提供相关背景,解释相关事件。因此,应重视图文的编辑,使图片和文字相辅相成,为表达新闻主题服务。

3. 采用专题图片,实现深度报道。图片报道的优势主要在于形象表现力、视觉冲击力等,但在深度报道上一般逊色于文字报道。为此,人们就新闻图片的深度报道功能进行了探索,专题图片报道是深化图片报道的一种具体实践。

专题新闻图片报道又称"组照"或"系列照片",即用多幅图片共同报道一件新闻事件,对新闻事件中的细节做较为详尽的报道。其最大的特点是内容丰富全面,深入地反映新闻事件,并且能挖掘新闻深度。

4. 加强图片的真实性。随着现代科技的发展,数码照相机拍摄的影像输入电脑后可直接或经软件处理后发布到网上。传统暗房做不到的特殊图像效果,现在计算机都能做到,甚至改头换面、张冠李戴、无中生有、偷梁换柱等对数码图像处理来讲易如反掌。这种图像处理的技术优势,为摄影艺术创作提供了广阔、自由的空间。但是在新闻摄影中,这种优势也可能被一些别有用心的人用于制造假新闻照片,使新闻照片的真实性面临着前所未有的威胁。

技术的发展在提供更多便捷与多元选择的同时,也为技术的滥用提供了可能。尤其是在对技术严重依赖的图片行业,数码影像技术使图片的修改变得越来越简单易行,从而导致新闻的真实性变得模糊。近年来,新闻图片造假的新闻屡见不鲜,在竞争激烈的新闻图片市场中,因为各种各样的目的而人为地利用伪造图片蒙骗读者的情况时有发生。还有一些图片失真并非人的主观所为。例如,2005年10月有批评者批评《今日美国》在网上发布的一张新闻配图涉嫌妖魔化美国国务卿赖斯,《今日美国》的编辑已于10月26日更换了相关图片。

《今日美国》网站在报道有关"赖斯不排除驻伊美军十年内仍将驻留伊拉克可能性"的新闻时配发了一张图片,图片中的赖斯双目透着寒光。批评者称,此图片是编辑用Photoshop软件处理过的。他们还找到了原始的图片。

《今日美国》的编辑于26日更换图片时说明:"编辑对原图进行了改动,这不符合《今日美国》的编辑标准。我们已更换了这一配图。网上发布的图片经常要进行编辑,调整图片的亮度和清晰度以达到最好的效果。在对这张配图进行处理时,编辑在加大照片的清晰度后对赖斯的脸部进行了亮化,这使她的眼睛出现了异化。这一做法歪曲了原图,也不符合我们的编辑标准。"

5.注意图片大小,提高图片下载、浏览速度。人们在浏览网页时,文字的呈现速度比较快,图片的呈现速度相对慢一些。用户如果在点击之后仍要等待很久,便会出现将网页关闭的情况。在网络传播过程中,浏览网页中图片的速度取决于网站速度、传输带宽,同时,网站中图片的大小和压缩比例对下载浏览的速度也有着极大的影响。一般用作新闻的图片分辨率不会超过800*600,格式为JPG格式,压缩比在3左右。这种图片的大小一般不会超过30K,其分辨率视其大小还可以再小,如此就可以提高网页中图片的下载浏览的速度。不过对网络图片来说又有新的特点,一是图片质量规格不是很高。因为呈现在显示屏上的图片受显示器最小分辨率的限制,即使图片分辨率高,颜色深度大,也难和经处理过的普通图片区分开来。一般分辨率为72dpi(dot per inch),颜色深度8位(256色)就已足够。二是受带宽限制,文件长度要尽量小。文件长度越小,下载时间越短,就目前来说,图片文件长度最好保持在6KB以下。优化图片要选择优质原始图片,比如分辨率不低于72dpi,色深不低于24位的图片。尽量不用印刷的相片复制品。扫描时用最高24位色深度,不少于72dpi分辨率,甚至100dpi或更高扫描,以得到高质母图。然后处理并保存母图,尽量用该图片处理软件自带的文件格式以便编辑加工或改动。最后减小图片尺寸、降低分辨率和颜色深度,上传至网络。

6.充分利用新闻图片资源,健全新闻图片市场机制。图片市场是摄影记者与新闻图片用户的桥梁,是建立在图片公司基础之上的。图片公司是一种中介机构,它把众多摄影者的作品有偿提供给报纸、杂志、出版社、广告公司等。新闻照片兴起不久,世界上就有了新闻图片公司。早在1919年,美国赫斯特报系的国际新闻图片社、纽约时报的泛球摄影社就成为世界上最早的一批新闻图片社。1993年,我国最早的图片代理公司——黑星图片社在北京成立。

进入读图时代后,网络新闻传播对图片的需求量越来越大,只靠本单位有限的摄影记者根本解决不了问题。因此,完善的图片市场才是图片报道在读图时代顺利发展的保障。网络新闻传播的发展要与时俱进,我们应积极探讨图片对网络新闻传播的作用,研究网络新闻传播中图片的运用,以推动网络新闻传播方法与理论体系的建立。这对新闻传播事业向更高层次发展有着重要的意义。

中新社新闻图片网络中心是中国大陆目前仅有的两家每天及时播发新闻图片的机构之一。中新社新闻图片网络中心采用当前最先进的电子商务模式,将每天的国际新闻图片制作成电子文本,通过国际互联网将用户和图片作者整合成直观、可视化的采编、制作、播发平台,最大限度地提高效率和充分利用新闻资源。平台设计充分考虑到人文因素,设计模式向"图片超市"的目标靠拢。中新社新闻图片网络中心的所有用户均可借助互联网随时、随地、自主浏览、检索、下载和使用电子化的新闻图片。中新社新闻图片网络中心还可根据用户要求，提供 FTP 传输方式，该方式不限制图片下载数量。所有新闻图片的大小均在 6MB 左右，分辨率为 72dpi/英寸（面向报纸）和 200－300dpi/英寸（面向杂志）两种，并以 JPG 格式储存和传输。所有的图片均配有详略得当的文字说明。此外，图片中心的资料库还储存了大量的历史新闻图片，所有用户均可适时进入资料库查找所需的资料图片。

其图片内容包括以下几方面。

即时新闻图片。网上播发：每天 24 小时滚动播发即时新闻传真图片 100 张左右，发生重大新闻期间每天播发 100－200 张，全年播发数量在 25000 张以上。FTP 播发：每天分上午、下午、晚上 3 次播发 30－60 张，发生重大新闻期间每天播发 100 张左右，全年播发 10000 张以上。两种播发方式播发的图片题材涵盖政治、军事、经济、科教、文化、体育、娱乐、社会生活等各方面。

专题图片组照。网上播发：平均每月播发专题图片 30 组左右。FTP 播发：平均每月播发 10 组左右。选题以新闻背景、富有人情味的新闻人物和新闻故事为主，并有一定数量的各地风景名胜、风土人情、都市生活等各类专题。

资料图片库。资料图片已建成网上数据库，查询方便。资料库拥有图片 30 万张，细分为 200 余个类别。其中许多记录历史事件、历史名人活动的图片，弥足珍贵。

交流图片。海内外各合作单位均可在此展示、交流各地重大新闻事件的图片，以及各地风景名胜、风土人情、社会生活等类图片和摄影家的优秀作品。

人物图片库。筹建中的人物图片库将汇集政治、经济、科技、体育、文化和娱乐界的知名人物的各类照片。

此外，中国新闻图片网还专门开辟了"热点新闻""经典老照片""摄影家作品"等专栏。

以下是其提供的一个图片界面。通过网页，用户可以直接购买图片。应该说中国新闻图片网所做的尝试是很有意义的。图 7-1 为该网站截图。

图 7-1　中国新闻图片网

资料来源：www.cnsphoto.com（2014－07－25）

三、网络图片新闻传播的制约因素

虽然网上图片的传播自有其优势，但当前，在其传播过程中依然存在着不足，网上图片传播效果的制约因素主要有以下几点。

1.面对不同性质的媒体，受众的读图习惯有所区别。印刷媒体推出图片的目的是为了吸引读者注意力以读完文字，因为对于报纸上的图片完全不看的人是没有的。而对待强制拉入视野又要付出经济代价的网络，受众的反应就要谨慎一些。

2.制约网上图片获得良好传播效果的主要原因是网速太慢。如果网速加快，受众对于生动图片的兴趣就会提高。过慢的网速限制了图片的阅读率，削弱了图片应有的传播效果。

3.网上图片仍有很大发展空间。多数网民在网络带宽许可的情况下会选择更多图片观看。网民多半愿意接受网络图片以扩充信息量。

四、网络图片专题

在新闻进入读图时代的今天，很多门户网站都设立了自己的品牌图片栏目，如腾讯网的《活着》，至今已有五百多期，新浪图片的《看见》和凤凰网的《在人间》，也都发展得不错。图 7-2、7-3 分别是《活着》与《看见》图片专题网站的截图。

图 7-2 活着图片专题

资料来源：http://news.qq.com/photon/living.htm（2014－07－25）

图 7-3 看见图片专题

资料来源：http://photo.sina.com.cn/wit/（2014—07—25）

网络图片专栏如何塑造一个好的图片栏目品牌，又该如何在众多门户网站都建立了类似栏目的情况下建立区分度，都是值得探讨的问题。在对图片专题进行组织的过程中要注意以下几个要点。

（一）内容：选题贴近人心保证优质稿源

从现有各大网站图片专题的策划来看，它们的选题内容和对象多集中在贫困、疾病、灾难、老人、小孩、学生、教师、底层社会工作者、打工者等。摄影的对象多是底层的普通人，他们所遭遇的坎坷人生和所处的悲凉社会环境，最能引起大众情感的共鸣。

精心挑选符合栏目定位的选题，是图片专题栏目取得成功的关键之一。然而在这背后，并不是那么简单。只有在有丰富稿源的情况下，才能谈选题，不然便没有过多选择的余地。

（二）整合传媒资源获取优质投稿

以腾讯网《活着》栏目为例，其许多稿件来自与传统纸媒的合作。如引发了很大评论量的《孝子弑母》一期，就是和《南方都市报》合作的。很多优秀的摄影师扎根在传统纸媒中，为《活着》栏目提供了很多优秀的作品。

当然，这种合作模式也有一定的负面效应。来自纸媒的稿件，一般而言会被要求在原媒体刊登后才能在网上发表。受限于传统纸媒的出版周期，报道的时效性往往会在一定程度上受到影响。

同时，随着其他门户网站也逐渐效仿《活着》栏目的形式，推出相似的品牌图片栏目，追求独家便逐渐变得困难。很多稿件尽管很优秀，但买断摄影师一期的作品，价格往往高达上万，以《活着》栏目3至5天一期的周期，成本无疑过高，导致《活着》栏目并不能频繁推出独家稿件。这也意味着一位摄影师的好作品往往会被投给各大门户网站，尽管各大门户网站的图片编辑在对待同一组稿件上的编辑思路可能会呈现出一定差异，然而就整体而言，还是会呈现出同质化的趋势，这并不利于塑造《活着》栏目的品牌个性。

（三）打造独家摄影团队精心策划专题

为了避免因同质化而丧失自己的品牌优势，除了相对被动地等待来自传统纸媒和其他摄影师的优秀投稿，图片专栏还可以建立自己的摄影团队，以获得独家新闻图片。在腾讯网《活着》栏目早期建立品牌时，独家摄影师团队所打造的深度作品也为其贡献了很多力量，如著名的《失独余悲》和《卖肾车间》两期专题。这些作品大都由摄影师和编辑共同商讨选题后拍摄，这无疑有利于深度独家专题的建立。在摄影师拍摄期间，编辑便可介入，提供选题角度的建议，拍摄历时虽相对较长，但最终推出的作品大都是有影响力的好作品，可保证其质量。高质量加上独家的模式，有利于塑造《活着》栏目的品牌个性。

（四）重视二次编辑中的创新

为了丰富稿件来源，图片专题栏目应持一种相当开放的态度，这将有助于保持栏目自身的生命力。图片专栏同时也可以从网络上直接寻找资源。需要注意的是，图片专题要非常注重维护创作者的版权，也应为摄影者提供一定的稿酬。在使用新媒体的作品时须态度谨慎，这种态度对维护图片专题栏目的品牌、在摄影者中积累口碑，无疑具有积极的意义。

随着技术的发展，很多时候网络编辑的工作已经有了很高的取代性，复制粘贴似乎成了工作内容的主流，而同质化的问题也在困扰着各大门户网站。这时候优质的深度原创内容就显得尤为重要。图片专题栏目以纪实摄影为基础，突出人文关怀，很多选题都很好地引发了受众的共鸣。

第二节　图表新闻

图表新闻是广义图片新闻的一种。图表新闻分为统计图、示意图和地图等，是指综合运用文字、图形符号、照片、线条、数据、色彩等有机成分，可以传达、解释新闻信息的图表。图表新闻的好处在于，便于读者集中阅读，一目了然。此外，将统计数字集中绘制成图，并用形象化的手法示意，可使数字的类比或对比更加鲜明。需要注意的是，图表中的数字、事实和地理位置都必须严格真实。

一、图表与数据新闻可视化

新媒体时代的变革催生出了新的新闻形式，数据新闻就是新媒体传播业态下最新的、应用最为普遍的新闻形式之一。在数据新闻的制作流程中，最为重要的一环就是信息可视化的表达，它致力于从量化的角度用数字准确地报道新闻事实，从而反映新闻事物的发展状况。它既可以是报道的主体，也可以作为辅助性背景材料解释报道对象。

(一)数据新闻

大数据开启了时代转型之门,随着信息技术的发展,海量的数据影响着人们的工作和生活,而受众需要的是对信息更明晰地呈现、更准确地分析和更深层地解读。这对新闻的生产方式也产生了广泛的影响。数据新闻即是用一种读者喜闻乐见的方式,通过对数据的统计分析去讲述某些社会现象,并挖掘其背后的意义。《数据新闻学手册》一书中讲到,数据新闻的意义是"帮助记者用图表讲述一个错综复杂的故事,并且帮助解释新闻事件和个人之间的关联"。"互联网之父"蒂姆·伯纳斯·李曾说:"新闻的未来,是分析数据。"数据新闻,又被称为数据驱动新闻,是通过对数据进行分析过滤而创作出的新闻报道。目前,新闻界对数据新闻还没有统一的界定,在此取其中一种定义:数据新闻是基于数据的抓取、挖掘、统计、分析和可视化呈现的新型报道方式。

2013年6月,由"全球编辑网络"和谷歌赞助的一项新闻作品评选活动公布了该年度获奖名单。其中8个新闻作品从300多个参赛作品中脱颖而出,获得了最终的"数据新闻奖"。这是全球第一个专门为数据新闻设立的奖项,从2012年开始颁发。在参与奖项评选的名单中,不仅能看到卫报、金融时报、BBC、美联社、德克萨斯论坛报等老牌主流媒体的名字,也可以看到许多新兴公共新闻网站和诸多独立数据新闻记者的身影。

数据新闻的核心是数据,从数据采集到分析再到展示,各项报道环节和技术无不围绕数据展开,通过数据背后的关联与模式来讲述一个复杂的故事。具体而言,数据新闻在形式上以图表、数据为主,辅之必要的少量文字;在实际操作中,记者主要通过数据统计、数据分析、数据挖掘等技术手段或是从海量数据中发现新闻线索,或是抓取大量数据拓展新闻主题的广度与深度,最后依靠可视化技术将过滤后的数据进行融合,以形象化、艺术化的方式加以呈现,致力于为读者提供客观、系统的报道以及良好的阅读体验。通过信息图表等手段对已经拥有的数据进行更好的呈现与解读,甚至通过信息图表来拓展与深化新闻,是通往数据新闻方向的必由之路。

数据新闻主要从"新闻来源""新闻素养"和"新闻含义"三个方面展现自己的特性。

1.新闻来源

传统新闻的新闻来源是记者出去打听线索。当有新闻之时,记者便扛着摄像机到达新闻现场采写新闻。而数据新闻则注重于从一组很大的数据中进行挖掘来获取故事。例如:《纽约时报》善于记录数据:船只到达的时间、货物量等;《华尔街日报》记录股票数据,并将数据转化为人物——投资者、总统等,这些数据都将为以后的挖掘做准备。同时,数据不仅仅是定量的数字,而且还包括其他形式的资料。

2.新闻素养

传统新闻对于记者的要求除了职业伦理道德以外还包含两个主要方面:新闻敏感性、有说服力的叙事能力。而数据新闻对于记者的要求则更注重获取海量数字信息的能力以及数据与可视化的处理能力。

3.新闻含义

传统新闻的定义仁者见仁,智者见智,但有一个相同的认识是"新闻是指新近发生的事实的报道";而对于数据新闻则可以理解为"新近发现的事实的最新报道"。所以,传统新闻是一个基于事实本身的公开报道,而数据新闻则是"在事实本身之上进行深挖而获得的背后的故事"。

(二)数据新闻的意义

数据新闻开启了新闻界全新的时代,以下从提升新闻报道的科学性和真实性、帮助媒体从信息流中发现规律、丰富新闻语言的多样性等三个方面阐述其意义。

1.数据新闻提升了新闻报道的科学性和真实性,跨越时间、空间,增加了报道的广度和深度。一直以来,新闻报道都受困于呈现片段真实与追求整体真实之间的悖论。数据新闻业务的开展则为记者提供了一种全新的解题思路,即基于更大的样本量,采取数据挖掘与统计的量化等研究方法,更全面、完整地报道重大新闻主题。在2013年美国联邦政府关门危机中,《华盛顿邮报》则通过众包新闻的方式,运用谷歌地图呈现了全美2317个与政府关门相关的故事。根据受影响的程度,该报将故事主角分为四种类型,并以四种颜色的圆点定位地图中的具体地点,使用户既可以了解整体状况,也可以点击阅读自己感兴趣的某个地区中的个体。以上报道有助于民众更清楚地了解政府关门危机与普通人到底有何联系。

2.数据新闻的基础是科学的分析方法,帮助媒体从支离破碎的信息中发现规律和趋势,使新闻报道聚焦于新鲜主题。例如,针对近年来世界上多个国家和地区出现生育率降低、育龄女性不愿被婚姻与生育束缚的现象,英国《经济学人》杂志网站推出了《历史的终结和最后一个女人》的报道,并按照现有生育率推算各国(地区)最后一个女人出生的时间,引发了公众对该社会问题的关注与思考。

3.数据可视化技术使新闻语言不再局限于文字,而可大量采用更为丰富多元的信息图表或动画视频;同时,这些图表往往又以交互式设计的方式呈现,让用户拥有更多"发现"的乐趣。法国数据记者让·阿比亚特西的作品《"傻瓜"的艺术品市场》获得了2013年度数据新闻奖。该作品对2008年至2012年间拍出的最昂贵的320件艺术品进行了数据统计与分析。在"毕加索:超级巨星"部分,用户可以找到不同年代或艺术流派的知名艺术家;而在"男性主导的行业"部分,用户可以根据年份、艺术家性别、国籍、作品畅销度、拍卖城市、诞生年代等指标对其数据进行梳理,获得丰富的信息。

(三)图表:数据新闻可视化

在有市场需求的大环境下,作为数据新闻的可视化呈现形式——图表新闻,以其数据分析和数据阐释见长的特点成为媒体应用数据进行报道的"宠儿"。信息图表中的每一个数据都在为新闻服务,为新闻"说话",编辑通过对数据的搜集、整理、分析和挖掘等定量分析来提升报道的可信度和客观性,使读者在轻松的"数读"过程中,多角度和多层面地了解新闻事实,接受信息,洞悉新闻事件的内在联系乃至本质。这也是图表新闻在国内外媒体中扮演着越来越重要的角色的原因所在,也将成为大众传媒在面对自媒体挑战时,实现自我救赎的一种方式。

国外以卫报、纽约时报、华盛顿邮报、金融时报、BBC等为代表的传统媒体纷纷通过信息图表这种形式展示数据新闻。国内各大网站也相继推出其数据图表新闻专栏,如搜狐的图表新闻栏目《数字之道》,其重点在于"信息可视化,图表说新闻"。网易的《数读》栏目,提出"用数据说话,提供轻量化的阅读体验"。

二、数据新闻的产生过程

数据新闻的生产过程包含以下几个方面：新闻选题、收集数据、处理数据、可视化、故事化，如图7-4。① 以下将从央视节目《据说春运》进行说明。

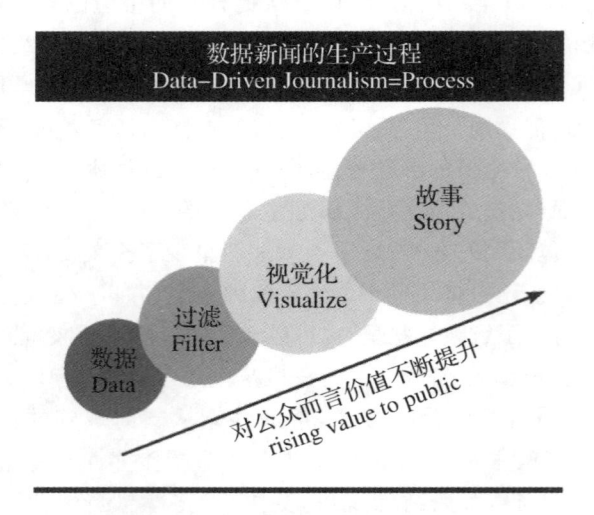

图 7-4　数据新闻的生产过程

2014年1月25日，央视晚间新闻推出《据说春运》特别节目，首次采用百度地图LBS定位的可视化大数据，播报国内春节人口迁徙情况。其中包括迁徙数据和搜索数据，并将其融入新闻内容的策划与创作过程中。

1.新闻选题：年年说春运，春运是春节期间一个不得不提的重要话题，具有较高的新闻价值。

2.数据收集：我国5亿多手机网民，而百度LBS开放平台的定位服务覆盖了数十万款APP，每天的位置请求数量超过数十亿。由百度LBS提供的定位信息数据无疑最有说服力，最能反映出春运人口迁徙动态。

3.处理数据：数据主要是用户的"搜索数据"和"百度定位的迁徙数据"。

4.可视化：以百度提供的迁徙动态图为例，百度通过LBS开放平台分析手机用户的定位信息，能够映射出手机用户的迁徙轨迹，数亿用户的迁徙轨迹就构成了一张实时变化的动态图。

5.故事化：北京和成都之间的迁徙路线连续几天成为最热门路线。实际情况：从春运开始到新闻播出的前一天晚上，从成都火车站直达北京的旅客人数比上一年增加了3000多人，增幅高达60%。得到故事：越来越多的人从"过年回家看父母"转变为"把父母接到大城市过年"。

央视综合频道《晚间新闻》栏目引入该网站数据推出"据说春运"专题报道，以直观图像形式向观众展示了全国春运迁徙的情况，并结合相关调查挖掘出诸如"逆向迁徙"等出

---

① 章戈浩.作为开放新闻的数据新闻——英国《卫报》的数据新闻实践[J].新闻记者，2013(6)：7-13.

现的新现象。与传统新闻报道相比,这种新闻建立在大量的数据基础上,对事件的表达更为全面、精确。

三、在图表新闻中运用数据的注意事项

大数据时代为数据新闻提供了丰盛的"食材",信息图表的报道任务就是将这些食材烹饪出适合受众口味的色香味俱全的大餐,为保证"美味",在制作过程中需要特别留意以下两点。

(一)数据的权威性

首先要确保数据的来源可靠,有据可查。一般来说,政府部门和权威机构发布的数据可信度较高,而民间组织、调查公司等发布的数据说服力相对弱一些,而记者随机采访的数据仅供参考。作为可信度较高的大量数据拥有者,政府和权威机构历来都是记者的采访"重地"。以往需要记者提前联系、深入采访才能拿到的官方数据,随着近些年政务公开和信息透明化力度的不断加大,官方数据一下变得唾手可得,大量公共数据被"释放"出来,不但为媒体及时发布数据新闻提供了有力保证,更为信息图表的发展提供了巨大机遇。

其次,在制作信息图表的过程中,通过数据对比可以有效增强数据的权威性,加深受众对新闻主题的理解。数据对比通常采用纵向比或横向比,纵向比是指对同一类别的历史数据进行比较,比如,报道国内生产总值连续5年增长,就要把这5年全部的数据作为背景来说明这个新闻事实;横向比是指将同一时段的不同类别进行比较,比如,报道中国城乡收入比为10年来最低,就要将10年来城镇和农村居民两组收入数据收集起来进行对比以验证新闻的真实性。

(二)数据的准确性

"准确"是贯穿数据新闻采编始终的生命线。数据新闻中大到政治立场、舆论导向,小到具体数字、单位和译名,都要做到准确无误,这是对一名新闻工作者的基本要求。信息图表制作过程中经常要接触各种图形和统计数据等,对准确性的要求尤为突出。例如在使用地图时应注意在涉及领土、国界线和国名标识等一系列重大敏感问题时,编辑必须慎之又慎,要与我国正式出版的地图册反复核对,有时甚至需要手工描摹。在制作财经类、调查类信息图表时,应加倍关注数字的准确性,一个小数点的前移或后移、一个"0"的多或少,都能造成严重的新闻失实。此外,国际报道中的数据经常会从外电、外刊和外国网站上取材,这就存在译名和"单位"准确等问题。

信息图表的特点之一就是数据量大,编辑要从茫茫数据洪流中取出精华,表述完整而无歧义,色彩、图形、标识符合题材属性,字体、格式、构图规范统一,这些都对信息图表的准确性提出了严峻的挑战。面对挑战,应在采编稿件的头一个环节,即数据采集时就要着手解决,不可留下隐患。例如在进行重大工程类报道时,新闻的采访不能仅仅停留在表面,必须深入彻底,不但要掌握权威的数据和准确的科学术语,更要能看得明白、听得懂、

记得准，能把复杂的工程图和内部结构搬到稿件上，变深奥的专业术语为老百姓能看得懂的图解图示，而又不造成误导或误解，这才是信息图表的生存之道。此外，要保证信息图表的数据准确还可以借助校对工作加以巩固。校对环节看似轻巧，实则至关重要。标题、文字、地图、数字、单位，甚至色彩选择是否恰当都在校对的范围之内，比如在报道天灾人祸等新闻时用红黄等暖色作为背景色就不太合适。因此，无论在思想环节还是采编环节上都必须多加小心，力求稿件内容精确，在准确无误的基础上再去追求形式上的完美，唯有如此才能在信息图表报道中实现零差错。

四、图表新闻的议题选择与制作

图表新闻报道由可视化的信息图表（信息、数据、知识等的视觉化表达）和简要的说明文字构成。

在选题的原则上，图表新闻与一般新闻相一致。所关注的议题多为涉及公众利益的话题，其中包括全世界共同关注的社会福利、环境问题、恐怖主义问题、旅游、健康以及地区文化问题等；中国国内的议题所占比重很大，包括政治、经济、军事、生活等议题。

在新闻《大陆考生雅思口语世界最差　哑巴英语困境难破》中，网易用折线图的方式向读者展示了全球41个雅思考试国家中考生的听力、写作、阅读等成绩的总体情况，这些信息对受众而言十分有用，并且对他们的生活具有一定的指导意义。

另外，图表新闻报道乍看起来并不具有一般新闻新鲜、及时等特点，但事实上它们也会根据最近发生的事情做出相关的数据新闻。例如，2014年广电总局限播令被讨论得热火朝天时，《数读》推出了《国产剧题材匮乏，都市、革命剧占半壁江山》的数据新闻；韩国"岁月号"轮船沉没事故发生后，又做了《盘点1833年以来的重大海难》的图表新闻。

从报道方式上来看，网易《数读》就是用数据说话。《数读》中的数据新闻，目前其数据来源主要是政府部门公布的统计数据、商业企业发布在官方网站上的公司财报、其他媒体公开报道中的数据以及媒体自行调查抓取的数据。

通常，图表新闻制作流程为：首先对原始数据进行抓取，接着根据既定选题，聚焦数据中的部分信息，最后对这部分信息进行重组和分析，达到深度挖掘其背后意义的效果。其中，最后一个步骤是最能体现数据新闻本质的环节。

比如，在网易《青年就业怪现象：没好工作宁愿待业》这篇报道中，记者通过展示分析青年失业率与受教育程度之间的关系，发现中国青年就业呈现出一种怪异的态势：受教育程度越高越可能失业。然后再根据西南财经大学对城镇居民的调查数据，明确了教育并没有降低失业率。最后，将中国青年就业的这一情况与美国的情况进行对比，并参照中国大学生报考公务员的数量，得出了造成这种现象的原因是教育结构与劳动力需求错位以及青年人扭曲的就业预期的结论。

数据分析方法包括：统计、关联、对比、换算、量化、溯源、发散、综评等。从分析方法上来看，网易《数读》的数据新闻惯于结合往年翔实的数据，用对比、分析、整合等方法，对数据进行二度剖析和反思，并从受众的角度重新审视，找到数据之间的相关性，从而为读者解读数据背后的意义。

五、图表新闻的内容呈现方式

数据新闻一般由可视化的信息图表和简单的说明文字组成。信息图表是一种设计表达，又称作数据可视化，其最大的特点是用丰富的设计语言表达数据或信息。

数据新闻与传统新闻不同。传统新闻是真正的内容为王，在新闻报道中使用的图片、视频等都是为了辅助说明新闻内容。然而，数据新闻不仅需要一个好的新闻内容，还需要考虑如何通过简单清晰的信息图表将数据所呈现出来的事实真实、客观、完整地传递给受众。因此，在数据新闻中，信息图表并不是一种辅助工具，甚至可以说，它才是整个报道中的重点和亮点。因此，信息图表设计的好坏，直接影响该新闻能否在第一时间吸引读者的注意力，能否让读者轻易地理解新闻内容，能否带给读者良好的视觉感受等诸多方面。在图表新闻的呈现方式方面有以下几点需要注意。

（一）多种图表形式结合使用

说到数据统计，很容易让人们联想到柱状图、折线图、饼状图等数据统计结果的呈现形式。网易《数读》对数据统计分析的结果呈现不仅包括上述形式，还包括由地图、实物模型、抽象图、关键词等元素设计而成的原创图表。

如图 7-5 就使用折线图直观地反应出 2000 年至 2014 年，中、美、德等国超级计算机数量的发展变化。其后，该新闻还采用了饼图对几个主要国家超级计算机的比例进行了表达。

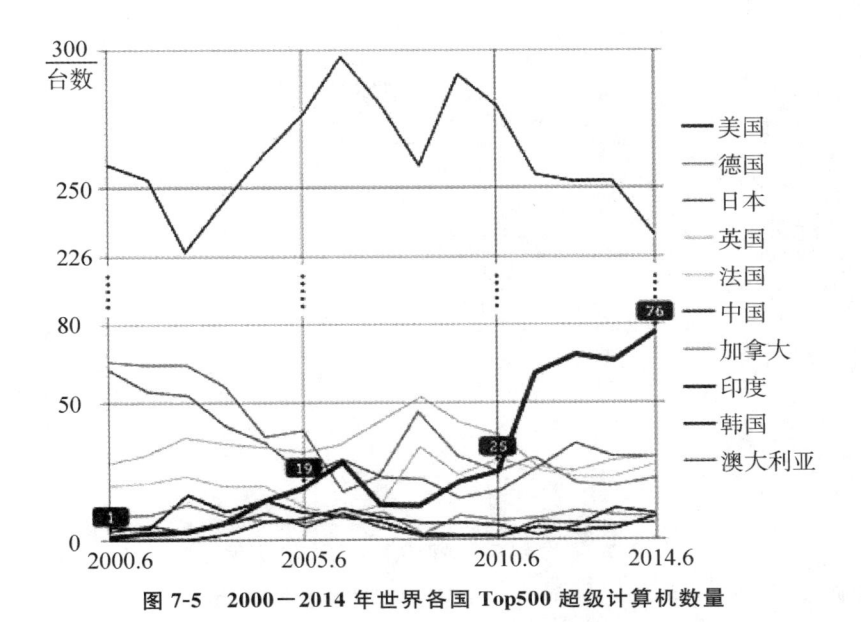

图 7-5　2000—2014 年世界各国 Top500 超级计算机数量

资料来源：http://data.163.com/14/0714/01/A130PDBD00014MTN.html（2015－01－13）

（二）设计风格鲜明

以网易《数读》为例，其信息图表在内容表现上做到了简单清晰，并且总是能用非常简单的设计元素设计排列出让人眼前一亮的图形。

以下是网易《数读》中经常出现的圆形元素：

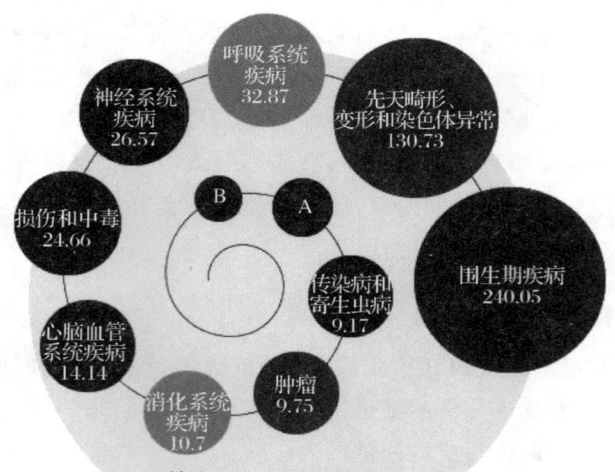

图 7-6　2011 年城市不满 1 岁婴儿疾病死亡率

资料来源：http://news.163.com/13/1229/23/9HA44EAL00014MTN.html（2015－01－13）

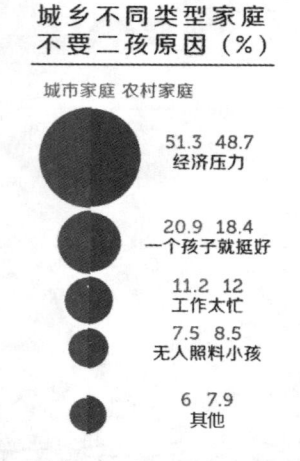

图 7-7　城乡不同类型家庭不要二孩原因

资料来源：http://data.163.com/15/1030/07/B75KSJ4H00014MTN.html（2015－01－13）

图 7-5 与 7-6 使用大小不等的图表示所占百分比。这两幅图使用的设计元素都是圆，但排列出了不一样的图案，给读者带来了新鲜的阅读体验。同时，"圆"这一元素的使用也体现了《数读》栏目的风格。

（三）注重图表的艺术性

图表新闻是信息视觉展示的成果。传播者以图、色、点、线、面、形、留白等视觉传播元素方式传递事实、阐释进程或比较数据。一幅好的图表新闻具备较强的视觉冲击力,画面清晰精准,构图条理分明,色彩自由转换。如果图表缺乏艺术性,不能在视觉上吸引受众视线,再好的内容与制图创意也会付之东流。

第三节 流媒体新闻

网络视频新闻是基于互联网流媒体技术的新闻。流技术就是把连续的影像和声音信息经过压缩处理后放上网站服务器,让用户一边下载一边观看、收听,而不需要等整个压缩文件下载到自己的机器后才可以观看的网络传输技术。这也是目前网络媒体主要的多媒体手段之一。

流技术在新闻报道上的运用总体上可以归纳为以下两种。一种是对新闻事件的记录。如釜山亚运会期间,新华网在发布夺冠快讯时,同时还会有一段记录比赛"精彩瞬间"的流文件,这就让受众在第一时间获得比赛结果的同时,对比赛过程也会有个基本的了解。另一种是网上访谈。把嘉宾请到演播室就共同感兴趣的话题进行交流是广播电视等媒体加强与受众互动的良好方式。网络媒体也取长补短,逐渐尝试这种传播方式,让新闻人物走进演播室,在网络上与网友交流,并通过流技术在网上同步转播。如果说窄带时期网络用户还因断断续续的影音质量和缓如蜗行的多媒体文件下载速度而痛苦不已的话,宽带则无疑是他们的一大救赎。

一、流媒体技术简介

所谓流媒体(Streaming Media),指的是在网络中使用流式传输技术在互联网播放的媒体格式,即在互联网上以数据流的方式实时发布音、视频等多媒体内容的媒体。音频、视频、动画或者其他形式的多媒体文件都属于流媒体之列。在上网时,我们经常看到的Flash动画就是流媒体的一种形式。所谓流媒体技术(或称为流式媒体技术),就是把连续的影像和声音信息经过压缩处理后放到网络服务器上,让浏览者一边下载一边观看、收听,而不需要等到整个多媒体文件下载完成才可以即时观看的技术。流媒体是流媒体技术的核心和体现。

流媒体技术起源于窄带互联网时期,它的出现使得在窄带互联网中传播多媒体信息成为可能。自从1995年Progressive Network公司(即后来的Real Network公司)推出第一个流产品以来,网上的各种流应用迅速涌现,逐渐成为网络界的一大亮点。1995年4月,美国华盛顿州西雅图市的一个名为Progressive Network的小公司,在美国全国广播者联合会上,推出了一种名为Real Audio的软件。该软件可以通过一种后来称之为"流"的方式,实现音频在互联网上的实时传送。当时市场的需求还停留在新闻信息实时、迅速、顺利地发布上,一切以强调时效性为根本,因而在流媒体技术发展初期,为了便于在窄带上传送信息,影像质量让位于多媒体内容的高度压缩。通过网络,网络用户通常只能大致了解节目的内容,而无法清晰地收听和收看。随着网络技术的完善和宽带网络的建设,网络用户对于网上传播的多媒体文件的质量提出了更高的要求,对影音文件使用开始向娱乐欣赏角度发展。对流媒体的应用也由单纯了解信息上升为感官上的视听享受,进而对流媒体节目的内容提出了更高的要求。在之后的几年中,流媒体技术发展迅猛,音、视频质量大幅改善,拥有CD音质的音频和接近电视画面质量的全屏视频全新登场。

  流媒体技术之所以可以解决多媒体文件的实时传输与播放,有两项重要技术功不可没:数据压缩和缓冲技术。通常音频和视频文件由于容量巨大,加上带宽的原因,造成传输速度非常缓慢。流媒体的特殊数据压缩技术可以使声音和视频文件变得很小,通常只有传统音频文件(.wav)和视频文件(.avi)的3%—5%,很适合在网络上发布较长的音频和视频文件。数据缓冲则是在流媒体播放器播放媒体文件前,先在系统缓存中存储一定量的数据,当数据到达媒体播放器后,首先进入缓存,而媒体播放器播放的数据是从缓存中提取的。这样,即使网络传输速度偶尔变化,只要缓存中有数据余量,文件播放品质仍然可以得到维持。打个比方来说,一个底部有一个小洞的杯子,如果在杯中预先积存一定量的水,那么即使当从杯口倒入的水突然变少或中断,只要这个存量不被消耗完,从小洞流出的水流总会源源不断而且保持一定的流速。而流媒体播放器中存储在缓存中的数据就相当于杯中预先积存的水。

  流媒体技术一方面使多媒体文件体积大大缩小,对传输带宽的要求不必那么高,方便了文件的存储,节约了存储空间;另一方面这样的技术特点也使流媒体在时间上具有高度敏感性,而这正是实现实时传播的重要保证。它既避免了网络用户长时间等待文件下载的痛苦,也使网上实时直播和实时点播成为可能,这对传统多媒体技术而言是很难实现的。随着流媒体技术的出现,普通的拨号上网用户也可以在网上欣赏各种多媒体节目。流媒体技术的优越性在播放较长的媒体文件时可以得到更充分的体现,而且它还能在各种网络传输情况下,保证较为正常的播放效果。由于采取了特殊的传输协议,流媒体服务器与用户端流媒体播放器之间保持并始终保持着双向交流,随时接收反馈信息,可以自动调整数据发送以适应用户端的播放控制请求(如跳跃、快进、倒退等)。

二、流媒体新闻策划及编辑流程

  在对流媒体进行编辑工作之前,有一系列工作需要完成。

  1.了解需求。确定为什么要提供声音和图像,提供什么和提供给谁的问题,即定位。

  2.确定形式。确定以什么方式表现。对于声音和图像来说,形式和内容同样重要,用什么样的形式把内容呈现给用户,对于制作样本、资料收集、编辑等各个环节影响很大。

  3.提出草案。明确对象和形式以及如何完成任务的方案。包括:对象是什么,为谁应用,准备交付什么,要交付的东西现在是否足够,交付平台是什么,将包括哪些多媒体元素,现有信息、来源是什么,在什么地方能找到帮助,应用的预算是多少,有哪些环境限制,需要哪些多媒体工具、软硬件,不同工种由谁去做,预计完成目标的时间表等。

  4.做出样本并评估。该项工作主要在新网站或栏目刚建立时使用,所要做的工作首先是根据草案和已确定的形式,找一个具体例子当作详细样本。评估主要分为三个方面:①

是否满足用户需求;②是否充分发挥了影音的优势;③审核预算。

5.采集资料。这是一项非常具体的系统工程,是在草案指导下参照样本进行的,而又不拘泥于样本,它包括声音、图像、文本、图片和动画等的采集。

6.汇整资料。汇整资料就是将资料分类并放入相应的数据库中。

7.进行编辑。根据形式从资料库中读取资料组成完整的信息,亦即信息组合。该步需考虑一些较细的问题,且技术性很强,如界面如何设计,如何充分利用资源,如何利用多媒体的交互性,如何建立超链接等。

8.运行经过编辑的作品。对编辑完成的作品进行试运行,模拟用户使用过程,从整体层面和具体细节上测试,最重要的是对交互性等特殊功能的测试,找出一切可能发生的页面错误。

9.调试与修改。对运行结果进行总结和评价,修改不妥之处。

10.投入使用。在内部运行完成之后,声音和图像信息就可以正式放在网上。以后的工作就是定期更新和维护。

流媒体新闻使用流媒体编辑软件的视频压缩功能,能够生成可以用于网络传播的新文件格式;建立用于流媒体新闻传播的服务器和流媒体新闻发布网站,并将其连接到Internet;观众通过计算机登录局域网服务器,经Internet直接登录到流媒体新闻发布网站,就可以观看自己需要的流媒体新闻了。

第四节　Flash新闻

所谓的Flash新闻是一种运用Flash技术把图片、视频、声音等多种信息表现形式有机融合起来的、具有互动功能的网络新闻新形态。随着网络的普及,Flash新闻已成为一种被广泛使用的新闻显现形态。

一、Flash技术与Flash新闻的特点

Flash新闻得益于Flash技术,而又使Flash技术发展得更好,两者相得益彰。

(一)Flash技术

Flash是一种集动画创作与应用程序开发于一身的创作软件,到2013年9月2日为止,最新的零售版本为Adobe Flash Professional CC(2013年发布)。Adobe Flash Professional CC为创建数字动画、交互式Web站点、桌面应用程序以及手机应用程序开发提供了功能全面的创作和编辑环境。Flash广泛用于创建吸引人的应用程序,其包含丰富的视频、声音、图形和动画。编辑可以在Flash中创建原始内容或者从其他Adobe应用程序(如Photoshop或Illustrator)导入它们,快速设计简单的动画,以及使用Adobe ActionScript 3.0开发高级的交互式项目。设计人员和开发人员可使用它来创建演示文稿、应用程序和其他允许用户交互的内容。Flash可以设计制作包含简单的动画、视频内容、复杂演示文稿和应用程序以及介于它们之间的任何内容。通常,使用Flash创作的各个内容单

元称为应用程序,即使它们可能只是很简单的动画。Flash 也可以通过添加图片、声音、视频和特殊效果,构建包含丰富媒体的 Flash 应用程序。

2001 年前后,Flash 软件开始在中国的动画市场风行。这个由美国 Macromedia 公司推出的一款多媒体动画制作软件,作为交互式动画设计工具,可以将音乐、声效和可动的画面方便地融合在一起,制作出高品质的动态效果,造就了一种新的动画形式——Flash 动画。短短几年时间,Flash 动画就从网络迅速发展到影视媒介,其发展速度之快,出乎很多人的意料。

Flash 动画最早通过网络流通,并随着网络技术的飞速发展,深入人们的日常生活。这一优秀的矢量动画编辑工具给我们带来了强有力的冲击,使我们能够轻易地将丰富的想象力可视化。现如今,Flash 已经逐渐被国内用户所认识和接受,并随之出现了一大批忠实的追随者。近两年,各电视台动画频道也陆续播放由 Flash 制作的动画片,如热播的《喜羊羊和灰太狼》《饮茶之功夫学园》等,都受到了业内人士及大众的一致好评。可见,中国观众已经完全接受了 Flash 动画这种新的艺术表现形式。

从 Flash 软件本身的特性来看,它在动画制作上较其他软件有很多优势和独到之处。首先,Flash 简单易学,容易上手。很多人不用经过专业训练,通过自学也能制作出很不错的 Flash 动画作品。其次,用 Flash 制作出来的动画是矢量的,不管怎样放大、缩小,都不会影响画面质量,而且播放文件很小,便于在互联网上传输。它采用了流技术,只要下载一部分,就能欣赏动画,而且能一边播放一边传输送数据。Flash 有很多重要的动画特征,能实现较好的动画效果,其人机交互性可以让观众通过点击按钮、选择菜单来控制动画的播放。最后,操作者还可以建立 Flash 电影,把动画输出为许多不同的文件格式,便于播放。正是因为这些优点,Flash 日益成为网络多媒体的主流。

从动画制作工序和周期上来看,Flash 动画与传统动画相比,在工序流程上有一定的简化,制作周期大为缩短,传统动画片虽然有一整套制作体系保障它的制作,但还是有难以克服的缺点。一部 10 分钟的普通动画片,要画几千张图画。像大家熟悉的《大闹天宫》,120 分钟的片长需要画 10 万多张图画。如此繁重而复杂的绘制任务,需要几十位动画作者,花费 3 年多时间才能最终完成。传统动画片在分工上非常复杂,要经过原画、动画、绘景、描线、上色、校对、摄影、剪辑、作曲、对白配音、音乐录音、混合录音、洗印等十几道工序,才可以顺利完成。目前,Flash 动画主要分为商业用途和个人创作,包括产品广告、网站、故事短片、MTV 等。

(二)Flash 新闻的特点

Flash 新闻是网络流行的 Flash 与新闻业的融合,作为一种全新的网络新闻样式,Flash 新闻有如下特点。

1.易传性。Flash 新闻所依托的 Flash 技术是一种流形式的传播技术,它使用的关键帧和图符使得所生成的动画文件非常小,几 K 字节的动画文件就可以实现许多令人心动的动画效果。

2.多媒体性。Flash 可以整合图形、图像、视频、动画、音频、文字、图表为一体,让静态的画面在网站上鲜活起来。Flash 新闻通过其多媒体的形式最大限度地调动受众的多感官参与度,从而使受众对所报道的新闻事件有更为全面的认识。

3.互动性。Flash 的独特优势在于它提供了播放控制、菜单或者标签跳转、URL 链接等"人—动画—网络"的交互功能,改变了传统的收视视角,使受众可以与作品进行互动。

4.娱乐性。通过 Flash 简单的构图,网络新闻的娱乐效果更强,受众更愿意阅读此类新闻。

二、Flash 技术在网络新闻中的应用

新闻网站已经从两个方面开始运用 Flash 技术,一是利用 Flash 动漫讲述新闻,二是将 Flash 作为整合新闻内容的手段。

(一)利用 Flash 动漫讲述新闻

Flash 动漫新闻可以摆脱对现场新闻素材的依赖,因而是一种便捷的模拟或再现新闻现场的手段。对于突发性新闻报道来说,Flash 动漫新闻可以在很大程度上弥补第一手素材无法获得的缺憾。在新闻报道中牵涉一些受版权保护的图片和视频资料时,用 Flash 进行再现,也可以较好地解决新闻素材不足的问题。利用 Flash 动漫报道新闻,可以排除那些无关紧要的因素的影响,从而更好地突出表现主题。另外,Flash 动漫新闻还具有趣味性,因而受到广大网民欢迎。

好的 Flash 动漫作品,很容易在网上流传开来,因此,它不仅是传播新闻的一种手段,也是一种树立品牌的手段。但是制作 Flash 动漫新闻,存在着很大的人才挑战。它需要制作者既有深厚的美术功底,可以从容地进行动画的创作,又有扎实的技术能力,可以自如地进行制作思想的表达,同时,还要求制作者具有良好的新闻敏感,善于表现新闻中最有价值的要素。

(二)Flash 作为整合新闻内容的手段

Flash 的另一种利用形式是利用短片(或称幻灯)对现有的文字、图片、声音、互动式图形图表以及菜单等进行有机整合,不仅可以将这些素材连续播放,还可以充分赋予受众互动的能力。

如利用 Flash 技术等整合时间线。时间线的编辑思路是,对于发展中的报道对象,截取其发展进程中的那些重要时间点,以此为线索来组织关于该主题的最有代表性的稿件,形成一个报道单元。与网站不断滚动的即时新闻相比,时间线不是有闻必录,也不是将各种来源的消息无序堆积在一起,而是使各种稿件形成一个逻辑的关系,成为一个依时间线索而不断发展的报道。这种方法操作简单,但对提高传播效果却有显著作用。

此外,Flash 技术还有助于网民与界面进行互动,并且能通过动画将复杂的事件梳理清楚。当用户移动鼠标到某个节点,就会有相应信息出现,其好处在于清楚、明白、直观、简单。

三、网络新闻利用 Flash 技术的信息处理

网络新闻对 Flash 技术的利用主要是用于对画面、声音、文字信息及图表的综合处理。

（一）画面处理

图片比单纯的视频信息采集更方便、传输更快捷。新闻照片是现阶段Flash新闻的基本元素和主要对象。将静态图片进行处理，和动画进行结合产生模拟运动效果，能够进一步挖掘图片本身蕴含的张力。在新华网的Flash新闻《"食人鱼"入侵中国》开头段落中，一张食人鱼的图片经过三次变化，从左到右排列逐渐清晰、巨大，接着出现标题《"食人鱼"入侵中国》，"入侵"两个字由黑变红变大，与画面中食人鱼狰狞的形象结合在一起，共同警示食人鱼的危害在接近。随着文字逐渐变大，图片中的鱼也随之放大缩小两次，跃跃欲出，继而放大直到模糊，暗示食人鱼正面攻击逼近。接着由动画做成爆炸效果，引出下一组图片。整个Flash新闻尽管只用了一张图片，但充分利用了现有的素材，通过元素处理，使原本静态、普通的食人鱼图片产生了一定的视觉冲击力和威胁感，达到了引起人们关注的目的。

运用电视和电影的思维，进行推拉移动等画面处理和多幅画面的组接、切换引入Flash，能使图片如同电影、电视一样运动起来。在千龙新闻网第94期《Flash今日》中报道了日本首相小泉纯一郎第三次参拜靖国神社激起日本各界强烈愤慨的消息。新闻首先以漫画的方式描绘出小泉手持香烛在日本国旗的阴影下，为军国主义招魂的景象，并由近景推进到他的脸部特写，突出了他诚惶诚恐祭拜"二战"甲级战犯亡灵的丑陋神态。第二张图片首先展现出一块反对小泉参拜的标语牌，镜头拉开可以看到拿标语牌的人是一名日本女子。图片由镜头化特写到近景的变化，通过运动引导了观众的注意力，传达了"小泉的行为不仅伤害了中国人民的感情，在日本也难以为本国民众所接受"的信息。

但是可以看到，现在对Flash画面的处理还是比较幼稚和生硬，没有充分调动素材资源和发挥Flash软件的作用，缺少新闻意识，主持人形象不生动，难以形成连贯整体的新闻播报。

（二）声音处理

现在Flash新闻中的声音包括了主持人的播报和背景音乐。主持人与电视、广播中的播音员一样，阐明新闻的主要内容，解释难以用画面表现的新闻事实。他们的声音经过特别处理，有别于真人声音。这种漫画式声音会使新闻播报的客观性、权威性受到一定程度的影响。

一些没有主持人解说的Flash新闻，一般采用背景音乐来烘托气氛，弥补音响效果的不足。例如新华网《从数字看发展》系列专题从生活、交通等方面讲述国家的发展进步这种新闻性不强的报道时，旨在通过Flash演示触碰人们的总体感受，所以配合使用了优美舒缓的音乐《走进新时代》，合情合理。但音乐的使用也可能在一定程度上削弱Flash新闻的叙事节奏和画面冲击力，这就需要选择合适的音乐来表现适当的内容。

在现在中国的Flash新闻中，我们很少能看到运用现场音效的，比如灾难性事件发生时的现场环境音响等。这主要有两方面原因，一方面现场采集需要一定的资源支持，现在我们的网站本身可能还不具备这种能力，另一方面，现在Flash新闻报道的内容缺少爆炸性和现场性新闻，也是很少使用现场音效的原因。

（三）文字信息与图表处理

在没有主持人播报的 Flash 新闻里，文字可以充分说明画面中的内容和关键信息。

各种图表和动画的使用可以使新闻的某些内容条理化、清晰化，使空洞、缺少图片资源的新闻更好看。例如新华网《从数字看发展（交通篇）》，就结合了公路、铁路和民航的少量图片，利用 Flash 图表动画逐一演示出了近年来我国交通大幅度发展的数据。从总体上讲，我们现在的 Flash 新闻普遍存在的问题是缺少互动性。图片以简单叠加或者其他眼花缭乱的方式出现，附以文字说明或者主持人播报是最常见的 Flash 新闻制作方法，如同幻灯片一样简陋和缺少创意及互动的制作，使 Flash 新闻似乎成为人人都能操作而新闻网站又难以放弃的鸡肋。相比其他电视新闻、网络文字新闻、网络直播新闻如果 Flash 新闻没有优势，那就没有存在的必要。Flash 工具本来就是具有很强互动性的编辑软件，缺少了互动性也就失去了 Flash 所制作出的新闻的优势。现在许多 Flash 贺卡、游戏、演示的互动性远在新闻之上，而 Flash 新闻则忽略了对此的重视。Flash 新闻在互动性上的加强，能在很大程度上体现出目前我们 Flash 新闻的制作水平。种种互动性设计，既可以让受众在新闻收看过程中获得更多的控制权，从自己的知识范围出发选择感兴趣或者不了解的信息点，也可以使受众更好地参与新闻报道，获得更多的直接体验。

新闻网站的信息传达方式是多元的，文字、视频、音频、Flash 或者其他动画都可以在其中发挥重要作用。千龙新闻网在首页链接"千龙网视"中提供了可供收看的"千龙新闻眼"和可供收听的"千龙黄金耳"，并把新 Flash 新闻栏目也加入在其中，这样的网络媒体，尽管其组成部分之间的联系还有待加强，但是整合传播的模式已经初步建立，受众可以选择自己喜欢的方式接受新闻信息。Flash 新闻不断发展可能使某种技术过时，但信息整合传播的趋势不会改变，给受众多样化的选择才能在新的环境下保持新闻传播的效力。

【知识回顾】

多媒体新闻不能理解为是将文字新闻、图片新闻、广播新闻、视频新闻等简单相加而成的"拼盘"新闻，它也区别于互联网网页上与文字、图片、图表新闻同时并立、互不相干的视频新闻。多媒体新闻应该是多种媒体形式的有机融合，它是一种有自己的内涵、外延、特点和规律的独立的新型媒体。美国学者罗兰·德·沃尔克的一句话说得很形象："多媒体手段不应该是砖块，而应该是水泥。"多媒体新闻对记者的素质提出了更高的要求，要求他们不仅具备使用多媒体技术的能力，更需要具备综合运用技术、策划选题、分析整合信息等多种能力。

【思考题】

1. 数据可视化的发展对图表新闻报道有什么影响？
2. 如何在网络传播中有效运用图片新闻？
3. 如果你要开设一个网络访谈节目，你会如何策划该栏目？
4. 请你谈谈对网络图片专题传播效果的看法。

第八章
网络新闻评论

【知识目标】

1. 网络新闻评论的分类与特点
2. 网络新闻评论的功能

【能力目标】

1. 网络新闻评论的选题与策划
2. 网络新闻评论的舆论引导

【案例导入】

新闻评论是针对现实生活中新近发生的、具有普遍意义的新闻事件和迫切需要解决的问题而发表议论、讲述道理、表达意见的文体。它是新闻宣传的旗帜和灵魂,并与新闻报道一起形成新闻宣传工作中两种最基本的形式,是媒介内容不可缺少的部分。

网络新闻评论是指在网络媒体上发表的,就当前新闻事件或事态发表的评价性意见。这种新闻评论既包括网络媒体自身在网络上所发出的声音,也包括网民在网络上对某一新闻事件或现象做出的评价和发表的意见,还包括某些专家、学者针对某一事件或社会现象做出的分析和评论。报纸、广播、电视三大传播媒体历史较悠久,也早已被人们所接受,为了与新兴的第四媒体——网络相区别,在这里把它们统称为传统新闻媒体。由传统新闻媒体所发表的新闻评论,我们将其称之为传统新闻评论。

与传统媒体一样,网络新闻媒体除了发布新闻、提供信息服务外,同样应该及时对重要新闻事件发表意见和看法,发挥引导舆论的作用。

2014年8月,昆山中荣金属制品有限公司发生了一起特别重大事故。面对重大灾难事件,网上正面积极的舆论在振奋精神、激扬民气、凝聚人心、增强合力等方面发挥出了巨大的作用。人民网推出了网评《昆山之殇与"板车哥"们的人性之美》,起到了激发正能量的积极作用。

第一节 网络新闻评论概述

近年来,我国互联网技术的发展以及网络媒体的兴起,催生了网络新闻评论。网络新闻评论是一种新的评论形式,是指在网络上就当前新闻事件或事态发表的评价性意见。

作为网络这一新兴媒体与新闻评论相结合的产物,网络新闻评论在传播上已形成了自身的特色,并且越来越受到广大网民的关注。

一、网络新闻评论的含义

什么是网络新闻评论,搞清楚这个问题,是我们认识它的第一步。对于网络新闻的含义,我们一般有以下两方面的认识。

(一)网络新闻评论属于评论范畴

《现代汉语词典》中"评论"有两层意思:一是"批评或议论",也就是人们对某一事情或现象发表意见;二是"批评或议论的文章",即人们发表意见的一种表达方式。从本质上讲,评论来自社会的需要,是人类为了沟通彼此的意见、主张、态度而逐步形成的一种社会交流方式,在文体上属于议论文范畴。而网络新闻评论是就当前的新闻事件或事态做出的评价,在文体上也属于议论文范畴。因而,网络新闻评论属于评论范畴。

从新闻学的角度看,网络新闻评论与传统新闻评论都属于新闻体裁,它和消息、通讯等体裁一样,具有新闻性。这种新闻性首先表现在它具有时效性,它总是就新近发生的新闻事实或现实生活中存在的问题发表议论。

(二)网络新闻评论有自身的特点

网络新闻评论属于新闻评论的一个分支,它与报纸新闻评论、广播新闻评论、电视新闻评论等传统新闻评论既有相通、相似之处,也有很大的不同。它既继承了新闻评论的一些共同的特点,同时又发展了新闻评论。关于这一点,将在"网络新闻评论的特点"里再详细叙述。

二、网络新闻评论的分类

根据发表评论的主体不同,网络新闻评论可分为以下三类。

(一)专家评论

专家评论就是网络媒体邀请专家在网上发表的观点和看法,这里的专家既包括网络媒体长期邀请的一些特约评论员,也包括一些针对某一事件或现象所邀请的不固定的专家。

(二)编辑评论

编辑评论就是网络编辑原创或整合的对某一新闻事件或社会现象的意见或看法,在形式上如同我们上面所讲的专题评论。

(三)网民评论

网民评论就是网民在网络媒体上发表对某一新闻事件或社会现象发表的意见或看法。这种评论在网络新闻评论中数量最多。

三、网络新闻评论的特点

网络新闻评论凭借网络媒体互动、快速、高效、大容量等优势,使得评论的内容空前广泛,形式多种多样,发表十分及时。网络新闻评论既吸收了传统新闻评论的长处,又运用了先进的网络技术,不断丰富着新闻评论的内涵和外延。与传统媒体相比,网络新闻评论的特点主要表现在以下几个方面。

(一)交互性大大加强

网络是一种双向交流的媒介,任何一台网络终端设备既是接收工具又是传播工具,这就使受众不用借助其他媒介,直接通过网络就能与上网者进行交流。从这个意义上说,受众既是接受者,也是传播者,从根本上改变了传统的大众传播模式中普通受众只能被动接受而难以发布信息和意见的状况。

网络面前人人平等,没有权威也没有精英,大家的关系都是平等的。有一则漫画很好地说明了这种关系:两条狗在上网,其中一条对另一条说,在网络里没人知道你是一条狗。网络技术的发展与民主化程度的提高相结合便产生了传统媒体从未有过的新闻评论方式——网络媒体论坛,其采用互相探讨的交互模式,使媒体与受众之间不再是传统意义上单向传递、被动接受,而是一种平等的双向交流的互动关系,即受众兼有信息的享有者和信息的提供者双重身份。由于受众都能接收和发布信息,他们内部之间也存在着互动,从而使新闻评论由媒介主导型向媒介与受众互动型转变。在今天的信息社会里,个人已不再是新闻或娱乐节目的被动接受者,而是可以通过不断增多的各类来源选择自己所需信息的"信息搜寻者"。

交互性增强,使得网络新闻评论出现了"百花齐放,百家争鸣"的局面,各种新颖的观点令人耳目一新,一些相悖的观点在同一领域里交锋。在交互性上,传统媒体无论是报纸、广播或电视都无法和网络相比。传统媒体近年来也比较注重互动,采取了刊登读者来信、开设热线、邀请嘉宾座谈、邀请群众参与等方式,但往往因版面、时空和受众等众多条条框框限制,还是难以改变传统新闻评论的整体面貌。

(二)新闻时效性特点得到更好体现

时效性是新闻传播的原则之一。新鲜是新闻的本质特性,包括内容新、形式新、时间新等。快速报道、快速评论是新闻传播的第一要件,若将鲜活的新闻评论拖成明日黄花,就不能成为新闻传播。因此,各个新闻媒体都很注重新闻和新闻评论的时效性。面对突发新闻或重要新闻,由于一条新闻从编写到见报,需要经过多道工序,尽管通信技术、印刷技术相对于以前有显著提高,但报纸的时效性在四大媒体中还是相对较差,而广播或电视也都有不可缺少的一些程序,如录制、播放,还有硬件设备等各方面的限制,因而时效性也不如网络。一条新闻评论从写出到上网,一般来说是相当快的,只需将所写的文章送到专用的发送系统就可以了,即使一条新闻远隔千山万水,只需指尖轻轻一点,就能到达发送系统的一端,大大突破了时空的限制。

（三）评论的广度和深度明显增强

一条重要的新闻发布后，媒体一般都会表达对这一问题的看法，而各个媒体发表的评论，就深度、广度和群众的参与度来说，则各有不同。报纸、广播和电视由于受时空的限制，不可能对每条新闻发表评论，同一重要新闻有的是单独写一篇评论或两三篇评论，而大多数是在文章的末尾把作者或媒体的观点说出来。比如，中央电视台的《焦点访谈》栏目及北京电视台的《第七日》都是在节目的最后进行评论，一般不会超过30秒。因时空及环境所限，平面媒体新闻评论的广度和时效都会受到一定影响。

然而，对于网络而言，由于其庞大的存储空间，又不受时间的限制，它既可吸纳传统媒体的所有评论，又可把平面媒体以前的评论集纳成评论数据库，便于读者查阅。转载传统媒体的新闻评论，只是网络新闻评论的冰山一角，网络媒体的重头戏不是转载，而是提供平台，让网民对新闻内容进行深挖广掘，广开言路让众多的读者参与其中，发表意见或评论，形成"百花齐放、百家争鸣"的氛围。有些网络媒体为了适应不同的网民群体，把所设置的论坛分为"深水区"和"浅水区"以适应不同的网民。

（四）网络新闻评论与消息的配合更加紧密

传统新闻评论和网络新闻评论都强调新闻性，强调与事理结合，经常采取为新闻报道配发评论的方式，但这种方式一般只适用于较为重要的新闻事件。在多数情况下，由于篇幅的局限，即使是在独立成篇的评论中，对事实的叙述也不可能详细。而网络的超文本方式使受众可以方便地获得评论所涉及的事实的详细内容。以人民网的一则题为《引咎辞职要计算政治成本》评论为例，读者在阅读评论的同时，点击文尾"相关新闻：《因退耕还林问题四川高县县委书记县长引咎辞职》，就可以看到事件的详细内容。有些网络新闻评论还链接着新闻专题，内容更加翔实。这使得意见性信息所依附的事实性信息更为丰富、充实，在无形中扩大了意见性信息的内涵和外延。

（五）行文自由

与发表在部分传统媒体的言论相比，网络上的群众言论具有某种非正式性特征，因而在行文表现上比较自由。只要有兴趣，任何人都可以在网上发表自己的看法，没有太多的知识水平和表达能力的限制。这种自由主要表现在以下三个方面。

1.文字上较少修饰，口语化痕迹较浓。一篇《建议铁道部长读一读郑大嫂致富传奇》的文章这样写道："没有座位的旅客非得长时间站着吗，列车难道就不能准备一些可以移动的小座位吗？坐火车的人一般都不是在车上待十分钟半小时，长时间的站立，是个什么滋味？不知道部长同志是否体验过？建议铁道部全体官员实际体验生活一个月。""当然了，如果铁道部长阅读了郑大嫂的故事，铁路部门为了顾客利益真的革除了积弊，郑大嫂就赚不上卖凳子的钱了。在这里，我恳请郑大嫂千万别埋怨我砸了您的饭碗啊！"几乎与口语毫无二致。

2.篇幅长短不拘一格。同是讨论安徽阜阳劣质奶粉问题，有的只是简单一句，如"到香港去买奶粉""产品质量管理现在分为生产领域和流通领域两块，这是造成管理推诿的主要原因"。话语虽短,却一针见血。而有的则长篇论述,字数少则数百、多则数千甚至洋洋万言,持之有据,论证严密。这种行文方式打破了话语权的垄断,使文化层次不高的网民有了发言权,改变了以往只有文化水平高的人才有话语权的现象。

3.网络语言和符号,丰富和活跃了网络版面。如网络评论《学会"断舍离"人生更轻盈》这样表述,"'断舍离'在微信朋友圈很火。这一概念原意为鼓励'放下心中执着',有人将此融入日常生活:舍弃家里不需要的东西,脱离对物品的执念,处于游刃有余的自在空间。的确,'断舍离'折射的不仅是一种生活方式,更是一种生存智慧。"这一评论就引入了最新的网络语言。

(六)论战色彩明显

目前,网络言论处在一个相对宽松的环境中,网民们经常就某一话题进行讨论,各种观点发生激烈碰撞是常事,这为网络言论增添了强烈的论战色彩。人民网和新华网开辟了争鸣栏目,网民可从这些栏目中了解目前争论的焦点问题。应该承认,这些争论激活了人们的思维,给网络媒体营造了一种活跃的言论空间,使公众的话语权真正得以实现。

二、与传统新闻评论的联系与区别

就文体沿革而言,我国的新闻评论源于古代的论说文,其历史可以追溯到两千多年前的先秦散文。随着科技的进步和社会的发展,产生了报刊新闻评论、广播新闻评论、电视新闻评论及网络新闻评论,这些新闻评论由于都属于评论体裁范畴,因而在许多方面具有相同之处;又由于这些媒体各自具备不同的特点,因而所发表的新闻评论也不尽相同。

网络新闻评论与传统新闻评论都属于评论和新闻学范畴,作为新闻评论的一部分,网络新闻评论和传统新闻评论都具备新闻评论的一般特征。

(一)新闻性

如上所述,网络新闻评论与传统新闻评论一样,都属于新闻体裁,都具有新闻性。它们都是对新近发生的新闻事件或社会现象进行的评论,具有很强的现实针对性,如果对已过时的、群众已经失去兴趣的、没有现实意义的新闻进行评论,是不会有什么意义的。

(二)政治性

网络新闻评论与传统新闻评论都含有或浓或淡的政治色彩。这种政治性主要表现在它所论及的问题常常关系人民的政治生活,它总是要反映党和国家、某个集团、某个群体或个人的意志和主张,着眼于改变人们的思想和行为。党报党刊等国家媒体如此,网络媒体也不例外,即使是某个网民发表的评论,往往也含有强烈的政治色彩。

(三)论理性

从文体的角度看,网络新闻评论与传统新闻评论都属于议论文范畴,因此,它们理所当然地具有议论文的共同特征,即论理性。"以理服人"就是这种论理性的具体表现。这一点,使得新闻评论与其他新闻体裁如消息、通讯等有着明显区别。

（四）群众性

从传播学的角度看，报纸、广播、电视等新闻传播工具都是面向广大群众的，它们总是希望有更多的读者、听众和观众。因此，作为媒体主要声音的新闻评论，它们也应当具有群众性；网络媒体的新闻评论虽然有部分是网民为了表达自己的观点和看法，发泄内心的不满，但总的来说，还是希望自己的观点被更多人看见。群众性首先表现在新闻评论的选题上，它要求选择那些为大多数人所关心的问题作为自己的题目，能引起更多人注目，能拨动更多人的心弦。把高、大、艰、深，与广大群众现实生活、工作毫无关系，或关系不大的问题作为自己评论的选题，往往得不到认可。群众性是通俗化、大众化的。这一要求使得我们的评论必须放下架子，用群众所喜闻乐见的形式，以平等待人的态度，以商量问题的口吻同群众谈话。同时，新闻评论的语言也要通俗，要使群众看得懂、听得懂。

（五）社会责任

作为大众媒体的传统媒体和网络媒体必须遵循大众媒体的基本原则，即在对社会产生影响的同时，必须承担相应的社会责任。它们传播什么、不传播什么，都有一个主张什么、反对什么的问题，都有一个舆论导向的问题，都有一个代表什么样的文化发展方向的问题。无论是传统媒体还是网络媒体，无论是新闻网站还是商业网站，都必须增强社会责任感，用"三个代表"重要思想统领新闻宣传工作，自觉遵守国家法律法规，自觉遵守社会主义道德规范，坚持正确的舆论导向，宣传科学理论，传播先进文化，弘扬社会正气，批驳歪理邪说，使各媒体真正成为传播先进文化的重要阵地。

三、网络新闻评论的功能

充分认识网络新闻评论的功能，对于发挥网络新闻评论的积极作用大有益处。

（一）开辟了体现民意的新通道

民意是社会的公共意志或者说是人民的精神，是人民意识、精神、愿望和意志的总和，作为社会真理的坐标，是判定社会问题真理性的尺度之一。"得民心者得天下"，从古至今，比较开明的统治者大都比较注重了解民意，尊重民意。当今社会，许多国家的宪法规定公民享有言论自由的权利，我国也不例外。应该说，今天我国的民主政治环境比以前任何时期都宽松，但由于一些特殊的原因，比如，技术操作困难等原因，民意表达往往还不能完全畅通。网络的出现则为民意的表达开辟了新的通道。

1. 网络为网民提供了更为自由的言论平台

传统反映民意的途径包括传统媒体的反映、政府渠道报送资料及专门了解民意的机构提供调查等。一般而言，目的性较强，涉及面就较窄，时效性较差，群众的参与性就较小。网络媒体因其互动性、隐蔽性等特点，使其在民意表达过程中随机性更大、更全面、更及时，群众参与也更多。网络媒体反映民意比传统方式反映民意更具有优势。

万维网发明人伯纳斯·李说："在网上，任何一个人都是一个没有执照的电视台。"他认为没有集权的传媒空间带来的就是更加广泛意义上的平等与自由。民意的顺利表达是以民主作为基础的,网络为网民提供了更广泛的自由和民主,它的匿名发表意见的特性给人们带来了更多的安全感,从而在一定程度上,使人们能够以比较自由的方式讨论各种问题,而不必顾忌可能导致的后果。在网上,人们更容易敞开心扉,可以进行一些更为真诚的交流。匿名使地位、国籍、外貌等诸多因素不再突出,由此,交流双方可以更好地去除偏见,关注交流的实质内容和思想。在网络社会里,只要不发表违法的言论,就可以在网上论谈"爱我所爱,言我所言"。

2.非主流观点也有了表达的机会

传统媒介缺乏有效途径让持各种意见的人表达自己的意见,在中国传统中,"坐而听"成了很多文人志士的无奈选择。有不同观点的人,常因专制统治、文化水平或舆论压力等因素成了"沉默的大多数"。而网络受众与媒体间的交互功能将过去主要通过民间渠道传播的声音引向了主流渠道,互联网给现代人提供了"起而言"的绝好渠道,使民意表达更加畅通。对于意见占少数的群体,我们也能在网上听到他们的声音。

3.网络新闻评论缩短了国家管理者和普通大众的距离

传统反映民意的途径在传递过程中难免有所折扣,网络媒体的出现则为国家管理者提供了体察民意的新通道。现在越来越多的官员利用网络了解民情。

网络新闻评论拉近了普通大众与领导者的距离,为领导者打开了一扇倾听与观察之窗。领导到下面了解民情,说是私访,但往往总是被消息灵通的人士知晓,领导一路所看到的其实多是早就安排好了的,当然看到的都是最好的,假象遮住了许多领导的耳目。而互联网的出现,不仅能使民情上达,贪官、庸官欺骗上级的现象也将会在群众的监督中逐渐变少。

(二)聚焦热点问题发挥舆论监督功能

媒体具有舆论监督功能,网络媒体也不例外。多数事件开始时没被传统媒体所关注,有的传统媒体没报道,有的只是在市级的报纸上报道,后来之所以被大众广泛关注,主要是因为网络上相关发帖人持续不断地在这些文章后面留言。这些留言被转帖到一定程度后,敏感的传统媒体开始介入其中,根据网络留言进行采访与深度报道,很快形成网络媒体与传统媒体、网友评论相交互的现象。这种作用在现实生活中产生影响后,又进一步提升了网民对网络媒体的重视,从而使网络舆论对普通公民产生了越来越大的影响力。

媒介管理者一直以来所做的努力,就是从中选择和总结出最能引导舆论导向的评论性文章,并不断挖掘新闻的深度和新闻事件背后的价值。国家传媒和一些政府机构通过深入研究群众的思想动向,可以加强舆论引导的针对性和思想性,并根据舆论做出决策,从而使网络新闻评论起到舆论监督的作用。

"孙志刚事件"是由广东某家传统媒体率先报道的,而对它的深入报道与分析,则集中在新浪网、搜狐网、人民网、新华网上,传统媒体与网络媒体的交互作用,推动了社会舆论共识形成。"刘涌案"最初也是由一家杂志提出质疑,经过网络媒体转载之后,相关的观点得到了集中表达。舆论的形成与集中,对于媒体、行政部门具有强有力的监督作用。网络新闻评论引导舆论最大的优势体现在,它可以把以往传媒的发言权和审判权部分移交到人民手里,改变以往传媒言论一统天下的局面,形成了舆论监督社会、公众监督舆论的良性循环,从而促进舆论监督权利的社会化、公开化、民主化。

（三）为管理国家提供参考与反馈

网络为网民提供了发表意见、参与国家政权管理的平台。网民在自由宽松的网络上发表的意见，可以代表他们的心声，如果说一个人的意见有些偏颇，那么多数人的意见往往就能代表民意。因而国家机关及其工作人员在管理国家和社会事务、制定法律政策时，可以到网民那里倾听意见。

1.为人民参与和管理国家社会事务提供平台

随着网络的发展、网民素质的提高，网络言论也渐趋理性。许多言论表露出网民积极参与国家事务的思想。其实，很多网络新闻评论是网民接触社会后经过深思熟虑写出的，也可以说来源于实践，更能反映事物的本质并具有深度，因而是可以为决策者治理国家提供参考依据的。

2.为国家政策贯彻执行开辟道路，并及时反馈政策执行情况

一项政策法规在出台前，往往需要媒体做前期宣传，以保证政策法规的顺利贯彻实施。比如，新《婚姻法》、新《交通法》正式实施的前几个月，各个媒体就已开始做起了释法宣传的工作，在正式实施时，群众已经知道了法律内容，就会自觉遵守和运用。网络媒体与传统媒体一样，可以为国家政策贯彻执行开辟道路。但它与传统媒体的不同之处在于它的互动性。网络媒体的互动性，一方面可让网民及时了解新政策、新法规，另一方面，相关部门也可及时了解新政策、新法规的贯彻执行情况，有利于职能部门改进工作。

（四）促进了国家法制的健全

所谓法制，是指通过政权机关建立起来的法律制度，包括法律的制定、执行和遵守。网络新闻评论促进国家法制的健全主要体现在两个方面：一是促进执法、司法的公正；二是促进法律法规的健全。2003年4月25日，《南方都市报》披露"孙志刚事件"后，引起了网民的强烈关注，纷纷要求有关部门严惩元凶，公开透明地处理"孙志刚事件"，形成了声势颇大的舆论浪潮。

"孙志刚事件"在网络舆论的强大攻势下，引起了国家领导人的关注。孙志刚最终被昭雪，这一案件推动了《城市流浪乞讨人员收容遣送办法》的废止，以及《城市生活无着的流浪乞讨人员救助管理办法》和《城市生活无着的流浪乞讨人员救助管理办法实施细则》的出台。据一位了解孙志刚案件调查经过的人士对《南方周末》说，尽管传统媒体对"孙志刚事件"报道不多，但互联网上的谴责和抗议形成了极大的压力。特别是人民网发表了网友锦秀文《孙志刚案，是谁在装聋作哑》一文，增加了公安部门侦破案件的决心。众多网民的参与对完善法律法规起着极其重要的作用，当然，这种重要并不一定能促进法律法规的出台，有时，也会导致正在拟定中的法律法规流产。

（五）发挥道德评判的作用

道德是人们共同生活及其行为的准则和规范，它通过社会的或一定阶级的舆论对社会生活起着约束作用。因而，道德在维护社会安定团结方面与法律一样起着重要作用。在日常生活中，对于虽未触犯法律法规，但有悖公德的行为，可以通过网络新闻评论，对其

进行评判、辩论和谴责。比如人民网刊发的评论《红十字会确实躺枪，郭美美是多种社会问题"代言人"》《放纵地出卖身体消费灵魂，郭美美外衣下的病态价值观》等，都有针对性地对前社会中存在的不良风气进行了批判。

第二节　网络新闻评论写作

在新媒体时代，网络新闻评论写作深受其影响。网络新闻评论写作需要贴近生活，关注新媒体，汲取养分。

一、网络新闻评论写作的选题与立论

网络新闻评论是新闻评论在新媒介上的表现形式，因此，它也遵循着新闻评论写作的一般规律。选题就是解决写什么的问题。对新闻评论来说，就是选择所要评价的事物或所要论述的问题，也就是确定一篇评论所要评论的对象和论述的范围。新闻评论的立论，就是指一篇评论的主要诊断或结论。它是作者对所提出的论题的主要见解，是贯穿全文的中心思想，起着统率全文所有观点和材料的作用。

（一）网络新闻评论选题来源

新闻评论选题的要求在于，它所评论的对象和范围应当是选择当前具有迫切意义的、有着普遍引导作用的、又能配合整体的新闻宣传部署的问题。为此，在选题时务必首先明确选题的根据，拓宽论题的来源。

其一，选题必须来源于当前的客观形势、舆论动向和宣传任务，以及最近中央发布的重要决定、工作部署和最新的政策精神。这些不仅是选题的重要来源，而且有助于选题和立论体现坚定、正确的政治方向，赢得人们的重视。

其二，选题必须来源于实际生活中层出不穷的新情况、新变革、新矛盾、新风险，以及来自广大群众和社会基层的呼声和要求。这是新闻评论选题取之不尽、用之不竭的源泉。

其三，选题必须来源于重要的新闻事件和新闻典型。这是社会舆论关注的热点，是结合实际引导舆论、发挥教育功能的好教材。

（二）立论的基本要求

一篇成功的新闻评论作品，立论应具备这样的基本要求：针对性、新颖性、准确性和前瞻性。

1.立论的针对性。它指的是立论能够针砭时弊，针对不良社会风气和倾向性矛盾，针对偏颇乃至错误的思想，运用正面引导或批评论辩的方式对症下药，以促使矛盾转化，帮助人们提高思想认识，产生积极的社会效应。增强立论的针对性要注意这样几点：(1)针砭时弊，对症下药；(2)正视迫切需要解决的实际矛盾；(3)善于触及社会性的思想问题及其实质。

2.立论的新颖性。就读者的认识规律和阅读心理而言,总是喜欢生动活泼、新鲜有力且富有新意的文章;总是腻味那种满篇人云亦云、空话套话、夸夸其谈、言之无物的文章。要体现立论的新颖性要注意如下几点:(1)论题的新颖;(2)见解的独到;(3)输入新鲜的事实材料作为由头或论据;(4)选取新的立论角度;(5)在交锋中闪现亮点。

3.立论的准确性。立论的新颖性要以准确性为前提,立论违背了准确性,就会失去使人信赖的基础,甚至产生错误的导向,引起人们思想上和行动上的混乱。准确性的具体要求表现在:(1)论点准确,包括概念、论断、提法和分寸把握的准确;(2)论据和引语的准确;(3)完整、准确地阐明党和政府的方针政策和法规;(4)坚持从实际出发,实事求是,力戒浮夸和武断。

4.立论的前瞻性。前瞻性指的是能够及时洞察矛盾和预测将会出现的矛盾,尽早去探寻事物的内在规律及其发展趋势,进而设想出解决矛盾的办法和途径,以便站在时代潮流的前头引导舆论,推动事物的发展。立论的前瞻性表现在:(1)重提示:也就是注重提示式舆论引导;(2)洞察力:指的是能在政治与经济结合的方面有着锐利的洞察社会矛盾及其趋势的观察能力和分析水平;(3)预见性:这表现在能够对复杂莫测的矛盾的未来结局通过缜密的分析论证,进而做出具有科学预见的论断。

(三)选题和立论的前提——调查研究

选题和立论的前提在于从实际出发,脚踏实地地搞好调查研究。这是因为:

1.选题和立论都需要掌握政策和法律,了解实际情况,充分占有材料,而这些都离不开调查研究;

2.正确的结论只能产生于调查研究的末尾,唯有实实在在的调查研究,才能形成正确的认识,避免和克服片面性,产生实事求是的科学论断;

3.调查研究的过程就是发现问题、分析问题和解决问题的过程,只有这样去做,才能预防主观和武断,提高新闻评论的质量;

4.写评论前需要了解读者对象,了解对方心里在想些什么,有些什么思想疙瘩,而要掌握这一切,事先不做一番周密有效的调查研究,显然是不行的。

总之,调查研究是选题和立论的前提,也是选题和立论的途径,没有调查研究就没有评论权。

二、网络新闻评论的写作特点

网络新闻评论的写作有五大特点,具体如下。

(一)以网络为载体的超文本写作方式

无论对于网络编辑还是发表评论的网友,网络新闻评论的工具都是互联网和面前的电脑,文字信息始终是通过电脑文字信息来传播的。由于网络的超文本和多媒体特征,网络新闻评论不再只是运用简单的线性表达方式,更多的是用非线性的链接形式。在新闻的结尾往往都有链接的评论空间,我们还可以从一个问题的评论链接得到与之相关的另一个问题的评论。同时,文字、图像、声音、视频等多媒体表达方式使网络新闻评论可以是一段文字、一段 Flash 甚至一段视频,这种超越单一文字表达方式的评论在传统媒体中是不可想象的。

(二)篇幅简短、语言简练

长期以来,传统新闻评论都以大型为重,人们习惯以篇幅的大小来衡量评论的分量。近年来,随着社会生活节奏的不断加快,新闻评论由长到短的趋势已经十分明显,不仅社论、评论员文章短了,而且短评、编者按、编后语在各类新闻载体中也被广泛使用,赢得了受众的普遍欢迎。因此,在报刊、广播、电视等数以万计的新闻媒体相互争夺受众有限业余时间的现实情况下,网络新闻评论朝着大中小并举、以中小为主的方向发展是大势所趋。同时,随感、漫笔、杂谈、琐谈等小型网络言论也会日渐走俏网络。

(三)选题立论贴近生活

新闻评论的选题来源主要有两个方面:一是中央的决策精神、工作重心和宣传部署;二是现实生活中的热点话题。一篇成功的评论作品,其选题、论证都善于在这两个方面的结合点上顺势切入,写出言之凿凿的文章。近年来,我国正经历着广泛而深刻的社会变革。在这种形势下,网络新闻评论的选题立论如能贴近实际生活,敢于针对社会热点问题进行激浊扬清、释疑解惑的论释,会更受网民青睐。网络新闻评论贴近实际生活的选题立论有诸多好处:一是贴近生活才能有的放矢,言之有物;二是贴近生活才能引导舆论、推动变革;三是贴近生活才能促使作者深入生活,生发新颖独到之见。

(四)说理平和、语言生动

网络新闻评论的发展趋向,还表现在说理方式更加平和、语言更加生动之上。一个正确的观点只有先做到吸引人,才有可能影响人,进而使人乐于接受并从中获益。网络新闻评论要吸引网民在线阅读并积极参与讨论,就必须让自己有一张"平民的脸"。相比传统媒体,新闻网站的评论栏目因其所属媒体的时尚性、大众性、互动性等特点,更应力避居高临下、冰冷刻板的面孔和语气,尽量想方设法将内容严肃的新闻评论以更具亲和力的形式向受众娓娓道来。

(五)紧跟现场、同步直播

随着传播科技的发展和传媒竞争的加剧,网络对新闻的时效性的要求越来越高,同步直播逐步成为网络重大新闻事件报道的常用形式。同时,随着新闻报道时效性不断增强,新闻评论也成为"易碎品"。只有紧随新闻事件的推进而"新鲜出炉"的观点才是最受欢迎的。不仅如此,在新闻信息高速传播的时代,拥有独家新闻已经很难实现,媒体间的竞争更多会转向观点上的竞争。谁能够率先抢占受众的思想阵地,向受众提供更新、更快的独家观点,谁就能在舆论竞争中赢得先机。因此,充分利用直播手段,把评论带到新闻现场,时刻让新闻评论与新闻报道紧密结合,将会成为网络新闻评论发展的必然趋势。

第三节　网络新闻评论与舆论引导

网络新闻评论借助网络的即时性和互动性,有助于全面认识新闻事件和社会现象。但是在引导舆论的过程中也存在着内容杂乱、难以控制等问题。针对这些问题,我们必须通过多种措施加强网络新闻评论的引导功能,净化网络环境,使人们能够全面认识新闻事件,以理性的姿态思考问题。

一、网络新闻评论引导舆论的现实需求

网络的优势有开放性强、发布平台成本低、传播速度快、传播范围广等,这就使得公民乐于在这样一个集体狂欢的舞台,让各种价值观在包容的网络中得到倾诉。网络成了各种意见相互作用进而生成舆论的理想场所,即一个天然的舆论场。然而,网络舆论是一把双刃剑,正面舆论能够释放出积极巨大的生产能量,而负面舆论则只会制造混乱。近年来,网络舆论的负面影响日益凸显,从2006年的"虐猫"事件到2007年的"后妈虐童"事件,再到2008年的"很黄很暴力",网络舆论都对事件的当事人造成了很大伤害。网络舆论暴力化倾向和"极化"现象也正在引起社会各界的关注。与传统媒介时代的舆论相比,网络舆论呈现出许多不同的特征,在各个环节也表现出了难控性。因此,探讨网络舆论的形成机理,据此提出合理的网络舆论引导办法,是净化网络环境、加强网络管理的主要议题。

二、网络新闻评论引导的方法

网络编辑应该积极、主动担负起引导网络舆论的重任。加强网络评论的引导功能,主要有以下几种方法。

(一)加强网络新闻评论的议程设置

议程设置是大众传播的重要社会功能和效果之一。20世纪70年代,美国传播学者麦克姆斯和肖通过实证研究发现,在公众对社会公共事务中重要问题的认识和判断与传播媒介的报道活动之间,存在着一种高度对应的关系,即传播媒介作为"大事"加以报道的问题,同样也作为大事反映在公众的意识中;传播媒介给予的强调越多,公众对该问题的重视程度也就越高。根据这种高度对应的相关关系,麦克姆斯和肖认为大众传播具有一种形成社会"议事日程"的功能,传播媒介以赋予各种议题以不同程度的"显著性"的方式,影响着公众瞩目的焦点和对社会环境的认知。随着网络的发展,网络媒体的议程设置功能对网民的影响越来越大。

1.优化议题

对于在网络媒体呈现的大量"意见流"中,掺杂着相当数量的论点粗浅、论证乏力甚至毫无意义的言论的情况,网站应采取积极措施在评论中注入理性因素。面对纷至沓来的意见、源源不断的信息,网络媒体应该有意识地设计评论话题,引导网民形成积极的舆论

氛围。根据网络新闻评论承载空间的特点不同,议题优化主要依靠"因地制宜"。

在新闻网站上,可以通过重点评论、提供相关新闻链接、嘉宾在线互动以吸引网民眼球等方式来设置议题,确保舆论的主流朝着好的方向发展。网站还可以在首页上通过对评论的分类和热点排行来集中议题。排行榜是一种特殊的舆论引导方式,它可以作用于网民的阅读心理,吸引更多的人阅读上榜评论,具有使热点评论热上加热的效果。网站将网民的评论提升到首位、论坛将帖子推荐为精华帖,都属于议题设置的范畴。

2.整合资源

传统大众传媒往往通过大量原创评论,针对现实生活中典型的新闻事件和群众普遍关心的重大问题,直接阐明编辑部或作者的立场和态度,反映和引导舆论,从而影响受众的思想和行为。其实,与传统大众媒体的评论相比,网站的原创评论更具亲和力,更能以正确的舆论导向影响网民。应加强对论坛栏目的组织和管理,精心打造一批主流新闻网站的强势论坛,让权威、真实、可靠的声音占领公众意见市场。此外,还要注意为各种观点提供碰撞的平台,以吸引更多本媒体之外的言论,包括其他媒体的评论、专家意见、网友声音,以及国外媒体的报道等。并且将这些外来评论仔细分类,使受众在信息的海洋中更容易得到各方的关注。

网络编辑要善于整合资源共享。所谓整合,不是将别的媒体的评论文章拿到自己的网站上"粘贴",而是对各网站上众多评论作品"去粗取精",筛选出那些有特色、有价值、能为本网站评论栏目增光添彩的好文章,达到"一加一大于二"的信息增值效果。一种典型的做法就是将各网站上有内在联系或内容相似的文章,统一纳入本网站为某一重大新闻事件或热点话题设置的专题中,如"奥运专题""反恐专题"等;另一种做法是在本网站就某一新闻事件发表评论的基础上,将其他网站上视角不同但言之有物的对同一事件的评论拿来并用。

3.培养和聚集"意见领袖"

"意见领袖"是一种非正式领导者,指那些在团体中,构成消息和影响的重要来源,并能左右多数人态度倾向的少数人。尽管他们不是社团正式领袖,但他们往往消息灵通、精通时事,或足智多谋、在某个方面有出色的才干,或有一定的人际关系能力,能够获得大家认可并成为群众或公众的意见领袖。美籍奥地利社会学家和心理学家拉扎斯菲尔德及其助手在选民调查中发现,许多人在选举中的态度改变是通过一些"意见领袖"施加影响而形成的。这种理论认为,消息总是首先传给"意见领袖",然后再由他们传给群众,影响群众态度。

有"意见领袖"存在的地方,最终能够以其为中心形成一个结论性议案。利用网络集人际传播、组织传播、大众传播于一体的优势,网站更有条件通过"意见领袖"引导舆论。对于网站来说,如何培养和聚集阵容庞大的网络评论员,充分发挥"意见领袖"的作用,以提高言论质量,建立网络新闻评论的权威和公信力是一个新的课题。另外,网络还应当发挥版主或论坛编辑的正面引导功能,充分调动本新闻单位内外的编辑记者参与进来,邀请传统大众媒体中活跃的"意见领袖",诸如报刊评论员、专栏作者、时评家来做特约评论员,对新闻进行评论。

网络新闻评论文章主要来自专职、兼职评论员和网民。目前，网络媒体上的评论文章，虽然量大，但总体而言，存在着质量不高的问题。究其原因，主要有：各网站的评论员队伍参差不齐，有的尚未建立评论队伍；评论员的专业评论文章数量有限，高格调、高水平的作品相对较少；来自网民的评论文章既多又杂，有毁有誉；重点网站的市场化程度不高，体制、机制尚待完善。因此，提高网络评论质量的当务之急，是加强网站体制建设，尽快培育一批有影响力和有个人魅力的优秀评论员和优秀网民，即注重对网络"舆论领袖"的培育。

（二）打造精品网络新闻评论栏目

在信息化高速发展的时代，网络新闻评论逐步成为各大门户网站尤其是新闻网站的关注点和生长点，许多网站都创建了自己的品牌评论专栏，如人民网的《观点》专栏、东方网的《评论》专栏，以吸引更多网民的注意力，提高点击率。新形势下，深入探讨网络新闻评论的基本特点、角色定位及发展趋势，对于促进网络媒体开展正确的舆论引导，达到更好的社会传播效果，具有重要的现实意义。

品牌专栏需彰显个性。如果说新闻反映了新闻网站的"共性"，评论则展示了新闻网站的"个性"。新闻因事实的唯一性而缺乏特色，评论则能够以对同一事实的不同看法来吸引受众的眼球。从这个意义上讲，新闻网站首先必须创建具有自身特色的品牌评论专栏，为受众提供独家的、原创的评论产品。近年来，人民网、新华网、国际在线等新闻网站纷纷依托其所属传统媒体的实力优势，加大专业新闻评论的宣传力度。如国际在线针对国内问题开设的《直言不讳》《观点交锋》栏目，针对国际问题开设的《特别关注》《背景透视》栏目，新华网的《新华时评》《第一反应》等评论类栏目，都为受众提供了大量独具特色的专业网络评论。事实证明，这些栏目的推出显著提升了新闻网站的舆论影响力。

人民网《观点》频道作为党中央机关报网络版的专题言论频道，在重大事件的议题设置上最具代表性。人民网《观点》频道的《人民时评》栏目是我国目前最具影响力的网络时事评论之一，每天至少刊播一篇围绕时政热点、重要新闻事件的评论文章，反应敏捷，时效性强；评论涉及众多领域和各种新闻事件，评议对象具体，针对性强；篇幅紧凑，言之有物，文风泼辣，直入主题，少了居高临下的训斥，多了平等说理的力量；其撰稿队伍为《人民日报》内部资深编辑记者，稿件的水准高，稿源的可靠性强。

仍以人民网《观点频道》为例，对网友评论"扬"与"抑"的做法就很好地体现出了新闻评论"把关人"的功能。有很多网友反映他们在《强国论坛》上的帖子有时被坛主修改后重发，有时干脆被删除，更有甚者遭到封杀。其实这是"把关人"对本论坛评论负责的表现，主要针对的是口水贴和有人身攻击的意见表达。与此同时，人民网在"扬"高质量评论的强度上更大。人民网《观点频道》特设《学者新论》《网友说话》和《网上民意》等栏目，将人民网网民在《强国论坛》和《强国博客》中的言辞收录其中，并且仔细分类，做出栏目导航，以方便网民检索和查阅。这样就给了一般网民的言论以最大限度的尊敬，不但加强了网民发表优质评论的积极性，更增加了版面的内容来源。《人民时评》具有因多年积累而形成的权威性，有在对党和人民高度负责中锻造出来的公信力，其所发出的评论往往可以在第一时间向受众解释新闻的背景材料,充分发挥党政机关媒体信息灵通和资源丰富等优点,审时度势、高屋建瓴,为受众答疑解惑,坚持以正确的舆论领导人。在"5.12 四川汶川大地震"之后,《人民时评》发布了一系列相关评论,如《我们还能做些什么》《有一种恶搞叫丧尽天良》《生者的坚强不屈是对逝者的最好祭奠》等。这些评论充分发挥了主流媒体的舆论引导作用,指导人们在灾难面前应采取的行动,帮助受众实现从感性认识到理性认识的转变。

互联网为人们提供了海量的资讯,很多人迷失在纷繁芜杂的信息中。谁能为网友提供高水平的观点和信息,谁就拥有独特的评论性品牌栏目。

(三)与传统媒体联动引导舆论

网络新闻评论从诞生那一天起,就始终与传统媒体新闻评论相互影响、相互作用。网络论坛里的讨论大多围绕某一主题展开,对于论坛版主来说,选择一个好的话题组织引导网民展开讨论是其重要职责之一。传统媒体上的大量信息无疑为论坛主题的选取提供了丰富的资源。除一些新闻事件本身可作为讨论对象外,传统媒体新闻评论所阐述的观点和反映的思想也可成为网上议论的对象。网络新闻评论善于学习、借鉴传统媒体新闻评论的优长之处,也有利于营造良好的社会舆论环境。

传统媒体因其有一定的创办历史在受众当中积攒了一定的公信力、权威性,其带给受众的阅读习惯在相当长的时间内不会改变,而新型媒体则是强调现场、快速、多媒体、海量等优势。"网络媒体爆发舆论——传统媒体跟上报道——传统媒体再形成舆论"这样的模式弱化了传统媒体的优势,并且使传统媒体失去了议程设置的主动权而只能等着新一轮的网络舆论爆发。要利用各种媒体的优势,就须按照信息发生、发展、传播的传播规律,构建一个和谐传播的舆论环境,网络媒体可利用其公开性、发散性的资源为传统媒体提供新闻细节。另一方面,传统媒体有一套业已成规的专业新闻报道模式,可靠的消息来源、专业的报道形式、严格的审核制度,善于利用专业维护权威。随着技术的改进,传统媒体也要进行多媒体、多来源、与网络媒体联动、立体交叉等新理念的培养,这样才能形成一个良性的舆论环境。

报网联合是网络与传媒对接中很重要的组成部分。报纸与网络技术相结合,使得报纸网络版加入了多媒体元素,报道形式得到拓宽,又保持着原有的权威感,在市场份额的竞争中开发了新的受众,重新站在制高点。从传媒业界的实际操作看,号称"第五媒体"的移动媒体,其地位被提升到了一个高度,应运而生的手机报大量出现。从媒体融合的视角观察,移动媒体的加入实际只是报网互动中受众的延伸。

报网联合的主要表现形式有以下几类。首先,各大报业集团集体上网,拥有自己的网络平台。报纸新闻上网有两种形式,一种是纸质报纸的网络电子版,受众可以直接在网上阅读错过购买的当期报纸;另一种是重新采编的新闻,这种就避免了报纸因为要编辑、印刷、出版带来的新闻滞后的劣势,重新掌握新闻的即时性。其次,报业从业人员利用网络资源开设统一的博客、微博客等窗口,以报业从业人员和普通公民的身份发布因为审核、编辑等原因不能见报的消息。最后,利用网络集合多媒体优势,强化可读性,通过论坛、评论等网络特有功能实现与受者的沟通。人民日报、南方报业集团等有影响力的报纸均通过与网络的联合开辟出了一条新的道路。

三、打造出网络新闻评论的多种样式

网络新闻评论,涉及的问题十分广泛,大到国际国内重大事件,小到随地吐痰、小学生学业负担太重等社会问题,都可以引发议论。而且,切入的角度灵活多样,文章的风格也力求朴实、平易,充分注意到与普通的传播对象平等交流的关系。《人民时评》的文章大体分为政治、经济、国际和其他四大部分,其中政治部分主要涵盖国内领域。在上述四大领域中,又有许多分支门类,有着广泛的题目和内容。东方网的《今日眉批》实行滚动发表,最多的一天,居然发表了14篇评论。作者也可天天写,不受篇幅、数量的限制。有一位特约评论员,常常是日发两文,一月最多发稿48篇。网络新闻评论还可以互相争鸣、互相探讨同一题目,也可以发表两种不同的意见,进行平等的、友好的讨论。网上的原创评论,还可以用漫画评论的形式来表达,同样能够做到别开生面,赢得很高的点击率。

【知识回顾】

网络新闻评论是在网络媒体上就个人关心的重要新闻事件或社会现象、社会问题发表的评价性意见。网络新闻评论具有自身的特点。同时,网络新闻评论也能让普通受众积极参与其中,极大地调动其参与社会活动、关注人生命运的热情;有利于实现真正的舆论监督,促进民主社会的形成。网络新闻评论最突出的社会功能是引导社会舆论和进行舆论监督,随着互联网的发展和网民的增多,网络新闻评论的影响力渐增。网络新闻评论理应运用网络的特性发挥其本身的优势,积极发挥其舆论引导的作用。建设评论性新闻网站可以从多方面入手,如建设新闻评论专栏、培养意见领袖等。

【思考题】

1. 网络新闻评论与传统新闻评论有何异同?
2. 自行选择人民网《观点》频道中一篇重要新闻评论,分析其在选题与立论上的特点。
3. 如何理解意见领袖在网络舆论引导中的作用?

第九章
自媒体与博客新闻、播客新闻

【知识目标】
1. 自媒体的特点
2. 新一代互联网技术对网络新闻的影响

【能力目标】
1. 了解博客、播客等自媒体的基本要素与运行特点
2. 掌握常用自媒体平台的操作技能,并能应用这些工具来改进专业新闻采编业务

【案例导入】

新兴的自媒体使得原来处于新闻制造边缘的受众成为新闻信息传播的中坚力量。在Web2.0时代,网络传播成为"零门槛"的传播方式,任何网络用户都可以成为传播者。互联网的特性决定了用户发布的信息内容不完全受网站的控制,传统媒体对信息的筛选及议程设置的特权将面临前所未有的挑战。

2006年8月1日,CNN iReport成功推出。iReport是一个网民自主交流的平台,推出之初,每月即可在这个平台获得1.5万封稿件,其中iReport工作人员自己提供的稿件只占7%,但他们对所有刊登的稿件都负有审核责任。2011年3月11日,日本发生9.0级地震,CNN国际频道在第一时间以突发新闻形式插播这条新闻,并在电视、CNN.com首页和iReport平台推出鼓励观众为CNN提供日本地震最新进展信息的通知。几分钟后,就有多名在地震现场的人上传地面裂缝的图片、房子倒塌的视频和各种文字介绍,据统计,当天网民上传的视频、照片近300条,其中经过核实后注明"iReport"字幕的在新闻中播出的有79条。这些报道都能在CNN网站的iReport栏目中直接在线观看。

2011年11月14日,CNN发布了升级版的iReport,新版iReport着眼于那些对热点话题感兴趣的撰稿人,开发出移动设备上的客户端,以方便撰稿人在事件现场发表评论。当用户注册iReport后,可以对他们感兴趣的话题,如政治、健康、旅行、美食等设置关注,并向其投稿,还可以与关注此项内容的投稿人互动。这个平台更像一个社交网络,突显出撰稿人的作用,以获得更优质的稿件并和用户完美互动。

CNN通过播客途径和iReport网站,将所拥有的广大受众发展成自己的"通讯员"和"现场记者",充分调动了用户的积极性,体现了新媒体提倡的互动、共享理念。CNN的这一播客应用,是传统媒体对自媒体平台进开发利用的典型例子。

第一节　自媒体概述

自媒体又称公民媒体,美国新闻学会媒体中心于2003年7月出版了由谢因·波曼与克里斯·威理斯联合提出的"We Media(自媒体)"研究报告,里面对"We Media"下了一个十分严谨的定义:We Media是普通大众经由数字科技强化、与全球知识体系相连之后,一种开始理解普通大众如何提供与分享他们自身的事实、新闻的途径。按照美国新闻学会媒体中心给出的"自媒体"定义,自媒体强调个体提供的信息生产、积累、共享、传播内容,是一种兼具私密性和公开性的信息传播方式。所谓私密性,指发布的内容由个体控制和主导;所谓公开性,指传播的内容进入公共领域。自媒体包括个人微博、个人日志、个人主页等,其中最有代表性的托管平台是美国的Facebook和Twitter,以及中国的新浪微博、腾讯微博和人人网、微信朋友圈、微信公众平台、贴吧等。当前,在网络传播技术方面,其宽带化、移动化、互动性等技术特征得到进一步强化,在网络内容发展方面呈现出参与性、创造性、视频化等特征。当前,我国的网络传播发展也呈现出了突飞猛进的势头。

一、Web2.0 与自媒体

Web2.0是相对Web1.0的新的时代。它指的是一个利用Web的平台,由用户主导而生成内容的互联网产品模式,为了区别传统由网站雇员主导生成内容而定义为第二代互联网,即Web2.0。Web2.0为我们呈现出了新传播时代的实践图景。Web2.0这种让全民共同决定和编织传播的内容与形式,让每个个体的知识、热情和智慧都融入其中,让人们在具有最大个性选择的聚合空间内实现共享,这恰恰是新传播时代的价值真谛。Web2.0必然会用一种新的形式带给我们一个高效、新鲜而有活力的传播场域。新的传播时代即将到来。

作为Web2.0的核心和载体,社会性软件是博客、维客、网络大众分类网站、社会化交友网站以及其他众多新兴网络传播方式的概括性表达。社会性软件的出现为人们意见的表达、传播与合作提供了新的便利。社会性软件的内涵可以概括为以下几点。(1)社会性软件首先是个人软件,是个人参与互联网络的工具。个人软件突出了个体自主性的参与和发挥。(2)社会性软件构建的是社会网络。这种社会网络中包括弱链接,也包括强链接。不同的链接关系在不同的时候所呈现的社会价值是不同的。(3)社会性软件是个人主体性和社会性的统一。在社会性软件构建的社会网络关系链上蕴藏着一定的社会价值,而这样的社会价值通常又被称为社会资本。社会资本是社会运转的重要基础之一,也是个人被纳入社会的主要途径之一。

虽然社会性软件概念的提出是近几年的事情,但使用网络软件进行交流,都是伴随着互联网的出现而出现的。早期的社会性软件包括电子邮件、邮件列表、网络聊天室、BBS和多用户游戏等。这些早期社会性软件功能比较简单,主要仅具有通信交流功能。而近年来,社会性软件正发生着激动人心的变化,出现了包括以下几个类别的新型软件:内容管理系统,如博客;知识和合作管理系统,如维客;人际关系系统,如社会交友网站 Friendster 和若邻网络等;分布式分类系统,如网络大众分类网站 Del.icio.us 和 Furl 等;以及 RSS 新闻聚合应用等。这些社会性软件的功能趋于完善,既面向个人又面向群体,功能也从简单的交流,到内容管理,到群体协同,再到社会交往等众多方面,呈现出百花齐放的景象。社会性软件所包含的理念有很久的历史,其名词也经历了长久的演变。

其他如网络 BT、维基百科、Flash 新闻等的研究,都是在 Web2.0 大的传播技术背景之下展开的。研究者认为,新一代互联网,将使网络的能量再次成倍增长,而 Web2.0,则更多注重信息互动传输,即应用方式的新变革,它可能会对网络中人与电脑、人与信息、人与人的关系产生重大的变革推动力。进入 2005 年以来,新一代互联网,作为一种技术性的概念越来越普及,与之对应的是,像 Web2.0 这样的技术性的字眼被赋予了越来越多的人文含义。

Web2.0 模式下的互联网应用具有以下显著特点。(1)用户分享。在 Web2.0 模式下,可以不受时间和地域的限制分享各种观点。用户可以得到自己需要的信息,也可以发布自己的观点。(2)信息聚合。(3)以兴趣为聚合点的社群。在 Web2.0 模式下,聚集的是对某个或者某些问题感兴趣的群体,可以说,在无形中已经产生了细分市场。(4)开放的平台,活跃的用户。平台对于用户来说是开放的,而且用户会因为兴趣而保持比较高的忠诚度,从而积极参与其中。

二、自媒体的特点

自媒体的发展丰富了媒体形式,它具有平民化、个性化,低门槛、易操作,交互性强、传播快,良莠不齐,可信度低的特点。具体如下。

(一)平民化、个性化

2006 年年终,美国《时代》周刊年度人物评选封面上没有摆放任何名人的照片,而是出现了一个大大的"You"和一台 PC。《时代》周刊对此解释说,社会正从机构向个人过渡,个人正在成为"新数字时代社会"的公民。2006 年年度人物就是"你",是互联网上内容的所有使用者和创造者。每个平民都可以拥有一份自己的"网络报纸"(博客)、"网络广播"或"网络电视"(播客)。人们在自己的"媒体"上"想写就写""想说就说",每个"草根"都可以利用互联网来表达自己想要表达的观点,传递自己生活的阴晴圆缺,构建自己的社交网络。

(二)低门槛、易操作

对电视、报纸等传统媒体而言,媒体运作无疑是一件复杂的事情,它需要花费大量的人力和财力去维系。同时一个媒介的成立,需要经过国家有关部门的层层核实和检验,其测评严格,门槛极高,让人望而生畏,几乎是"不可能的任务"。但是,在这个互联网文化高度发展的时代,我们坐在家中就可以看到世界上各个地方的美丽风景,就可以欣赏到最新的流行视听,就可以品味到各大名家的激扬文字。互联网似乎让"一切皆有可能",平民大众成立一个属于自己的"媒体"也成为可能。

在像新浪博客、优酷播客等所有提供自媒体的网站上,用户只需要通过简单的注册申请,根据服务商提供的网络空间和可选的模板,就可以利用版面管理工具,在网络上发布文字、音乐、图片、视频等信息,创建属于自己的"媒体"。其进入门槛低,操作运作简单,让自媒体大受欢迎,迅速发展。

(三) 交互强、传播快

自媒体没有空间和时间的限制,这得益于数字科技的发展。任何时间、任何地点,我们都可以经营自己的"媒体",信息能够迅速地传播,时效性大大增强。作品从制作到发表,其迅速、高效,是传统的电视、报纸等传统媒介所无法企及的。自媒体能够迅速地将信息传播给受众,受众也可以迅速地对信息传播的效果进行反馈。自媒体与受众的距离几乎为零,其交互性的强大是任何传统媒介所望尘莫及的。

(四) 良莠不齐

个人有千姿百态,从而致使个人的自媒体也良莠不齐。人们可以自主成立"媒体",当媒介的主人,发布的信息也完全可以按照自己的意愿随心所欲地编辑。这些信息有的是对生活琐事的流水账式的记录,有的是对人生境遇的深刻感悟的集锦,有的是对时事政治的观察评论,有的是对专业学问的探索与思考。

优秀的自媒体可以让受众得到生活的启发或者有助于事业的成功,让人们发现生活的意义与价值。但大部分的自媒体只是一些简单的"网络移植",记录着一些不痛不痒的鸡毛蒜皮的内容,甚至是一些不健康的东西。李某是博客"夜色朦胧"的博主,因为在自己博客上转贴了数十篇色情小说而被北京警方刑拘,他也是国内首个因为在博客上传播色情内容而被刑拘的博主。这些内容虽然给他的博客带来了很大的点击率,但其影响却是负面的。

(五) 可信度低

网络自媒体的数量庞大,其拥有者也大多为"草根"平民。网络的隐匿性给了网民"随心所欲"的空间。在平民话语权得到伸张的今天,"有话要说"的人越来越多。有的自媒体过分追求新闻发布速度或者说为了追求点击率而忽略了新闻的真实性,从而致使部分民间写手降低了自身的道德底线。这就导致了自媒体所传播的信息的可信度低的问题。

三、新一代互联网技术对网络新闻的影响

博客的快速发展为博客新闻的发展提供了丰厚的土壤。2006年两会期间,许多中央电视台的主持人在新浪和搜狐开辟了两会博客新闻专题,如《小崔会客》《小丫跑两会》《马斌读两会》《柴静两会观察》等,引起了人们的广泛关注。博客新闻作为新的新闻形式,以其个性化、即时性、共享性和互动性等特点延伸了传统媒体的传播影响力,体现了新兴媒体独特的传播优势和传播潜力。如果从新闻传播的视角来看,新一代互联网所带来的则是新闻生产与消费方式的再一次变革,是新闻传播景观的再次改写。虽然新景观能否完

全实现，并非仅仅取决于技术，但是，技术在其中的推动力是不可低估的。那么正在进行着的互联网技术创新究竟会给网络新闻带来怎样的巨大影响呢？

（一）非专业人员在新闻生产领域的深层渗透

如果说第一代互联网为非专业机构以及个体进入新闻信息的生产领域打开了大门，那么，新一代互联网便是为他们成为新闻传播中的有生力量提供了一个更高的平台。如果说在第一代互联网中，网民更多的是通过无意的行为在进行着新闻的再生产，那么，在新一代互联网中，网民则可以通过博客、维客等手段，更制度化地、更专业地参与到原创性的新闻生产中去。尽管博客还无法成为网络新闻传播的中坚力量，但是，它们作为新闻信息的补充来源，作为新闻信息的再加工者、整合者以及解读者，已经越来越显现出在新闻生产环节中的独特价值。一些专业领域的博客，正在逐渐形成"意见领袖"的地位。非专业力量正在新闻生产领域进行着一种从边缘向中心的渗透，虽然他们还没有到达核心地带，但是，他们与专业机构的交融已经形成，并且会越来越紧密。

在这样的局面下，专业新闻机构的逃避或者是消极的抵触情绪都是不理智的。在一个被改写的网络新闻传播格局中，专业新闻机构需要对自己的角色进行重新定位，既要坚守网络新闻传播的主要阵地，又要尊重和整合博客等非专业新闻生产者的价值，相互配合、相互促进。

（二）网络新闻内容结构的变革

对于目前仍以文字信息为主的网络新闻来说，在不久的将来，内容结构有可能发生一次本质性的变革。引领这一变革的，将是P2P等新技术。尽管由于BT下载带来的负面影响，P2P技术一直备受争议，但是，P2P不等于BT。P2P技术所改变的是互联网的整体传输结构与传输模式，它是使互联网真正成为信息通途的基础。P2P提供的是可能性。现在，P2P至少提供了让现有的任何新闻信息在互联网上传播畅通无阻的可能性，它也具有激发出未来更加丰富、更具互动性的新闻信息形式的潜能。目前一些运用P2P流媒体技术提供资讯与娱乐内容的网站虽然还不像传统的门户网站那么风光，但是，它们的生机与活力不容低估，也许下一代门户网站将在它们中诞生。

技术障碍的打破必然带来网络新闻内容结构的改变。视频新闻以及具有网络特色的多媒体互动新闻，将成为网络新闻的新的增长点。

（三）网络新闻生产层次的进一步清晰

在第一代互联网中，网络新闻的生产集中在新闻的简单收集与简单整合这种"劳动密集型"的层面。随着机器自动整合新闻技术的发展，网络新闻编辑的底层工作可以在很大程度上转移给机器自动完成，从而使高层的信息深加工、信息整合及信息解读等工作得到更好的保障。随着网络信息生产的层次更加清晰，未来网络新闻的竞争主战场也将可能发生重大转移。

（四）网络新闻生产专业分工的细化与合作模式的多样化

从宏观上看，技术的发展将促进网络新闻生产更加细化、专业分工更为明显，同时可能导致在网络新闻发布通道与平台上形成新的力量对比,从而带动多样化的合作模式的形成。

未来网络新闻形式发展的一条可能的轨迹,是在继承传统新闻内核的基础上,加强网络技术的含量,借助多媒体、互动性等外壳,来增强网络新闻的独特竞争力。而这种内容的生产,需要越来越多地借助外力,因此,原来只是由一家媒体承担的网络新闻生产,也许将分解成许多环节与流程。外部力量特别是技术力量会越来越多地介入网络新闻的生产中去。

同样,由于网络技术发展的特殊轨迹,拥有新的传输技术与发布技术也在一定意义上意味着拥有了内容发布的通道与平台,也就拥有了话语权。与之形成对比的是,传统媒体包括它们的网站也许会在追赶这些新技术方面力不从心。以目前的发展情形来看,网络新闻内容的生产与新闻内容的发布这两个环节,也许在未来会更明显分离,特别是在多媒体内容方面。

(五)网络用户新闻消费模式的多元化与社会化

以前,人们谈到网络新闻的阅读,总是与浏览网页联系在一起,总是会想起那密不透风、堆积着几百条标题的WWW页面。而在下一代互联网中,网络新闻消费将会是一种有更多选择、更具自主性的个性化行为。

除了目前的"拉出"式的新闻网页外,新一代电子报纸、即时通信工具新闻发布、PDF新闻发布、手机新闻发布等"推送"式新闻发布也将会被更广泛地接受,因为这类方式可以适应生活节奏日益增强、面临信息超载不堪重负的网民的变化需求。

网络受众也可以利用各种技术工具,编织出一个更个性化的新闻消费网络,将新闻网站、博客、维客、即时通信等各种新闻来源与新闻评论体系更有机地组合在一起。

新的技术也将进一步模糊生产与消费的界限,网络受众不仅可以通过转发、评论等方式参与网络新闻的生产,还可以通过"社会书签"等方式,为他人提供阅读资源,更轻松地将消费过程变成生产过程。

可以看到,由于博客、"社会标签"、SNS等应用方式,网络新闻的个体消费汇聚成了一种群体消费。在新的互联网时代,个体选择什么样的新闻,如何评价新闻稿件的价值,对新闻发表什么样的感想,乃至如何判断一个社会事件,都越来越不再是一种简单的个人行为了,而会成为一种社会行为。它将被打下深深的社会关系的烙印。

在一定程度上,网络新闻的群体消费能引导个体消费,例如,通过社会标签功能形成的"天天网摘"这类网站,就是一种阅读趣味的公共集合与共享。置身于这样的环境中,很少有人不受集体选择的影响。它带来的一种直观表象是,阅读低俗内容可以更加理直气壮。群体性、社会化的内容消费与网络内容的低俗化之间的关系的确是值得注意的。但更值得关注的是,这种社会化消费日积月累将会如何影响社会价值观的走向。

(六)媒体融合局面的不断明朗

随着网络承载能力的不断改善,媒体融合将越来越多地付诸实践。当P2P技术、宽带技术、流媒体技术、无线通信等一系列技术日趋成熟并相互结合时,传统的广播、电视等媒体必将越来越多地借助互联网发布音频、视频内容,媒体之间的界限也将越来越模糊。这又将带动新的信息接收设备的开发。当各种不同形式信息的传播渠道逐渐融合,信息的接收设备更新换代并全面挑战传统的信息接收设备(如目前的收音机、电视机、手机和电脑)时,新的媒介形态可能就会慢慢显现了。与网络媒体内部发生的种种变革平行发展的,还有一种趋向,那就是新一代互联网也将重新定义网络媒体的功能。网络媒体不再仅仅是反映"拟态社会",它更是在直接创造一种社会,一种由虚拟手段形成的现实社会。

第二节 博客新闻

博客的本质就是个人的"虚拟主体"。拥有博客,一个人就有了虚拟和现实的双重主体。博客现象的兴起是为满足个人传播需求提供了新的更为宽容的传播方式。在新信息传播技术条件下,原先无法顺利实现的许多传播需求被不断地激发和满足,并逐渐转换成产业行为,由此再衍生许多大媒体产业的热点现象。

一、博客概述

博客,又译为网络日、部落格或部落阁等,是一种通常由个人管理、不定期张贴新的文章的网站。博客上的文章通常根据张贴时间,以倒序方式由新到旧排列。许多博客专注在特定的课题上提供评论或新闻,其他则被作为比较个人化的日记。一个典型的博客会结合文字、图像、其他博客或网站的链接及其他与主题相关的媒体,能够让读者以互动的方式留下意见。大部分的博客内容以文字为主,但仍有一些博客专注于艺术、摄影、视频、音乐、播客等各种主题。博客是社会媒体网络的一部分。在网络上发表 Blog 的构想始于1998 年,但直到 2000 年才开始真正流行;2000 年博客开始进入中国,并迅速发展,但都业绩平平;2004 年木子美事件,才真正让中国民众对博客有所了解,并开始运用博客;2005年,国内各门户网站,也相继加入博客阵营。国内比较著名的有新浪、网易、搜狐等博客。

作为 Web2.0 标志的博客的个性化的特点在于:(1)博客是每个人的心灵和思维的投射;(2)博客可以而且正在集成各种个性化的工具,包括各种社会化软件。因此,基于Web2.0 基础上的 Blog 的个性化比以往的一些网络传播更加突出了,而且产生了新的特点。博客的出现,在很大程度上满足了用户由单纯的信息接受者向信息提供者转变的需要,从而得到快速的发展。博客通过 RSS、博采、Trackback、SNS、TAG 等技术,在个体之间已初步形成了社团氛围和初步的社团机制。RSS 技术是将有用的信息源聚合起来,随时将信息源提供的信息发送到用户平台的技术;博采技术为用户组织了随时摘取有用内容的有效工具,其前提是用户认知到这个信息;Trackback 技术则是将博客团体内其他成员的动向信息传递给用户,保持成员间的有效沟通;SNS 技术用于凝聚社团的整体意识;TAG 是网民自主分类工具。可以预见,博客服务提供商们将会提供更多的技术手段来加强这种社团性联系,如 SNS 等。博客圈子的形成,将在另一层意义上大规模提高其内容的产生质量和数量。

同时，博客的出现之所以被称为网络传播技术的革命，是因为其极大降低了建设网站的技术门槛和资金门槛，而使每一个互联网用户都能方便快速地建立属于自己的网上空间。随着配套应用的快速发展，个人博客将在很短的时间内加速成长为类门户型的微型个人网站。《纽约时报》的大卫·格拉格这样描述博客的诞生："大约五年前，一些程序员尝试在网上推出超链接形式的日记，在网上张贴他们自己的技术层面的思考心得与个人生活方面的休闲内容。在引起人们的广泛关注后，他们为那些技术门外汉兼网络热衷者开发了现在广为使用的博客网站简便维护工具，形形色色的博客网站就此悄悄繁荣起来。"博客走进千家万户和各行各业，从而将形成了基于个人或小团体的以内容为导向的群体，而其中一定会出现的佼佼者将在很大程度上从门户频道乃至专业网站手里夺走部分甚至大部分读者。这在 IT 业界和互联网行业正在得到验证。

二、博客新闻的发展

起初，博主将其每天浏览网站的心得和意见记录下来，并予以公开，以供其他人参考和借鉴。但随着博客的快速扩张，它的目的与最初相比已相去甚远。目前网络上数以千计的博主发表和张贴博客内容的目的有很大的差异。在博客的世界里，什么类型的文章都有，新闻、娱乐、情感、体育、科技等，应有尽有。

博客于 2000 年开始兴起，但发展速度却惊人，到 2004 年底，仅美国就有 400 万博客，他们每天在网上留言 40 多万条。在短短的几年时间内，博客写作已经从边缘逐步进入主流。博客获得新闻采访权就是一个标志。纽约大学新闻学教授罗森认为，这意味着"媒体"的概念再度扩大，它使我们看到未来新闻记者的大众化趋势。博客，将会成为网络新闻媒体下一代记者的主体；他们将和负责过滤、整合信息的网站编辑们一起构成未来网络新闻媒体完整而又新型的新闻采写队伍。

2002 年 8 月，"博客中国"开站第一天就申明："博客之于知识和思想，正如 Napster 之于音乐，Linux 之于软件"。"自由、开放、共享"是博客的精神所在。正因为技术门槛和资金门槛很低，博客标志着精英文化向草根文化的过渡，因此它最大的特点是：个人性。个人性的行为、个人性的角度、个人性的思想，正是博客文体能够吸引博客本人和读者的力量源泉。以"个人大脑"作为网络搜索引擎和思想发源地，依然是任何技术都无法实现的极致。只要愿意，博客几乎可以以任何形式抒写任何内容的信息，从对其他网站的超级链接和评论，到有关公司、个人信息，到日记、照片、诗歌、散文，甚至科幻小说的发表和张贴都有。在博客里，写手们的个性得到了淋漓尽致的发挥，这也是博客昭示着个体化时代到来的一个重要原因。

在世界博客的发展史中，有两件事是不可不提的。第一件是 1998 年的德拉吉报道，它让世界第一次真正感受到了博客的力量。1998 年 1 月 17 日深夜，德拉吉在他的网站上发布了一条令人震惊的消息："在复印前的最后一分钟，星期六晚上 6 点，新闻周刊杂志抽掉了一个重大新闻。这条新闻注定将动摇华盛顿的地基：一个白宫实习生与美国总统有染。"没有人知道德拉吉的消息来源，但他却成为世界上第一个报道克林顿和莱温斯基绯闻的人，并在整整半年时间内，引领了美国的"舆论导向"，使传统的主流媒体蒙羞。

另一件事就是2001年的"9·11"事件,这是博客发展的分水岭。正是这场恐怖袭击,使人们对生命的脆弱、人与人沟通的重要、最即时最有效的信息传递方式,有了全新的认识。可以说对"9·11"事件最真实、最生动的描述不在《纽约时报》,而在那些幸存者的博客日志中;对事情最深刻的反思与讨论,也不是出自哪一个著名记者手中,而是在诸多博客当中。博客架起了人们沟通与倾诉的桥梁。

在中国,博客新闻在信息传播中的作用也日益凸显。2005年11月26日,江西九江发生地震。有资料表明,这次地震报道中反应最快的不是传统媒体,也不是传统网站,而是地震所在区域的每一个生活在现实中的"草根"百姓。博客网的一个武汉的博友"寻找东海岸"在9:04发出的"武汉地震了"的消息:"2005年11月26日9时整武汉发生地震,有较强震感"。这是迄今为止发现的最早对此地震事件做出有文字记录的反应消息,比各家媒体整整早了至少一刻钟!以速度为主要取胜点的传统网络媒体新浪网报道地震的消息也晚于博客半个多小时——9:36;搜狐的是9:51;腾讯的是9:50。此前国际上发生的重大事件也是在博客里最先报道的,国内对于突发事件的快速报道,博客第一次显示出了如此威力。这一次的博客报道突发事件不仅是在速度上,在数量上也是达到了历史最高,且形成了一种滚动报道。博客网已将博客联播改成了地震文章的滚动报道。中国的博客在新闻传播中已充分展示了自己的力量,博客新闻将会有长足的发展。

三、博客新闻的特点

博客对于专业新闻从业人员与专业传媒机构来说,意味着有了一种新的传播平台。博客由于其技术特点,使得博客新闻具有一般网络新闻不具备的特点,主要表现在如下几点。

(一)促进本色表达

两会期间,在中央电视台主持人的博客新闻中,很多网民就两会的提案和有关国计民生的问题纷纷提出自己的看法和意见,主持人也就有关问题和网民一起讨论。如马斌在新浪的"马斌读两会"博客新闻中写了一篇《答贺兰山兄》的文章,文中写道:"贺兰山的帖子我读了后,很有同感。环境尤其是西部贫苦地区的环境问题,像水、沙漠化等,的确应该引起人们的重视,媒体的呼吁,个体的自觉可能会唤起公共决策的重视。我会尽力的"。这体现了新闻工作者的责任感,鼓励了网友的意见讨论。博客新闻中的即时交流与评论使得交流活动更加便捷有效,突破了传统媒体的互动屏障,为传受互动提供了一个新的交流平台,极大地带动了传受的意见讨论,营造了良好的意见表达环境,引起了更多网友对两会报道的关注。

(二)拉近传受间距

博客新闻近乎零时差传递是其他传统媒体望尘莫及的。王小丫在其新浪网的《小丫跑两会》博客新闻中写道:这是我在财政部部长办公室专访金人庆。财长透露,今年要基本取消农业税、牧业税和农业特产税,同时,对三农问题的投入增加420个亿。为确保农民真正得到实惠,在财政管理上要通过集中支付,保证这些钱不被中间环节截留挪用。这对农民朋友真是一个好消息!这亲切真实地传达了新闻事件的最新发展情况。记者通过博客平台对所关注的对象进行"随身"报道,注重呈现和还原事件每个发展阶段的即时情景,既使受众获得了完整的信息认知,又拉近了传受之间的距离,使得新闻报道更具"亲和力"。

(三)延伸传播影响力

如果说电视荧屏是主持人的传播前台,那么博客新闻则是主持人的传播后台。主持人以中央电视台强势新闻资源为依托,在电视荧屏的前台传播之后,又在后台进行第二次传播,即在博客新闻进行接力传播,大大强化了新闻主题。主持人把电视媒体的报道汇总形成通俗易懂且富有趣味的博客文章,增强了新闻的可读性。主持人把自己所主持节目的相关内容发布在博客新闻专题中,进一步延展了新闻事件的时效性,使得更多人知晓了新闻事件,扩大了传播影响力。通过对电视媒体上未予充分展开的话题进行进一步深入讨论,也大大延伸了传统媒体的传播影响力。

(四)激发媒体活力

博客新闻一方面有效传播了信息,同时也满足了人们与他人进行交流的愿望。并且给了人们一片自由交流的空间,可以说是一种"自媒体"。博客的表达方式往往是匿名、即兴和散乱的,常表现为一种直观的思路和想法。博客新闻一边记录传播者对新闻事件的感悟,也一边记录着网友们自己的观点和见解,并通过文字建立自己"半熟人"的"朋友圈"。在博客新闻中,传播者不再遥不可及、虚无缥缈,而是可以用博客文字触摸的网络冲浪者。在这里,职业传播者的传播活动,不再是单纯的"点对面"传播模式,更多的是"点对点"的传播模式,具有人际传播的特点。博客新闻中传播者运用非正式语言自由地进行直观的泛人际传播活动,使得原来的大众传播活动更具活力。

(五)挖掘新闻报道深度

传统媒体的内容编辑规范严格,在媒体上刊播的内容,往往只是其在采访中获得的信息的总量的一小部分,由于传播时空的限制,很多有用的信息也只好忍痛割舍。博客新闻却能较好地弥补传统媒体的这种缺憾,从而成为传播者深化新闻主题的"挖掘机"。在博客新闻中,传播者可以通过正式和非正式的方式,对自己所采访和所获取的新闻资源进行二次传播,从广度和深度上挖掘新闻事件,细致地呈现新闻背后的新闻。传播者未能在传统媒体上刊播的内容也可以在博客新闻上披露,使得新闻报道更加丰富,更加有质感。

(六)满足个性化需求

比如说在两会报道中,中央电视台不少主持人还打起"博客牌",纷纷在网络上建立了自己的"两会博客",主持人王小丫的博客开通仅五六天,点击量就超过了40万。由此可以看出,传统媒体借助新兴媒体为公众提供良好的信息服务已引起了人们的强烈关注。在信息时代,人们对于媒介信息的需求更加个性化,而传统媒体的大众传播特点,很难满足当今受众的这一需求。而博客新闻为公众提供了一个个性化信息服务的平台,网民可以自由表达自己的意愿和见解,较好地满足了人们的个性化信息需求。

博客新闻作为一种新的新闻形式固然有其独特的传播优势,但任何过分拔高博客新闻传播功能的做法都无益于当前的新闻实践。我们还应该清醒地看到,由于博客自身缺陷的限制,其传播机制还有待完善。

同传统媒体报道有一定"章法""中规中矩"相比,博客文字可诙谐幽默,可尖酸犀利,其个人化的风格非常有亲和力,受到读者的欢迎。在伊拉克战争中,虽然各个媒体派出了很多记者报道,但是最受欢迎的还是当地人把自己的亲身感受写出来贴在博客上的报道。

对于专业的新闻从业人员来说,博客平台则是他们采写工作的延伸,具体表现为以下几点。

1. 博客新闻成为专业媒体的重要信息源

博客相对传统媒介,弱化责任人,因此有机会爆出轰动性猛料,迫使专业传媒对其信息进行跟踪和追踪。如克林顿拉链门事件,就是先由博客爆料出来,随后传统媒体再跟进报道的。

2. 博客网站成为专业记者稿件的回收站

记者博客群体的出现绝非偶然。通常专业记者能在媒体上刊登的内容,只是其在采访中获得的信息总量的百分之二十,剩下的只能忍痛割舍。更有一些触及敏感地带的话题,被无情埋葬。博客网站却可以挽救这些资讯,从而成为专业记者稿件的回收站。另外,传统媒体还可以考虑建立一个博客网站作为补充出口,将其文字和摄影记者获得而未能在传统媒体上刊登的内容,在博客网站上披露,满足一部分人的需要。

3. 博客报道成为专业媒体报道的延续

有些博客网站专门将各大专业媒体的报道汇总后制成链接群。这是对专业媒体报道的再度整合,在主题延展上自然更进一步。有些在专业媒体上未予充分展开的话题,又在博客网站上作为专题持续讨论。

四、博客的新闻化

博客技术的发展使得每个人都可以写作、编辑、设计和出版自己的新闻产品,并被数以百计的人阅读和品头论足。人类历史上从来没有如此众多的(至少数以十万计)、热情的局外人向职业新闻界发起如此凶猛的冲击。这些"业余新闻工作者"正在做一些让人兴奋的事情。他们中的许多人以各种方式与读者建立密切接触,以自己独特的方式报道各类信息。他们的产品带有鲜明的个性,同时注重眼见为实,并带给读者大量的新知识。一位研究博客的学者说:"为什么博客如此受欢迎?那是因为他们有话要说,可以把被传统媒体过滤掉的大量的观点和生活呈现给人们。"当然,客观地说,90%的博客网站都是很一般的,充满了文字差错、偏见和自以为是。但顶尖的10%确实向新闻界展示了一些令人激动的新趋势。专业新闻工作者需要对"博客现象"予以密切关注。

在公众博客新闻出现伊始,西方著名的传统媒体大多表现出不屑一顾的姿态,他们认为博客不够专业、不够严谨,不可能成为一种新的媒体形态。但新闻博客们在打过诸如

"白宫绯闻""克里女人"《纽约时报》造假案"等几个漂亮的大胜仗后,高高在上的传统媒体就不得不开始重新审视和研究博客新闻了。

针对传统媒体对其不严谨的指责,博客们也曾为自己做出辩护。德拉吉就曾经以近来美国主流媒体出现的一长串重大差错清单为例说明:大型新闻机构也不一定就拥有可信性和真实性。他自己也曾犯过错误,但在假新闻报道发表24小时之内,他就撤回了报道,并在《华盛顿邮报》上公开道歉。他说,他的差错,以及《华尔街日报》、CNN等的类似差错并不能说明这些权威的新闻机构可信,而他本人发布的新闻不可信。

近年来主流媒体的受众人数呈下降趋势,公信力也在下滑。美国的报纸、杂志和网络电视新闻都遭受过丑闻的打击,博客成了媒体未来发展方向。许多人认为,博客是主流媒体最直接的、危险的竞争者——任何个人和群组都可以成为守门人。有些人却认为,这是新闻业的未来:一大群"市民记者"都可以将他们未经核实的小道消息带给渴望了解内幕的公众。

博客有许多优势:它带来了专业知识、才能、意见,同时带来了与主流媒体的平衡。美国也有传播学者认为,博客是一群乌合之众,博客论坛没有舆论的关口,是对社会安全的威胁。从美国主流媒体的评论员文章来看,他们对博客既恐惧又充满期待。但有一点是可以肯定的,那就是博客的新闻化。博客新闻化表现有以下几点。

(一)传统媒体网站纷纷建立博客板块

随着新闻博客异军突起,西方著名的传统媒体一改往日对待博客的态度,不仅开始把博客当成一种重要的新闻线索来源,而且还试图把"对手变为朋友",通过各种方式寻求与博客的合作,希望这种新型独特的传播形态为己所用。目前,西方著名传统媒体已经纷纷在网站上设立博客板块,借此吸引读者,建立和读者交流的平台,倾听读者声音,并借此发现更多新闻线索。ABC新闻网、福克斯新闻网、《基督教科学箴言报》《卫报》等众多传统媒体都有了自己的"博客阵地"。

英国《卫报》是传统媒体网站中较早开设"博客阵地"的,在其博客站点有这样一段欢迎词,说明了传统媒体对博客的看法:

"欢迎来到《卫报》博客世界,在这里,我们的专家将为您带来不断更新的新闻、链接和来自网络的评论,记者们还将参与到读者的讨论中来。……我们发现博客帮助我们找到了另一种形式的新闻。当然,我们注意保持博客的一切,从准确性到拼写的标准,但是编辑比以前扮演了一个比较不重要的角色,因为博客编辑和《卫报》其他部分的编辑不一样。这点使我们更加确认了博客最伟大的优势——个体声音的力量。更重要的一点是交流,读者们可以评论所有的新闻,我们也希望那样。这为您提供了一个把新闻变成平等讨论的机会——告诉我们关于您如何看待我们的新闻及如何看待我们写新闻的方法"。

打开《卫报》的新闻博客,可以看到其受欢迎的程度:《卫报》世界各地的记者,随时把最新的新闻和评论发上博客网站,并且参与到读者的讨论中,一些热点新闻的跟帖数很快上升,有的参与讨论者还为记者提供新闻线索。

（二）在重大事件上引入博客报道

美国有线新闻网（CNN）对博客态度的转变，充分说明了传统媒体已经认识到了博客新闻报道的重要性。2003年第一季，CNN要求战地特派员凯文·塞兹停止在其博客网页上张贴伊拉克战事的报道，并且其发言人曾立誓表示：CNN宁愿以比较结构化的方式报道新闻，我们坚决不采用博客！

但2004年7月21日，CNN宣布引入博客的方式，实时报道民主党全国代表大会的全过程。该博客由旗下数字节目主持人、分析评论员、特派员共同执笔，和网友形成平等、互动的平台。同时，CNN还同知名博客追踪服务的网站合作，推出名为《博客观察》的栏目。该网站宣称能够追踪超过320万个博客网页的内容更新与响应状况。CNN希望通过采用博客这种新型新闻报道方式，第一时间追踪掌握最新的选举议题，并以最快的速度通过互联网发布出去。

（三）统门户网站整合博客新闻

博客报道的威力使门户网站也开始整合博客新闻。2005年10月12日，互联网巨头雅虎宣布在它所有的新闻搜索结果中加入博客内容。在雅虎新闻页面进行搜索的电脑用户，将同时搜索到主流新闻和博客内容。雅虎称此举可以使人们能够更多地接触草根新闻。雅虎表示，"通过将来自全球各地的草根新闻整合进新闻搜索结果，消费者可以通过由普通人士提供的博客及重大新闻的图片来分享他们的观点、分析和评论。"

西方国家传统媒体对待博客网络新闻报道的态度，自从前的不屑一顾到如今的青睐有加，经历的时间并不漫长，甚至可以说非常迅速。在短短的时间内，传统媒体就看到了博客中蕴含的机会。首先，很多博客都拥有自己独特的新闻源，并且，一条新闻经博客发布后，可能会得到成千上万人的回应，其中不乏补充新闻内容者——他们都可以成为传统新闻媒体的爆料者。在2001年9·11恐怖袭击的时候，很多人把自己拍摄的照片和亲身感受发到博客上，就成为其他新闻媒体的报道来源。第二，传统媒体网站上的博客阵地，提供了记者和受众就一个新闻事件平等开放交流的环境，使原本由少数人提供信息的媒体，能够体现普通民众的声音和观点。就像博客中国董事长方兴东认为的，"博客不会摧毁传统媒体，但是会变革传统媒体。因为有了'个人媒体'的充分参与以后，传统媒体才会真正拥有群众基础。它的这种平等、自由、民主的操作过程会更加完善。"

五、博客新闻网站——以《赫芬顿邮报》为例

《赫芬顿邮报》（The Huffington Post）是美国著名的新闻博客网站，创建于2005年，提供原创报道和新闻聚合服务，着重于国内外时政新闻报道，每天的独立访问量达到2500万人次，是美国当前影响力最大的政治类博客。在2008年初，《赫芬顿邮报》的月独立流量就已经超过了号称"美国第一博客"的《德拉吉报告》（Drudge Report）。《赫芬顿邮报》早在2010年就实现了盈利，当时的年度盈利额为3500万美元。2011年，《赫芬顿邮报》每月独立用户访问量突破2500万，超过了《纽约时报》网站。根据comScore的数据，在过去两

年中，《赫芬顿邮报》的每月独立用户访问量已上升至 4500 万，而 2012 年下半年平均每月增长率都达到 22%。AOL 在首页上提供了《赫芬顿邮报》的许多链接，这给该网站带来了巨大的访问流量。《赫芬顿邮报》打出了"第一份互联网报纸"的口号，具有博客自主性与媒体公共性的特征，因其"分布式"新闻发掘方式和以 Web2.0 为基础的社会化新闻交流模式而独树一帜，以新锐的报道风格而引人注目。其挑选、呈现的信息类型清晰、主题突出，着重于报道国内外时政新闻，通过过滤分类的方式来为读者提供有价值的新闻信息。

《赫芬顿邮报》主要以 24 小时新闻聚合发布、博客新闻评论两种方式来呈现、解读新闻。在保持博客传统风格的同时，其筛选、传播信息的方式具有鲜明的媒体特色。

《赫芬顿邮报》既有网站专任记者及众多自由博客记者采写的新闻，也提供其他媒体新闻信息的链接；其主页版面简洁、重点突出；主要有博客新闻评论、每日新闻以及广告、娱乐新闻等三个栏目。读者能迅速了解新闻的主要内容，并自主决定是否要深入阅读。新闻在网页的排列顺序根据网民的点击率而上下调整，从而形成了全天候"读者自主头版"的特征。

该网站在内容生产与传播方面有自己的特点。

（一）网站内容：最大限度整合用户生产内容（UGC）

《赫芬顿邮报》代表了一种建立在新的社区基础上的内容生产的新模式。它只有 150 名带薪工作人员，但有超过 3000 名投稿者为一个话题贡献内容。另外它还有 12000 名"公民记者"，充当其"眼睛和耳朵"。它的读者也生产了网站的许多内容，每个月有多达 200 万条投稿。《赫芬顿邮报》还邀请名人在网站开博客，如历史学家、名主播、著名记者等。这种新的、更开放的新闻模式被视为一种"众包模式"，其中群体就是博主与公民记者。《赫芬顿邮报》的共同创建人乔纳·柏瑞蒂认为这种新闻模式再也不是一种新闻传递的消极关系，而是"一个在生产者和消费者之间共享的事业"。博主们都没有稿酬，尽管如此，仍阻止不了他们在这个网站上发表文章。他们非常愿意把自己的想法和思想发表出来与人分享，因此《赫芬顿邮报》不需要向博主催稿。

整合是一种双赢的做法，既有利于原创网站，也有利于整合网站。不过，这种模式也曾受到了强烈的批评。有人说，这种网站的行为就相当于直接把别人写的文字拿过来，包装一下放在自己的网站上，并收获原本可能属于原创者的收益。不过，事实上，包括《纽约时报》网站在内的几乎所有在线新闻网站都会运用这种整合的方式，链接或者转载其他媒体的报道和资料。《赫芬顿邮报》也一直注意注明文章出处，以及引用率不超过法律规定的标准来规避违反法律的风险。它虽然是"新闻整合型"网站，但是也注重汲取传统媒体新闻价值观的精粹来树立自身作为公共媒体的权威性。

如 2008 年，《赫芬顿邮报》发现在总统大选期间关注和愿意参与到大选活动中的"沉默的大多数"，他们每天在公交车上看报纸，关注大选。于是，《赫芬顿邮报》发动了"Off the Bus"项目，募集"沉默的大多数"共同参与总统大选的报道。将一个采访任务，比如跟踪奥巴马在十几个州的拉票过程，分给 50 到 100 名普通人，每人每天花上一个小时，就能完成一个记者两个月才能完成的工作。这些人只需填写一张统一的表格，写上自己的观察，将素材发给编辑，最后写出一篇完整的报道就可以了。其过程是完全透明的，访客在《赫芬顿邮报》上能看到全部源素材。这种被称为"分布式"的新闻报道的优势在于参与者众多，能以群体力量完成时间、空间跨度大的事件的追踪采访和报道，从中挖掘出内容鲜活、能产生重大影响的新闻，并且能唤起普通民众对公共事务的兴趣。同时这种互动也适用于与博主们的交流。2009年3月，金融危机影响最严重的时候，《赫芬顿邮报》突发奇想，在网站上发布信息，号召广大博主们诉说危机给自己及其家庭带来的影响。"灾难需要用博客来诉说。我没希望你们将自己的经历告知大家，我们将选择突出的故事与读者分享。"这项被称为"博文诉苦"的活动引起了热烈反响。这不仅大大丰富了网站的内容，而且也吸引了大量客户，独立访客的数量明显增加。

（二）传播模式：网络社会化

《赫芬顿邮报》重视社会化网络在新闻传播中的作用，注重建立新型的网络社会化新闻过滤机制并激活、推动互联网上理性的公共讨论。

从2009年8月开始，《赫芬顿邮报》与著名社交网站Facebook合作推出了一个社会化新闻新版块"Huff Post Social News"。用户可以在该区域看到自己的Facebook好友正在阅读的内容，也可以将感兴趣的内容直接发到自己的Facebook账号上推荐给好友，由此形成一种信息筛选模式：将海量的新闻过滤成用户及其好友关注的部分，由用户自主决定点击需要了解的内容，并形成一定范围社群传播。通过社会化新闻服务项目，《赫芬顿邮报》网站的访问量上升了48%，达到350万次每月；网站个体用户达到947万人。

同时，《赫芬顿邮报》利用网站已发展成熟的博客圈，通过社群传播和博客评论等功能来促发、引导对于公共事件信息的交流与评论。网站编辑的角色则由传播内容的"把关人"转变为网上社区的"调节者"，以活化、引导公共讨论为其主要职能，鼓励网民各抒己见，对各类公共议题进行讨论、批评、质疑。例如其名为"BEARING WITNESS 2.0"（见证2.0）的专题栏目，就曾通过在全国各地方媒体中精选报道、在网民中征集线索的方式，从民生的角度来观察报道了金融危机对普通民众生活的影响及普通美国人如何度过时艰的经历。

此外，《赫芬顿邮报》还通过与推特等社交媒体的融合，利用社会化媒体来提高网站访问量，使其成为一站式的新闻和评论消费场所。博客的黏性，聚集志同道合的人群社区；网站的参与感，要求头条和新闻排序根据点击量排列——"读者自助头条"；重视读者评论……这些方式都帮助《赫芬顿邮报》建立了很好的用户活跃度以及形成了"病毒式"的传播，从而增加了网站的访问流量，最终产生广告收入。

第三节　播客新闻

"播客"为英译外来词，英文为Podcast，目前尚没有统一的中文译名。一般国内习惯将其翻译为"播客"，而"播客"的翻译最先来自苹果中国。而播客的发展在近几年呈现出突飞猛进的态势,有人说,播客可能会像博客一样,改变传统媒体的传播方式。博客的出现颠覆了文字信息被动接收的方式,播客的出现也对传统的广播电视传播方式产生了竞争威胁。就播客当前的应用现状来看,它已给大众传媒带来了巨大的变革。

一、播客发展

我国播客的发展与国外几乎是同步进行的。2004年8月13日,"播客之父"亚当·库利开通了世界上第一个播客网站——"每日源代码",这也标志着播客的正式形成。随后,在短短几年的时间内,播客就如风暴般席卷了整个网络。2004年底,中国的第一个播客网站——土豆网正式诞生,随后,各类播客网站如雨后春笋般建立起来。目前,国内比较著名的播客网站有土豆网、优酷网、新浪播客、56网、酷6网等。据媒体搜索和挖掘网站Mefeedia发布的《播客(视频分享)现状报告》显示,播客从2007年以来呈现出爆炸增长的态势。根据Mefeedia 2007年的报告显示,当时的播客数量约为2万个,但在2009年就已经达到了11万个,也就是说,全球播客数量在过去三年内增加了5倍多,发展之迅速可见一斑。播客在中国的发展一样让人瞩目。

视频网站重视原创播客。大部分视频网站的核心还是购买与推广长视频,基本成为网友观看剧集、电影的平台。然而由于用户收看长视频的习惯往往是通过搜索引擎、追随剧集选择平台,虽然一时间能为网站带来高流量,但无法吸引极具黏性的忠实用户,而长视频的版权购买的价格又非常昂贵,因而也并非视频网站健康发展的长久之计。面对这一问题,处于行业领先地位的几家视频网站已开始了各种尝试,试图寻找未来长远发展的出口。经过一两年的摸索,伴随着移动硬件设备的快速发展和用户使用习惯的转变,播客还是顺利成为这些领军者看好的登陆点。而在此次排名前三的优酷网、土豆网与酷6网中,酷6网更为专注UGC模式,大力扶持和推广原创播客,并将其作为未来发展的核心。

以酷6网为例,它自2012年以来就一直专注于扶持原创播客,并与签约播客共享广告的利益分成。直至目前,酷6网已有签约播客人数超过2万人,而其中不乏有点击过百万的网络红人。酷6网还推出"白金播客"作为其重点支持的对象,并称在2013年将继续大力投入,以千万资金来支持酷6网的播客发展。酷6网打造了其针对播客设计的传播平台。在其母公司盛大集团的大力支持下,酷6网请到了一支获得过国际著名的ACM KDD CUP竞赛大奖的技术团队用新的算法来打造适合播客发展的视频搜索与推荐体验,并将通过盛大云来为播客提供无限制的存储平台。同时,在内容方面,酷6网通过独家签约与高比例的利益分成,将"白金播客"等优质的签约播客所代表的高品质的原创短视频内容牢牢握在手中。不同于长视频,这些优质播客拥有极具黏性的粉丝群体,酷6网在力推播客的同时还打通了与多个主流互动平台的分享通道,有效地将各个平台上的播客粉丝汇聚了起来。

从长远看来,移动网络与设备的发展和播客所带来的忠实用户,确实是短视频未来实现盈利的根基。许多传统媒体网络以及门户网站都开设了播客频道。如图9-1所示,为凤凰网播客频道。

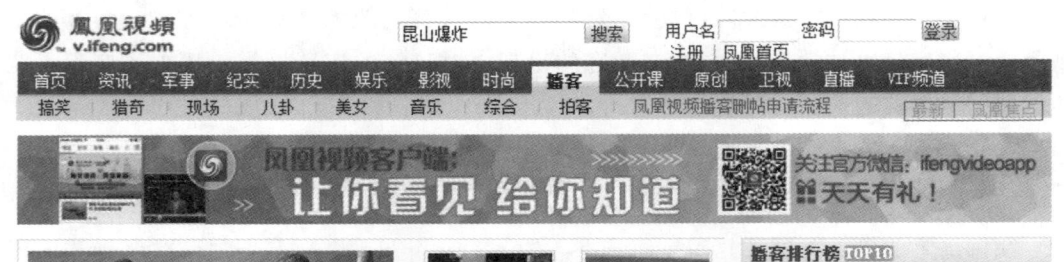

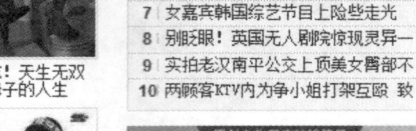

图 9-1 凤凰网播客频道

资料来源：http://v.ifeng.com/vblog/(2015—01—13)

二、个人播客新闻的内容来源

具体而言，个人播客视频新闻的内容主要来源于以下四个方面。

第一，公共领域的突发事件。公共领域的突发事件是个人视频新闻的重要容之一。它主要是人民普遍关注的具有较强新闻价值的突发事件，由于拍者恰恰处于事发现场，所以在第一时间记录下了事情的始末。个人视频新闻对此类内容的传播因其是对事发现场的真实记录而具有很高的传播价值。

第二，亲身经历的社会事件。个人视频新闻的传播主体是普通的民众，他们不像媒体记者一样去主动寻找线索，而是往往拍摄传播自身经历的一些社会事件。这类内容的视频往往因为存在一定的趣味性或社会价值而倍受关注。

第三，社会中的热点现象。公民意识的觉醒使得越来越多的普通民众开始关注社会的热点事件，他们从自己的角度出发去考察衡量新闻事件，从而使事情的全貌得到更好的呈现。因此对热点现象的主动调查也是个人视频新闻的重要内容。

第四，某些创意性的主题策划。为了丰富网络上的信息场，同时充分调动普通民众参与信息传播的积极性，一些视频网站专门设立了一些主题向公众征集一些原创视频；也有一些拍客为了在互联网上火一把而专门策划一些场景拍摄下来上传到网上，这就形成了个人视频新闻的又一新闻来源——某些创意性主题的策划。例如搜狐视频拍客频道设立的《用最坚强的心祈福雅安》主题征集策划。

三、个人播客新闻存在的问题

播客时代的到来对新闻报道方式起到了很大的影响，但是在看到播客对新闻报道带来的有利的转变的同时也要注意到其负面的影响。个人播客新闻存在的问题具体如下。

（一）传播效力与占据空间的失衡

个人视频新闻是由未受新闻专业理念培训的普通公众自主选材、制作，然后上传到互联网络平台，从而吸引到一部分群体的关注，这实质上构成了一个完整的自媒体传播链条。它的传播主体是普通民众，内容也缺乏相应的挑选，由于缺少专业的新闻知识指导和技术设备的支撑，个人视频新闻大多制作比较简单、粗糙，内容也比较浅显，缺乏新闻应有的深度。在更多人开始关注深度内容的现代，个人视频新闻很难生存发展，而且个人视频新闻除去其第一时间、第一现场的信息优势外，其视频片段往往流露出非专业的摄制水准，比如镜头摇晃不稳、环境信息涵盖不全、拍摄主体不突出等问题，这些都是个人视频新闻发展的局限性。

此外，虽然个人视频新闻由于种种限制缺少应有的传播效力，但是目前它却占据着巨大的网络空间，造成了严重的信息超载。有时一个长达四五分钟的视频中真正有价值的信息仅占一二十秒的时间，这样的视频存在会导致真正优秀、有价值的作品被湮没在成千上万计的个人视频片段中。在当前生活节奏加快、信息快速消费的时代，这种无序、杂乱的呈现会使人们逐渐丧失对个人视频新闻的兴趣。

（二）法律意识淡薄，侵犯他人权利

个人视频新闻是一种完全民间化的新闻传播活动，它的主体是"普通个人"，拍摄主体是公众，拍摄素材也来自公众。然而，并不是整个社会都能认可拍摄主体有充分的权利随意举起手中的镜头进行拍摄并把它上传到网络进行传播，并且被拍摄的公众有时并不愿意自己在对方的镜头中呈现，尤其是一些未成年人所犯的错误需要大家共同包容，一旦公之于众就有可能会对他们心里造成永久的阴影。因此，拍客如果不经被拍者允许将相关视频发布到视频网站，容易侵犯他人隐私权尤其是肖像权。

（三）"把关人"的缺位滋生一系列问题

传统的新闻传播一般都要经过层层把关，最终才展现在受众面前，而个人视频新闻是由公众自发拍摄上传到网络从而实现信息传播的，在传播过程中传播者具有很强的自主权，这就有可能造成假新闻泛滥。2008年10月3日，由于公民新闻网站iReport上一条关于"苹果公司CEO乔布斯心脏病严重发作"的假新闻，使得苹果公司的市值瞬间减少90亿美元，这也让许多人质疑"公民新闻"的真实性。"公民新闻"一般采用的是先出版后筛选的模式，因此，在真实性方面需要有播客平台编辑的把关。

从表面上看，网络中的这把关弱化似乎赋予了普通民众更多的话语权，某种意义是为

网民提供了一个发表意见与监督批评的场所,保证了大众参与社会民主进程中的表达权。然而,网络强势发展和迅速渗透的同时也显露出了民主观念本身的局限性。网络是一个相对开放的空间,当压抑沉默已久的大多数人都踊跃在网络空间发出自己的声音时,网络就成了鱼龙混杂的"大杂烩",这必然会造成网络环境的混乱,使人们真假难辨,真正有价值的意见很难被发觉,"意见领袖"也很难发挥作用,从而不利于网络舆论监督功能的发挥。

四、国外传统媒体的播客新闻实践

国外传统媒体很早就已经注意到了来自公众的视频信息,并试图加以整合利用。2003年伊拉克战争开始前,BBC深知自己无法派出足以覆盖报道全世界数百万反战示威游行人群的摄影记者队伍,于是就转向公众寻求帮助,呼吁人们上传用数码相机或手机拍摄的反战新闻图片,BBC则将上述作品择优发布在网上。

2005年7月7日伦敦地铁巴士连环爆炸案当天,BBC收到了公众传来的22000份文本电邮信息、300张图片以及一系列视频素材,这无疑清晰地传达了普通公众向传统主流媒体提供内容的积极意愿。而由人们传给BBC并在电视上播出的高质量的文字、图片和视频报道使得BBC第一次意识到了自媒体生成的新闻报道有时甚至比专业新闻报道更具价值。

2006年英国发行量最大的《太阳报》在其网站上开辟了"Reader Blogs"专栏,允许该报读者在主页开博。此外,《太阳报》和《每日电讯报》在其网站上也开辟了"Your Media"板块,欢迎用户提供新闻图片、音频和视频报道素材。《泰晤士报》和《苏格兰人报》在其网站上则开辟了"Your Story"板块,欢迎用户提供文字报道素材,用户上传的内容经由专业的新闻记者编辑把关后在网上发布。

2006年8月,CNN在其网站上开辟了由作为目击者的观众提供文字、图片或音视频的第一手新闻报道的CNN iReports主题板块,CNN主管承认这一举措是传统主流媒体对自媒体在突发新闻报道中可发挥潜能的充分认知的产物,2007年4月CNN对弗吉尼亚理工大学校园枪击案的报道中很多重要的素材就源于420份观众提供的视频资料。CNN iReports的成功实践在美国电视新闻业产生了很大反响,美国全国广播公司随即开辟了"i-caught"板块,福克斯新闻网也开通了"U-Report"板块,微软全国广播公司MSNBC则开辟了"第一人"板块。

以下以CNN的iReport为例,来分析传统媒体对播客内容的整合。

2004年印度洋海啸和2005年伦敦地铁巴士连环爆炸案震惊了世界,也刺痛了全球媒体人的心。而这两场"天灾人祸"却促成了iReport for CNN栏目的诞生。事件发生后,包括CNN在内的全球知名媒体都派出报道团队赴现场采访,但是不管这些记者在前方如何拼力冲抢,他们还是很难取得即时讯息和封锁线内的画面。多亏热心民众拿起手机拍下历史镜头提供给媒体,才"如实"报道了现场。在这两个突发性事件的新闻报道中,CNN的记者首次遭受了公众记者的挑战。

2006年8月,CNN决定推出iReport for CNN栏目,全球民众均可通过网络上传自己所拍摄记录的当地发生的突发性事件的图片和视频,然后经由iReport for CNN栏目再对其进行编排选播。随后,在突发事件内容报道的基础上,栏目又增加了网民评议和娱乐生活方面的内容,不断提高节目容量,扩大受众面。

iReport 栏目于 2006 年 8 月开始在 CNN 的 International 频道推出,每月一次,每期时长 30 分钟,固定在每月的第三个星期四播出。每期内容构成大致分为三段。

第一段是要闻,通常是硬新闻。类似于传统新闻节目的"新闻热点",往往是对近期观众甚至是国际社会普遍关注的重大事件的深入报道。这些重大新闻素材的提供者都是民众,他们上传自己拍到的视频或自己的讲述、报道,组成一个完整的新闻故事,再由主持人的话外音串联起来。在此过程中,公众记者代替了专业记者。这一段的时间一般在 10 分钟左右。

第二段是新闻评论,同时也是互动新闻。通常是针对近期某一热点话题,由 iReporters 各抒己见,发表各自的新闻评论。其形式是主持人通过 Facetime 或 Skype 等网络工具,连线公民记者评论员,为其提供对某一事件发表个人看法或评述的机会,时长在 5 至 7 分钟。

第三段是软新闻,同时也是趣味新闻。通常是由各地的 iReporters 录制、上传的奇闻逸事或娱乐性很强的格调轻松、幽默的软新闻,时长在 5 分钟左右。①

iReport 的运作方式颠覆了传统的新闻生产理念,其与众不同的新闻视角和对新闻价值的深度开掘为突发事件报道拓展了新的维度。

（一）第一时间

突发事件发生时,受众的认知平衡被打破,出现强烈的信息饥渴,信息更新时间越短,信息的报偿度就越高。由于事件突如其来,常规报道有一个反应迟滞期,在这个信息真空期,新闻当事人第一时间的信息传递就显得弥足珍贵。这些现场报道几乎与新闻事件同步发生,并且与事件的发展同步跟进,其时效性堪比现场直播。

（二）真实现场

新闻的真实性是指新闻报道与所反映的客观事实的相符程度,真实性是一种终极追求,也是媒体公信力的基础。贝尔纳瓦耶纳说过,谁也不能说自己掌握了全部新闻,但是通过每个人所掌握的分散的、不完整的片段却可以最终合成一个协调的整体。② 由事件亲历者各种视角的信息汇总,将可能在细节真实、局部真实的基础上最大程度还原事实真相,形成一种"马赛克"式的真实,并最终组成总体真实。再者,iReport 的报道者往往就是新闻事件的第一当事人或直接目击者,具有与生俱来的现场感。

（三）全面报道

新闻传播的全面性,即要求提供各方面的事实、情况、意见,不片面报道和隐匿事实。全面报道的基础是充分的、多面向的新闻来源,这既有赖于多元的信息渠道,还取决于信息源多维的观察角度。平面视角和草根特征,组成了新闻事实的多种面向,与专业记者报

---

① 吴敏苏.国外公民记者理念的缘起于实践——以《iReport for CNN》电视栏目为例[J].传媒,2013(12):64—65.
② 贝尔纳·瓦耶纳.当代新闻学[M].丁雪英,连燕堂,译.北京:新华出版社,1986:37.

道和官方的正面渠道信息相结合，无疑会增添新闻视角的多样性和内容的丰富性。

（四）动态跟踪

随着突发性事件的发生、发展，新闻报道也须随着跟进常变常新。有学者将突发事件发生、发展、结束三阶段的新闻报道特点总结为信息传播的突发性、信息传播的扩张性和信息传播的完整性。在后两个阶段的连续报道和深度开发，是 iReport 大有作为的领域。公众的反馈源源不断，新闻内容也就不断更新，保持了丰富的新闻流量。这种对新闻的持续跟踪能力和民间舆论的动态展示也是其他媒体不可比拟的。[①]

【知识回顾】

在当今的网络世界里，博客、微博、独立网站等，这些自媒体俨然已成了公众生活的重要部分。对于传统媒体而言，面对自媒体的优势和冲击，利用自己的优势和自媒体竞争是正确的选择。自媒体带来了传播方式的革新。作为网络自媒体信息传播方式的博客、播客等技术平台的开发与应用，使得大众媒介传播在时间和空间范围内作了更加广泛的延伸。传统媒体不但可以充分利用自媒体平台提高扩展传播渠道，而且可以吸纳、整合来自公众的自媒体作品。总体来说，传统传播媒体可通过各种自媒体技术平台，实现传播速度更快、传播途径更多、传播范围更广、传播频率更高、传播形式更加多样化的伟大变革。

【思考题】

1. 如何有效地将博客平台整合到专业新闻的采写环节？
2. 《赫芬顿邮报》的发展经验对我国专业新闻媒体有何借鉴价值？
3. 请谈谈自媒体对新闻传播格局带来的影响。

---

① 韩鸿.新媒体背景下突发事件报道的机制创新——以CNN《我报道》为例[J].西南民族大学学报（人文社科版），2007(4):128—129.

第十章
移动终端新闻编辑

🔍【知识目标】

1. 移动用户阅读行为特征
2. 移动短视频新闻的特点

🔍【能力目标】

1. 掌握手机报的图文选择及编辑略策
2. 了解平板电脑新闻的特点

🔍【案例导入】

中国互联网络信息中心(CNNIC)发布第 34 次《中国互联网络发展状况统计报告》(以下简称《报告》)。《报告》显示,截至 2014 年 6 月,中国网民规模达 6.32 亿人,其中手机网民规模 5.27 亿人,较 2013 年底增加了 2699 万人,互联网普及率达到 46.9%。在网民上网设备中,手机使用率达 83.4%,首次超越了传统 PC 整体 80.9%的使用率。

移动阅读是当下获取信息的主流形式,伴随着用户的转移,国内的移动阅读应用平台也迅速发展。受移动载体的影响,及媒介使用习惯于情景化的缘故,移动阅读变得碎片化、个性化。从 2014 年 InMobi 发布的《2014 中国移动互联网用户行为洞察报告》中可知,中国移动互联网用户平均每天接触媒体有效时间为 5.8 小时。其中,利用手机和平板上网时间总计达到 146 分钟,占了 42%,远远超过了 PC 互联网用户(100 分钟,29%)和电视(60 分钟,17%),并且接近 PC 与电视媒体的总和。手机成为用户最受欢迎的移动媒体(其中统计中手机的电话与收发短信还不算),其中 93%的人在等待的时候会使用手机,同时 92%的人在床上休息时,60%的人在上下班途中以及 64%的人在看电视时等都会使用手机媒介。手机正成为用户碎片化时间段中最重要的触媒渠道。

越来越多的媒体开始提供手机新闻服务,除了传统的手机报之外,还为手机以及平板电脑开发的新闻 APP。如中央人民广播电台、第一财经周刊、每日经济新闻、21CN、新京报等具备一定影响力国家级媒体,以及楚天都市报、扬子晚报、钱江晚报等地方级媒体,都向用户提供了多种多样的手机新闻服务。

第一节 移动互联网发展现状

百年前,人们获取信息的方式是通过报纸、杂志;十年前,人们获取信息的方式是通过传统PC互联网;而如今,在4G网络高速发展的浪潮下,伴随着移动智能终端的普及,人们获取信息的方式已经逐渐转向了从移动互联网中获取。

一、移动互联网发展

在我国互联网的发展过程中,PC互联网已日趋饱和,移动互联网却呈现出井喷式发展。由前瞻产业研究院发布的《2013—2017年中国移动互联网行业市场前瞻与投资战略规划分析报告》数据显示,截至2013年底,中国手机网民超过5亿,所占比率达81%。伴随着移动终端价格的下降及WiFi的广泛铺设,移动网民呈现出爆发的增长趋势。

移动互联网(Mobile Internet,简称MI)是一种通过智能移动终端,采用移动无线通信方式获取业务和服务的新兴媒体,包含终端、软件和应用三个层面。终端层面包括智能手机、平板电脑、电子书、MID等;软件层面包括操作系统、中间件、数据库和安全软件等;应用层面包括休闲娱乐类、工具媒体类、商务财经类等不同应用与服务。截至2014年1月,我国移动互联网用户总数达8.38亿户,在移动电话用户中的渗透率达67.8%;手机网民规模达5亿,占总网民数的八成多,手机保持着第一大上网终端的地位。我国移动互联网发展进入了全民化时代。

根据2014年艾瑞咨询集团发布的《2014中国移动互联网行业年度研究报告简版》,在移动终端应用中,用户使用手机的主要行为是娱乐(音乐、视频)、玩游戏、社交媒体(微信、微博)、日常信息获取(搜索、新闻等)以及购物、本地搜索与电子邮件办公等。其中在使用时间上娱乐性质应用最多,占了23%;其次是玩游戏,占了20%;社交媒体占了16%;日常信息获取占了14%;剩下购物、电子办公等占了25%。玩游戏本质上也可以归纳到娱乐中,由此可见在移动用户触媒行为中,娱乐、社交与信息获取是其三大主要板块。

二、移动用户阅读行为特征

用户在移动阅读中拥有三类特征。

1.碎片化。碎片化是我们这个时代重要的行为特征。无论是渠道多样化还是媒介自身内容的精简与碎片化生产,抑或是用户自身碎片化地使用媒介内容、接受碎片化信息符号,我们都会发现,人的认知行为总是与媒介自身特征形成联系。碎片化阅读是我们做移动媒体的重要参考形式。

2.情景化。在广告营销中,有种营销方式叫作情景营销,即通过唤起用户在以往记忆中的相似体验而刺激消费者接受品牌价值。这种手段随着大数据的相关辅助应用,已经变得越来越精细。同样,移动阅读也需要考虑各种情景因素,比如我们平时在白天的上班过程中或是在等待地铁的途中,必然不会深度集中阅读,常表现为一种浅阅读行为,因而在阅读内容的制作与分发上,必然要有所选择性地推送;而到了晚上睡觉前,那么可能就会静下心尝试着深阅读。情景化的考虑即是我们的新闻内容推广的需求满足,也是种用户体验的优化。

3.个性化。与情景化相对应的必然是个性化。互联网的思维主导了未来产业的分工与聚合,个性化就是其中一个重要的思维。在手机阅读行为中,个性化的体验源于两方面的运营设定,一个是前台设置,也就是我们所言的定制化,即通过标签行为来订阅相关内容；另一个是后台数据分析，现在通过搜索以及终端互通技术，大数据已然可以分析出用户的阅读偏好，比如酷云阅读，就是通过大量采集数据，来引导与满足消费者阅读的。

第二节　手机报及其新闻编辑

手机报被称为继报刊、广播、电视、网络之后的"第五媒体"，是将纸质媒体的新闻内容，通过移动通信技术平台发送到用户的彩信手机上，用户通过手机阅读报纸内容的一种信息传播业务。从 2003 年 3 月《新华手机报》诞生至今，我国已有几百家手机报，其中有近百家较有规模，它们既包括新华社、人民日报这样的中央新闻媒体，也包括广州日报、北京青年报等地方媒体。而规模最大的当属中国移动旗下的《新闻早晚报》，用户已逼近 3000 万户。据资料统计，我国 2014 年 7 月有手机用户 5.27 亿，理论上都是手机报的潜在用户，手机报总体上处于方兴未艾的态势。

一、手机报的特点及其发展现状

手机报是以多媒体信息形式（内含文本、图像、音视频等多种媒体文件）将新闻发送到手机终端供用户离线收看的一种新闻信息服务，每条彩信手机报可容纳 7000－10000 字的图文信息，内容多为传统报纸信息的缩编或者摘要。用户可根据自己的兴趣发送相应代码到移动运营商的短信平台或者直接登录传统媒体的自身网站进行订制。手机报传播要素的特点表现为：传播内容是新闻、资讯等信息；表现形式是文字、图片、Flash、音频等；传播渠道是移动通信平台；传播对象是移动用户；传播终端是手机。与传统媒体相比，手机报具有信息传递和接收同步、交互性强、多媒体等传播优势，但也有屏幕狭小、信号不稳定等传播弊端。

在手机报发展初期，手机报凭其个性化的传播特色和作为对报纸媒体利润链条的延伸，备受各大报业集团和报纸的青睐，因而数量剧增。自国内第一份真正意义上的手机报《中国妇女报·彩信版》在 2004 年 7 月 18 日面世后，同年 12 月，《重庆热报》也与重庆联通合作，推出了《重庆热报手机报》的 WAP 版；此后，各类报业集团或者地方报纸纷纷抢滩手机报市场。据统计，仅 2005 年一年，便新增了 30 多份由不同报业集团创办的手机报。如：2005 年 4 月 5 日，浙江日报报业集团、浙江移动通信有限公司和浙江在线新闻网站强强联手，共同启动了国内首份省级手机报——《浙江手机报》。同年 8 月，新华社广东分社和南方日报社等八大广东报业媒体分别与广东移动和广东联通合作，开通了包括短信版、彩信版、WAP 版等多个版本的手机报。而在全国通讯社和报业方面，新华社、中国青年报社等传统强势媒体也整合了各自旗下的优势品牌，分别于 2006 年 11 月 7 日和 2007 年 2 月 14 日推出了手机报。据中国移动最新公告统计，截至 2009 年底，国内已有 600 多份手机报。

二、发展手机报的现实意义

把握手机报的特点，分析其趋势，对于传统媒体进入新技术领域，更加及时、正确地引导社会舆论，加速自身又好又快发展，具有重要意义。

1.适应互联网发展新趋势、新挑战的需要。互联网时代,信息已经实现了"即时"传播。纸质媒体隔天印刷发行的周期,在时效性上有着天然劣势。手机报早晚两报,对重大突发新闻即时推送,省掉了印刷、运输、发行等许多环节,信息处理和发布方式更为便捷,契合了时代发展的新趋势,能够有效应对时代新挑战。

2.围绕中心、服务大局,传播党和政府声音、做大做强主流舆论、抢占网上舆论制高点的需要。党报是党和政府的"喉舌",党报集团肩负着舆论引导的重大政治责任。手机报全面"触网",以网络话语体系占领巨大的互联网舆论阵地,强化互联网正面舆论引导力度,让主流媒体的主流声音占主导地位,是对互联网进行"引导、占领、管控"的重要抓手,有利于构建"大网络大舆情全媒体"的工作格局。2013年,国家互联网信息办公室也要求依托先进技术打造全媒体业态,把"一省一报"作为社会主动发声平台。这也再次明确了手机报在舆论宣传中的重要作用,同时也给我国手机报发展带来了新的机遇。

3.当好"信息管家",更好地满足公众信息的需求。网上资讯浩如烟海、鱼目混珠,虚假信息层出不穷,针对性、个性化不足。手机报由党报集团创办,对各类信息严格把关,即时准确发布公共信息,并细分受众市场,针对不同人群、不同地域推送个性化资讯服务,能够很好地担负起"信息管家"职能,寓引导于服务之中。

三、手机报的图文选择及编辑策略

手机报的编辑工作与传统平面媒体有很大不同。从版块设置、文章选择、内容剪裁、标题制作到图片排列都有自己的特殊规律。如何让手机报的内容吸引人,让其传播的信息适应手机阅读特点,是手机报编辑面临的课题。

(一)手机报稿件的文字要尽量精练

一般来说,手机每屏只有200字左右的容量,每期手机报能容纳的文字量很难超过3000字。手机报的阅读通常是一种快速浏览,稍长一点文章会让读者有厌烦感,产生阅读疲劳。依据这样的阅读习惯,手机报文章要尽量少用长句,多用短句,语言平实易懂,言简意赅,少用形容词和虚词,以尽量少的文字,涵盖最多的信息,节约读者的阅读时间。这就要求编辑不能简单地将报纸上的文章剪短截说,而是要根据手机报的特点,将文字进行逐字逐句的推敲整理。

具体操作应注意以下几点。

1.缩短,精简

以下是某报纸的一则新闻原文:

东湖高新区8月启动42项改革　为申自贸区创造条件

楚天都市报讯　(记者王荣海)企业办事不出园区,个人审批服务事项一律在街道和社区便民服务中心办理,适当放宽外籍高层次人才及其家属签证、居留许可有效期限。昨日,武汉市政府常务会审议并通过《东湖高新区先行先试实施方案(送审稿)》。下月,武汉将在东湖高新区518平方公里范围内全面开展先行先试,推进42项改革。

据介绍,东湖高新区今年将在行政审批与服务、科技创新、科技金融、扩大开放等四大方面进行先行先试,涉及42项具体工作,明年全面展开先行先试工作清单所列工作事项。

行政审批与服务方面,东湖高新区将建立行政审批事项动态管理机制,取消、调整、合并一批行政审批事项,下放一批行政审批事项到园区、街道。建立"一表申报、一口受理、三证(工商营业执照、税务登记证、组织机构代码证)联办、一章审批"的工作机制。制订东湖高新区行政权力和服务事项清单、园区服务企业事项清单、街道服务百姓事项清单,实现企业办事不出园区,个人审批服务事项一律在街道和社区便民服务中心办理。

东湖高新区将深化人才特区建设。实施"海外公民证""海外华裔证"和外籍高层次人才"绿卡"制度。适当放宽外籍高层次人才及其家属签证、居留许可有效期限。简化外籍人员就业许可审批手续。建设"武汉人才创新创业超市"。设立光谷人才投资基金。争取设立光谷知识产权法院等。

该市提出,经过1—2年改革,将东湖高新区打造成为中国内陆(湖北武汉)自贸区的前沿阵地和示范基地,为武汉全面深化改革、扩大开放提供可复制、可推广的制度成果,为成功申报中国内陆(湖北武汉)自贸区创造条件。

在手机报上,该则新闻被浓缩至百余字。传统消息的导语、主题、副题等讲究,在手机报上无法实施,因为手机报的篇幅有限。因此手机报在形式上,就是标题+精短正文。内容只是原文的基本事实,保留了原文的主干,提及有42项措施,但没有具体的政策详解。这种表简,只是原文的缩写,是手机报最常见,也是最常使用的编辑方法。修改后的手机报新闻如下:

【东湖高新区"试验"42项新举措】 昨日,武汉市政府通过《东湖高新区先行先试实施方案(送审稿)》及工作清单,这份改革清单涵盖12类改革近百项举措,力度空前。其中,建设国家中部技术转移中心、设立风险自担的金融类机构、建设跨境电商平台在内的42项举措下月启动。

2.注意角度选择

以下是某则新闻的报纸原文:

6月份窗口行业满意度揭晓　武汉市民最不满意供电行业

本报讯　(记者朱凯)昨天,我市召开文明创建测评情况讲评会,通报6月份窗口行业群众满意度、城区文明程度指数和未成年人思想道德建设测评情况。

6月份,全市34个重点窗口行业群众满意度为82.73%,比4月份减少了2.78个百分点。

国税、地税等2个窗口行业群众满意度达到90%及以上;供水、星级宾馆、移动、交行、建行、邮政、商务宾馆等7个窗口行业群众满意度达到85%至90%。

25个窗口行业的群众满意度未达到国家标准。其中,供电综合得分76.66分,为倒数第一。

另悉,6月份城区文明程度指数测评结果显示,汉阳区和青山区分别居中心城区的第一名和倒数第一名;东西湖区和蔡甸区分别为新城区的第一和倒数第一。

6月份未成年人思想道德建设测评结果显示,中心城区中汉阳区综合得分最高、硚口区最低;新城区中新洲区最高、江夏区最低。

改编后,带标题共128个字符。

6月份江城窗口测评 税务行业满意度最高

7月28日,武汉市通报6月份窗口行业群众满意度测评情况。全市34个重点窗口行业群众满意度为82.73%,比4月份减少了2.78个百分点。其中,国税、地税等2个窗口行业群众满意度达到90%及以上。(武汉晨报)

这篇文章刊发在《湖北手机报武汉地税版》,是一份专业税务手机报。这篇新闻讲了文明指数、未成年道德建设等。但我们只需要选取和税务相关的点即可,其他方面的内容皆可以忽略。有时一篇新闻有多个角度,多个新闻点,而手机报篇幅不允许我们一一呈现,或者不需要一一呈现。

3.善于找亮点

以下新闻原文较长,不可能都在手机报新闻中呈现。因此,要找到原新闻中最有价值的内容,改写成手机报新闻。改后为187个字符。

原文为:

湖北省委常委到第二批教育实践活动联系点参加指导专题民主生活会

湖北日报讯 (通讯员甘罗、杨光金)按照中央要求和省委总体安排,11日至24日,省委常委分别到联系点县(市、区),参加指导联系点县(市、区)委常委班子专题民主生活会,大家一致认为,这次专题民主生活会主题集中、开门见山,拿起批评和自我批评武器,真刀真枪,有"辣味",点到了"麻骨",触及了灵魂,达到了"团结—批评—团结"的目的。

省委对第二批教育实践活动专题民主生活会高度重视,把召开一次高质量的专题民主生活会作为抓好教育实践活动关键中的关键。省委常委同志按照"省委常委的联系点要办成全省示范点"的要求,靠前指挥、率先垂范,悉心指导并全程参与联系点县(市、区)专题民主生活会。省委先后召开4次常委会议、2次领导小组会议、2次视频会议、1次办公室主任会议和2次工作座谈会议,认真学习传达习近平总书记等中央领导同志重要讲话和批示精神,确保中央精神不折不扣落到实处。专题民主生活会前,省委常委同志审阅县(市、区)委常委班子专题民主生活会方案、征求到的原汁原味意见、班子及成员的对照检查材料,听取专题民主生活会准备情况汇报,对开好专题民主生活会提出明确要求。认真开展谈心谈话活动,省委书记李鸿忠在端午节期间,集中三天时间,与市(州)党政正职谈心谈话。参加指导民主生活会时,省委常委分别与联系点县(市、区)委常委班子成员"一对一"谈心谈话,帮助他们进一步打消思想顾虑,放下"包袱"、真刀真枪、敢于"开炮"。

中央第一巡回督导组一直十分关心我省教育实践活动,中央第一巡回督导组组长周声涛全程参加红安县委、襄阳市委、咸宁市委常委班子专题民主生活会,周声涛对专题民主生活会给予充分肯定和高度评价,认为省委常委指导的市(州)、联系点县(市、区)专题民主生活会都是成功的、高质量的,为全省带了好头。

省书记李鸿忠在红安县专题民主生活会上发表讲话,对联系点教育实践活动前一阶段工作和县委常委班子专题民主生活会给予充分肯定。李鸿忠强调,对"四风"问题的严重程度,全省各级党员干部一定要保持足够清醒的认识,绝不能陷入"虱多不痒、债多不愁"的麻木状态。要坚决破除变相"血统论",摒弃生于农村、身在基层、工作在革命老区,"四风"问题就不严重的错误思想认识,哪个领导干部、哪个层级的领导干部、哪个地区的领导干部都没有清廉的天然"基因"、反腐的天然"抗体",都要不断加强党性修养,坚定理想信念,真正让为民务实清廉的优良作风内固于心、外化于行,以不胜不休的精神持续反"四风"。

省委副书记、省长王国生在指导恩施市委常委班子专题民主生活会时强调,要把专题民主生活会的成果转化为作风建设的内在动力,转化为推动恩施发展的物质力量,转化为每一名党员干部的治理能力。省委副书记张昌尔指导大悟县委常委班子专题民主生活会时要求,远学兰考、近学红安,以作风建设新成效引领大悟发展"中原突围"。

省委常委、常务副省长王晓东赴崇阳县,省委常委、武汉市委书记阮成发赴武汉市江岸区,省委常委、省纪委书记侯长安赴阳新县、鄂州市鄂城区,省委常委、统战部部长张岱梨赴京山县,省委常委、宣传部部长尹汉宁赴松滋市,省委常委、省军区政委陈大民赴竹山县,省委常委、省委秘书长傅德辉赴随县,省委常委、宜昌市委书记黄楚平赴远安县,省委常委、襄阳市委书记王君正赴枣阳市全程指导专题民主生活会。省委常委们指出,要以专题民主生活会为契机,把思想自觉变成行动自觉,把民主生活会开出的思想认识、灵魂深处爆发革命的意识之动、心灵的颤动震动触动,变成改进作风的长久动力,努力培养一支团结和谐、劲足心齐、清正廉洁、事业有为的高素质干部队伍。

各联系点县(市、区)委坚持把学习弘扬焦裕禄精神和红安精神结合起来,推动思想认识向灵魂深处掘进,推动查摆问题向聚焦"四风"掘进,推动对照检查向病根病灶掘进,推动谈心谈话向谈通谈透掘进,推动批评和自我批评向辣味十足掘进,专题民主生活会坦诚务实、严肃认真,开出了好氛围、好效果。(湖北日报)

经过改写过后的手机报新闻,着重突出了其亮点。以下是改过的手机报新闻:

【李鸿忠:干部没有清廉的天然"基因"】 11日至24日,省委常委分别到各自联系点,指导当地常委班子专题民主生活会。李鸿忠在红安县民主生活会上说,对"四风"问题绝不能陷入"虱多不痒、债多不愁"的麻木状态。哪个领导干部、哪个层级的领导干部、哪个地区的领导干部都没有清廉的天然"基因"、反腐的天然"抗体",都要不断加强党性修养。真正让优良作风内固于心、外化于行。(湖北日报)

4.信息整合

此外,手机报新闻编辑还要求多方选稿,善于综合。手机报要求在有限的屏幕空间为读者提供尽可能多的信息,这就要打破传统的单稿编辑模式,采用多稿综合的方法编辑新闻。手机报的单条新闻很多都是由多篇稿件综合成的复合稿。同时还要会利用搜索,丰富稿件。有的热点稿件(尤其是财经和娱乐类稿件),往往以单篇新闻的形式出现。但编稿时需要说明事情的来龙去脉,并交代新闻背景,单篇新闻不能满足读者的阅读需求,这时可以利用网络搜索工具,搜索相关新闻,最大限度地丰富稿件。

(二)新闻图片的选择和使用

直观的新闻图片往往比文字信息更容易让读者关注,手机报如果缺乏图片搭配,读者更易产生阅读疲劳。

1.新闻图片的选择应更加突出细节展示,并强化视觉效果。图片由于受到屏幕显示的限制,近景或者特写的景更能抓住细节,并带来较强的视觉冲击力。由于手机的屏幕狭小,只有2—3英寸,适合表现细节图片,不适合表现大场面的全景图片。如果一张新闻图片包含的信息量比较大，经过压缩以后，细节信息就会严重缺失，图片的表现力就会黯然失色。因为手机短信容量有限，图片要处理得很小，就需要尽可能选细节图、近景图，缩小后也能让人一眼看清楚图片传递的信息。而近景或者特写图片在手机屏幕上的表现力更细腻、更丰富。一般来说，一份完整的手机报最多只能发3张图片。

2.应注重图文结合，增强二者的联系，便于读者理解。受制于手机终端，手机报的图片与文字往往难以同时编排在同一个版面中，从而导致二者关联松散。因此需要通过后期制作，在图片中嵌入相应的文字信息，使二者得以同时呈现。同时，由于手机报的图片幅面小、分辨率不高，读者在解读图片时存在一定难度，甚至不明白图片的详细内容，因而在图片中的文字信息能够起到说明作用。另外，新闻插画和漫画也能成为手机报的重要内容，并增强信息的感染力，便于读者理解。

（三）标题、导读的制作

新闻标题的制作是手机报编辑过程的一个重要环节。每期手机报的第一屏都是本期内容的导读，也就是把重大新闻的标题集中罗列出来，让读者对本期手机报的内容有一个概括性的了解。读者往往是先看一看首屏导读上有没有吸引眼球的内容，再决定是否往后看。因此，标题是否醒目，是否吸引人，是决定读者阅读兴趣的关键。标题既是手机报的眼睛，又能起到导读作用，其制作应更加精致、明确。这就要求首先要根据不同的新闻题材，制作个性化的标题。财经类新闻的标题要善用数字；而娱乐类新闻的标题则要注意个性张扬，善用修辞；生活服务类新闻的标题则要显得亲切活泼，富有生活气息。另外，简化结构，开门见山也非常重要。清晰明了，避免过分渲染和晦涩难懂的词汇，才能适应受众对手机报扫描式的阅读习惯。

（四）版面编排的创新

手机报的版面形式受制于小屏幕阅读，其编排要轻松活泼、突出重点，并以提高读者阅读体验为基本诉求。而对于次要的信息，则须进行简短化处理，甚至只是菜单式地列举主要新闻事实。手机报由于其载体的特殊性，使得它与传统报纸的版面不同。手机报的版面就是帧，一般一份手机报总长不会超过一帧。每帧内容不超过800字。此外，为了满足读者多元化的阅读需求，还可以在手机报中提供彩信发送、短信获取、WAP上网点击链接等功能，以弥补手机报信息的不足。手机报的图文选择及编辑会随着手机终端以及移动互联网的发展而不断变化，但其宗旨始终不会改变，那就是为读者提供全面而优质的信息服务，以及不断提升良好的用户体验。

（五）加强手机报内容的管理

为更好地满足手机报读者的需求，充分发挥手机报的优势，在进行手机报编辑时，需要解决好手机报内容的个性化、新闻的时效性和互动性等问题。

1.内容的个性化

每一个受众都是一个独立的个体，由于其身份、地位、兴趣、爱好等方面的不同，个体受众对手机报的需求也是不同的。手机报不可能承载过多的内容来满足所有人的要求,综合性的手机报不适应社会发展的潮流。所以手机报首先要有明确的市场定位,然后才能根据受众群体需要提供个性化的量身定制的内容。目前订阅手机报的受众多为信息需求量较大的群体,尤其是在专业化、个性化信息需求方面。针对手机报的受众群体特点,手机报的编辑内容需要实现小众化,有针对性地提供个性化的新闻信息。"分众化"是大势所趋,即针对不同的受众群体,提供有个性化的信息,例如根据年龄、职业、爱好、信仰等分门别类的手机报。手机报要想达到吸引受众的目的就必须在内容编辑时做好定位。首先,在一份手机报的诞生之初,编辑就应该对其进行准确定位,确定目标受众。这个定位可以根据内容细分,也可以根据地域细分。不同兴趣的读者会选择订阅不同内容的手机报,不同地域的读者也会对不同地区的新闻投入不同程度的关注。手机报的一大好处就是可以通过手机确认读者的地理位置,从而帮助媒体有针对性地推出手机报。其次,在以后的内容选取中把握手机报的定位,做好相关信息的集中工作,使读者在阅读到自己感兴趣的话题的同时也可以及时补充一些相关信息。

2.新闻的时效性

手机的随身性能使手机报能摆脱传统报业的时空限制,能对重大事件进行实时跟踪,抢得播报新闻的先机,使信息能够第一时间到达用户终端,实现受众与新闻事件的零距离。手机报可以传递的信息多种多样,手机报的编辑要将传播重大公共突发事件当作手机报的重要功能。在突发事件的传播过程中,用户可以通过手机在第一时间实时了解事件的最新发展动态。例如,手机报在报道汶川地震的过程中,每天发表各地评论的摘要,报道社会各界对汶川灾区的支援和灾区情况,使手机用户得以在第一时间了解地震的最新情况。在进行手机报的内容编辑时,一方面需要给用户以内容更新提示,用短信的形式加以展现;另一方面,可以拓展手机报的内容深度,提供内容背景和详细报道的链接,使滚动发稿和现场发稿与新闻的深度联系起来,实现对新闻事实全方位的把控。

3.内容的互动性

手机报可以采用短信回复的形式与编辑部实现有效互动,这在采写新闻和实现意见反馈方面做得比较成功。但是如何实现新闻资源最大程度的挖掘,实现去中心化的内容提供方式,仍是手机报需要努力的方向。手机同时是信息采集和信息接收的终端,运用手机完全可以完成新闻信息的采集和传播。

第三节 手机新闻客户端

随着互联网技术的发展、数字和移动通信技术的进步,以网络、手机等为代表的互联网媒体发展势头强劲,使得传统媒体的受众和广告市场得以重新分流。传统报业在这一过程中遭遇了前所未有的冲击。

手机新闻客户端(Mobile phone news client)是从 2010 年前后开始在国内兴起的,作为以手机为物质载体的应用(APP),它以手机为接收终端,即时更新和推送新闻消息。在手机新闻逐渐发展的过程中,文字、图片、动画、音频等形式使新闻文本承载的信息量越来越大,而手机新闻客户端作为物理伴随型媒介,可以承载起更多的传播任务。通过集纳专题、新闻推送、话题投票、个性定制、互动分享等功能,实现新闻传播的个性化与专业化,被认为是手机媒体新的重要传播形式。

一、手机新闻客户端发展基础

手机新闻客户端伴随着智能手机的普及化、移动网络基础设施的完善,呈现出了繁荣发展的景象。

(一)智能手机销量持续增长

新闻客户端属于手机APP,手机APP的安装依赖于操作系统,因此拥有操作系统的智能手机是安装新闻客户端的一个必要载体,智能手机的发展情况也就直接决定了新闻客户端的市场状况。我们有必要对中国整体的智能手机市场进行分析,找寻我国智能手机市场发展的趋势,以对新闻客户端的发展做出必要的预测。2013年上半年,移动电话机在智能手机销量形势较好的带动下,产量增长较快,到第2季度累计生产移动电话机67899万部,同比增长22.6%,其增速较上季度提高了2.7%。国内三大运营商近年来大力推动的"千元智能手机普及"活动,对智能手机的发货量起到了很好的刺激作用。中国内地市场在2013年第2季度智能手机发货量达到8810万部,超过全球总发货量的三分之一,同比增长108%,是全球增速最快的市场。预计到2013年第3季度我国移动电话机产量将累计达到103808.7万部,同比增长约26.9%。预计全年移动电话机产量将累计达到144394.6万部,同比增长约22.2%。从以上数据我们可以看出,在经济迅猛发展的中国,人民生活消费水平逐渐提高,智能手机已经越来越普及,而且智能机的价格也随着科技的进步和市场的扩大越来越为人们所接受。中国的智能手机的产量和销售量必然会持续增长。

(二)移动网络建设和WiFi建设基础

移动通信技术近些年来发展迅速,4G技术在国内的正式使用,助推了移动网络迅速发展。1G技术出现并蓬勃发展于20世纪80年代,因本身的保密功能弱等原因,2G技术于20世纪90年代取代了1G技术。2009年1月初,工信部在内部举办了小型牌照发放仪式,将国内3G牌照发放给了中国移动、中国联通、中国电信三家运营商。因此,很多人把2009年称为国内3G元年。4G移动网络也将在2013年底诞生,工信部部长苗圩对外表示,4G牌照将于2013年年底正式发放,根据我国工业和信息化部在2013年5月29日出台的最新版电信业务分类目录,工业和信息化部对《电信业务分类目录(2003版)》进行了修订,并向社会公开征求意见。在这次的新版本中,增加了"LTE/第四代数字蜂窝移动通信业务",《电信业务分类目录(2003版)》也说明了,"LTE/第四代数字蜂窝移动通信业务"指的就是,利用LTE/第四代数字窝蜂移动通信网络(包括TD-LTE、LTE、FDD)提供的话音、数据、多媒体等业务。2013年4月底,中国移动在北京设置的首个市民可以零距离接触的4G网点悄然现身。相关人员利用专业测算网速的软件测试出实时网速是56.4Mb/s,而最高网速的数值则不断刷新,从67Mb/s、68Mb/s,最后超过70Mb/s。与此相对应的3G网络的网速却只有4Mb/s,3G移动网络的理论网速最高也都只能接近10Mb/s。在运动着的交通工具,如公交车、火车、高铁上,由于地形区域等原因,2G和3G的网络传输均会受到比较严重的影响,但4G网络不受移动速度的影响,具备移动性好的特点。

从以上的资料和数据我们可以看出,中国的移动网络发展越来越好。4G网络的到来,将使受众能够更加快速、便捷、智能化地使用移动终端,而成倍提升的网速则会让人们更加方便、流畅地使用新闻客户端。新闻客户端的用户体验将会得到质的提升。

WiFi的普及度越来越高,WiFi家庭总量持续递增。WiFi是一种无线上网技术,通过WiFi,我们可以将笔记本电脑、智能手机或平板电脑用无线方式连接到网络。智能手机用户在中国网民中的人数越来越多,每个家庭和个人都越来越多地使用这种移动通信设备。在2013年年初,《电脑报》采访了WiFi联盟总裁兼首席执行官埃德加·菲格罗亚,埃德加表示,WiFi的家庭渗透率已经达到了22%,而这项数值在全球的预估值也不过25%而已。然而相比于高度发达的西方国家,中国的WiFi技术和推广却只是刚刚起步,因此他更看好中国未来WiFi事业的前景。基于中国的WiFi家庭总量目前在不断递增的情况,埃德加乐观地估计,到2016年,中国的WiFi家庭总量应该能够达到全球WiFi家庭总量的三成。

二、当前移动新闻客户端的使用现状以及市场情况

随着无线互联网的发展和智能手机应用的普及,手机新闻客户端的发展也逐渐成熟,成为新闻碎片化传播的最新成果。在移动互联网市场咨询公司"第一象限"(Upper Plus)进行的行业调查中,手机阅读的一大趋势就是跳过桌面互联网通过APP窗口接入信息。根据"易观国际"的统计数据推算,2012年中国移动互联网用户数将超过互联网用户数。庞大的手机用户群和移动互联网用户群为手机媒体的发展奠定了基础,也使得手机新闻客户端成为媒介融合的新的增长点,各大门户网站及传统媒体纷纷开发出自己的品牌产品抢占市场。而在各大第三方手机应用商店中,如苹果App Store、应用汇、安卓市场、N多市场、机锋市场等,能够同时适用目前手机市场上最主要的系统如iOS、Android、Windows、Symbian等的手机新闻客户端就有数万个,随时更新的新闻信息是众多电子产品爱好者追捧的热点,这已经成为一种不容忽视的媒介现象和文化现象。

据《移动互联网全景调研之行业盘点篇》显示,在2010—2012年手机使用者最经常出现的十大手机上网行为中,浏览新闻连续三年都位列榜首。而在手机人最喜爱的十大手机APP类型中,新闻类专业APP却并未进入排行榜前十。对比之中可以得出,现在无线产品市场上的新闻APP发展程度还远未满足受众需求。这一方面说明了新闻APP的市场还有很大潜力,产业链还需要进一步拓展,另一方面则说明了现有的新闻APP产品在用户体验和产品质量上还可以进一步提高。

在移动互联网背景下,手机凭借其随时随地、移动与便携等优势快速发展成为重要的大众传播媒体,成为媒介融合的新平台。为抢占移动用户市场,各家传统纸媒与大型门户网站等纷纷进军新闻移动客户端市场。

根据"易观智库"在2013年发布的一份新闻客户端市场份额显示,截至2013年3月31日,中国新闻客户端市场排名前三的客户端及下载量份额分别为:搜狐新闻31.8%,网

易新闻18.0%,腾讯新闻10.2%。三大门户网站占领了中国移动新闻市场的59%。搜狐新闻凭借其门户优势,着重打造"全媒体+订阅平台",其与报刊、网络、电视等各类媒体形式以及企业、电商、社会组织、自媒体展开合作,成为内容体验绝佳的试验场;而网易新闻则凭借着"跟帖"特色以及专业主义的新闻态度赢得了自己的一份市场;腾讯通过微信这个重要渠道,迅速积累了用户。百度新闻与凤凰新闻凭借自身拥有的媒体品牌,也在市场中占得了11%的总体份额。"掌中新浪"是新浪门户网推出的移动端产品,先期新浪公司并没有把新闻资源核心放在移动端,其名称也在2013年4月26日调整为新浪新闻,其所占份额为3.5%。再往下还有两款新闻客户端,即刻新闻占3.5%,今日头条占2.9%。

三、我国移动客户端案例分析

在这个移动互联网时代,移动阅读正为越来越多的用户所接受,各媒体运营商纷纷推出自己的移动新闻客户端。国内主要有搜狐新闻客户端、网易新闻客户端、腾讯新闻客户端等主要移动新闻客户端。

(一)搜狐新闻客户端

搜狐新闻客户端是2010年搜狐公司出品的一款为智能手机用户量身打造的"订阅平台+实时新闻"阅读应用,是全国首个提出个性化阅读服务的新闻客户端。通过将优质媒体资源聚合成适合方寸之间阅读的图文报纸并定时推送,让智能手机用户随时随地"搜狐新闻先知道"。

搜狐全媒体开放订阅平台,积极牵手传统媒体搜狐新闻,是国内用户量排名第一的新闻客户端。在很多人看来,中国手机用户每天最常做的有三件事:刷微博、玩微信、看搜狐新闻客户端。截至到2013年9月,搜狐新闻客户端总装机激活用户突破1.5亿,是我国国内第一个用户数量超过1亿的手机新闻客户端。搜狐新闻实施的是"全媒体+开放订阅平台"的模式,搜狐新闻客户端订阅平台总订阅量超过6亿,订阅媒体和自媒体1200多家,其中《央视财经》《参考消息》等媒体刊物超过千万订阅量,是中国最大的免费移动新媒体发行平台。同时,精编搜狐早晚报,新闻内容除了头条新闻之外,偏重于体育、娱乐、IT、财经新闻。新闻的形式除了文字、图片之外,还引入了视频新闻。在订阅的内容中,除了各类传统媒体之外,也加入了一些具有草根气息的自媒体,如"逗你玩""神吐槽"等。同时,搜狐新闻客户端积极开展同传统媒体的合作,包括牵手东方卫视"中国达人秀""中国好声音"入驻搜狐新闻客户端。

截至2013年12月,搜狐新闻客户端装机量突破1.85亿,活跃用户超过7000万,均位居业界第一,是中国最大的移动媒体平台。手机搜狐网日均独立访客高达7500万,总点击量达14亿。

搜狐新闻客户端还与中国移动、中国电信、三星、诺基亚等电信运营商和手机硬件厂商达成了一系列合作,成为他们的深度合作伙伴。搜狐新闻客户端是这些厂商在2014年手机预装招标中的唯一客户端新闻产品。这一合作意味着搜狐新闻客户端将拥有新增用户达数亿人。这一成绩将继续巩固搜狐新闻客户端的行业领先地位。

搜狐新闻客户端于2012年首创了订阅模式,2013年已经发展成为首家移动全媒体平台,拥有音频、视频、组图、语音互动等丰富的媒体形式,入驻媒体和自媒体超过 3000 家。搜狐新闻客户端于 2010 年底首创了"搜狐早晚报",目前拥有 1 亿用户,是中国发行量最大的报纸的 20 倍;搜狐新闻客户端的《神吐槽》《欢乐网事》《热辣评》三大原创栏目,单篇文章日均用户评论超过 4000 条,单个内容每日点击量超过 1000 万。

电视台的一批优质栏目也关注到了搜狐新闻客户端的巨大传播效力,纷纷加入合作行列。例如搜狐作为 2013 中国好声音新媒体独家战略合作伙伴,有 1.21 亿用户通过搜狐新闻客户端参与互动。搜狐新闻客户端还是央视年度经济人物的独家新闻客户端合作伙伴,以及央视"3.15"晚会唯一手机爆料平台,被央视作为主要网络爆料的"新闻来源",现场口播、字幕品牌曝光 20 余次。

2013 年 12 月,搜狐新闻客户端开放政企平台,成为唯一拥有政企运营产品、开放政企入驻的新闻客户端。最高法院、国资委、卫生卫计委、宝马中国、伊利乳业等的官方新闻客户端均已落户搜狐新闻客户端政企平台。政企平台的主要功能有注册、认证、资料管理和形象展示、影音图文等多媒体信息发布和管理、互动消息管理、数据统计分析、账号和内容推广等,各个党政机关企事业单位可根据自身需求自定义栏目、设置个性模板、创建直播和访谈。更可将此平台一键添加到桌面,相当于一个独立的移动客户端,为政企省去了制作客户端的产品、技术、开发、设计、推广等一系列费用。

(二)网易新闻客户端

网易新闻客户端是 2011 年网易门户网站针对自身特色开发的新闻资讯客户端,全面延伸网易门户的品牌和资源,具有内容快速精致、题材丰富、结构清晰、简单易用、阅读愉快、交互自然流畅等特点,目前覆盖 iOS、Android、Symbian、Windows phone7 等主流平台。

网易新闻客户端将为手机用户提供全天 24 小时滚动即时的新闻资讯,涵盖新闻、娱乐、体育、财经和时尚等 32 个栏目。除了新闻内容丰富,网易新闻客户端的跟帖、图集、投票等都广受欢迎,其中的"跟帖"更是网易的拳头产品,"无跟帖,不新闻"已经成为网易新闻客户端的推广语。

网易以特色"跟帖"服务、草根气息吸引受众,网易新闻凭借其特色的"跟帖"服务广受用户好评。网易新闻客户端也将自己标榜为一个有态度的新闻门户。它的新闻平台也是"订阅+新闻资讯"的模式。其新闻内容除头条新闻外,主要侧重于娱乐、体育、财经。其新闻形式除文字、图片之外,还包括音频新闻栏目"听新闻"。此外,跟帖、话题、投票等功能也是网易新闻客户端的特色。另外,网易还开辟了一批独具特色的原创新闻专栏,其中有《历史七日谈》《易百科》《今日之声》《另一面》等。这些版面的文字内容很丰富,知识也很全面,且颇具深度,吸引了很多想要深入了解这些知识的受众。

(三)腾讯新闻客户端

腾讯新闻客户端 2010 年首次登陆苹果商店,是基于 iOS、Android 等平台的腾讯新闻服务,快速、客观、公正地提供新闻资讯,凭借其优异的用户体验引发用户大量下载,以王者之姿"秒"杀用户,带领移动资讯进入"秒"时代。腾讯新闻客户端是腾讯团队用心打造的一款丰富、及时的新闻应用,本着精炼、轻便的目标,为用户提供高效、优质的阅读体验。

"全球视野,聚焦中国,一朝在手,博览天下。"

腾讯新闻客户端自上线以来,以较快的推送速度、友好的界面、专业原创的内容、丰富的视频图片等优势得到了用户普遍认可,用户的数量、活跃度和口碑都在同类软件中名列前茅,一直保持着在 App Store 新闻软件中前三位的排名。在欧洲杯赛事和伦敦奥运期间,腾讯新闻客户端开创性地推出了视频新闻和奥运专版举动,提高了新闻客户端的竞争门槛,引发了行业强烈关注。

腾讯新闻客户端的特色在于把新闻、视频、微博有机地结合了起来,为手机用户提供多形式、多产品精华内容聚合的快速阅读体验。腾讯新闻客户端同时拥有优秀的开发和运营团队、腾讯海量的品牌用户、良好的用户口碑以及强大的推广资源等优势。腾讯还拥有数量庞大的无线互联网产品,用户可以互相推荐下载,并在第一时间接入王牌无线产品——微信,让用户能够在微信中分享腾讯新闻。这是其他应用所不具备的。

此外,腾讯新闻客户端还具有强大的实时推送功能。重大新闻可瞬间推送到手机,随时随地掌握天下事。用户通过腾讯新闻客户端,仅需 3 秒即可连接到世界新闻。重大事件发生时,腾讯新闻客户端能够实现 30 秒实时推送新闻、300 秒尽览每日资讯。通过这种速度可以让用户真切地感受到新闻触达指尖的便捷性。

四、移动新闻客户端的经营机制

移动新闻客户端的运营机制主要以内容运营和商业运营为主,具体如下。

(一)内容运营

1. 内容渠道为自身产生的内容

这类移动新闻客户端的内容均与自身已有平台的新闻信息相关联,如传统媒体推出的各类移动新闻客户端和腾讯、新浪等传统互联网门户网站的移动新闻客户端。比如一些纸媒开发客户端,有的纸媒不同时采取抢占智能移动终端的方式,即开发阅读器(如南都 PAI)。移动新闻客户端的内容资源包含两类,一类是与纸版内容一致,如《人民日报》客户端;另一类则通过整合更多资源,一个客户端可阅读同一集团下所有报纸资源,如"解放报业"客户端。作为传统互联网门户网站的新浪和腾讯则凭借其已有平台的海量资讯内容,通过移动新闻客户端为用户提供更多更全面的资讯信息,同时支持推送功能,能把重大新闻瞬间推送给手机用户,方便用户随时随地掌握天下事。其移动新闻客户端也注重与用户的互动,支持用户通过多个社交平台分享阅读新闻讯息。

2. 移动新闻客户端内容渠道不仅包括自身产生的内容,还整合了更多其他媒体的订阅资源,即"新闻+订阅"模式

这类模式的典型代表是搜狐移动新闻客户端。在搜狐新闻客户端中,"全媒体+订阅中心+及时新闻"不仅有自有产品,还包括纷纷进驻的其他媒体及自媒体。如《人民日报》《参考消息》《央视新闻》《第一财经》等都将其作为新媒体发行的独家渠道。据搜狐公布的数据显示,搜狐新闻客户端用户量已突破一亿,截至 2013 年 4 月,搜狐新闻客户端全媒体平台合作媒体有 550 多家,总订阅量已突破 4.5 亿。

3. 移动新闻客户端内容渠道是依据算法产生的内容

搜狐在做客户端的时候曾有分派之争：一个流派被称为"搜索引擎流派"，即通过全网抓取新闻之后再用算法来做个性化推荐，中国另一款独立的热门新闻客户端"今日头条"就是走的这个路数；另一个流派被称为"微博微信流派"，即先允许进驻大量的内容生产方，然后由用户自主选择订阅对象。搜狐选择了后者。对于前者以搜索引擎来做新闻内容推送，这是当下大数据时代的具体应用，百度新闻就是该类模式的典型例子。百度新闻作为百度推出的移动客户端新闻应用，是基于百度新闻搜索平台的海量搜索数据、整合互联网海量新闻资讯之上，为用户提供全面的新闻内容的。用户可快速浏览搜索自己感兴趣的话题，通过简单关注即可获取个性化的资讯内容。又比如云云网，通过整合微博新闻信息，防止重复内容出现与混乱内容的重叠。以上分类是从新闻内容的建构来进行的分类。在业界也有人针对内容来源分为以下三种。

UGC：用户生产内容。客户端平台提供阅读集成平台工具，由用户自己去收集、整合，比如鲜果联播、抓虾等。

PGC：专业人士产生内容，这是由传统的新闻专业主义生产内容，比如新浪新闻、搜狐新闻、ZAKER等。

AAC：算法产生内容。这个就是上面内容建构中的第三条，即通过搜索引擎抓取来获得用户喜爱的新闻内容。比如今日头条、百度新闻等。

（二）商业运营

一般而言，针对互联网阅读类产品，普遍的商业盈利模式为：(1)付费阅读；(2)平台方与内容提供者平分广告费。移动新闻客户端本质上作为内容生产商，商业运营可以延续传统PC端的模式，也可以根据自身平台性质加以创新。

1. 平台广告收益

2013年8月21日，《参考消息》入驻搜狐新闻客户端，提供广告收入300万。这是搜狐目前最大的一个单笔广告收益额。随着品牌影响力的拓展与使用用户的沉淀，搜狐"全媒体+订阅中心"的渠道形式将会变得越来越突出。因此，传统的广告模式也可以在这里受益。同时作为移动端的战略结合点，新闻客户端还可以作为线上以及传统媒体整合营销的一个重要支持点，因而广告的平台分发自然也会流入移动端。

2. 服务即内容，内容即广告

原生广告是未来营销市场的一块蛋糕。除了社交媒体外，新闻客户端是个绝佳的实验场所。原生内容营销不是一般的植入性广告，其要求的是与植入的内容和情境相互融合成统一的内容生态圈。因为未来的服务就是内容服务，而内容也是广告。这种服务模式，在微信营销建构圈中已经实现，新闻客户端想要吸取其商业性内容，又要确保阅读体验，就必须做得更为隐秘。

3. 自媒体圈子营销

无论是搜狐客户端，还是网易客户端，都邀请了一些知名的自媒体加入内容创作。一方面自媒体通过自身独特的品牌资源与内容资源，加强了新闻客户端的整体质量；另一方面，新闻客户端通过与自媒体的融合，形成全媒体统一战略，建构阅读类平台架构，形成了"新闻信息+订阅内容"的生态闭环。

4.用户协同分成

网易新闻客户端已开放订阅平台,用户通过订阅栏目、分享文章获得积分。网易利用"打赏"这类创新的分发,完全可以实现让用户更好参与广告消费的目的。这种协同行为与众筹一样,都是一种利益分发模式,因此在新闻客户端上,我们也可以利用这些协同效果来调动用户参与互动,在互动的口碑中调节这些商业价值。

五、纸媒的移动端发展

随着互联网技术的发展、数字和移动通信技术的进步,以网络、手机等为代表的互联网媒体发展势头强劲,传统媒体的受众和广告市场得以重新分流。传统报业在这一过程中遭遇了前所未有的冲击。为迎战传播业的激烈竞争和全媒体时代的洪流,将挑战转化为机遇,报业集团纷纷实行跨媒体、跨平台、跨行业的改革,迈出全媒体转型的步伐,由报纸生产商向内容提供商、综合信息服务商转变,以全面提升报业综合运营能力。

互联网媒体领域的新概念"SoLoMo"(Social, Local, Mobile 的缩写),认为新技术的价值应以社会化、本地化和移动化为三个重要的衡量指标。"移动化"在报业向全媒体转型的过程中,给传统新闻业带来的巨大的机遇和挑战不可忽视。而"本地化"和"社会化"则是都市报的天然优势。

(一)纸媒移动化的必要性与可行性

互联网技术的强势发展带来的是新兴媒体的崛起,而以报纸为首的传统媒体运营状况不堪入目。随着用户阅读行为的移动化以及都市报自身"本地化""社会化"的优势,纸媒实行移动化势在必行。

1.必要性

传统的纸质都市报正面临着来自互联网媒体的巨大挑战。

从受众数量来看,互联网媒体受众群正在增大,而纸媒生存空间则正在萎缩。随着互联网媒体接收信息的人数迅速增加,人们每天通过手机、电脑上网的时间越来越多,而传统纸媒的受众群则不断下降,人们用于看报的时间逐年递减,从而致使纸媒的生存空间日益受到挤压。受众逐渐倾向于从网易、腾讯、新浪、搜狐等门户网站获取新闻信息,并习惯接受互动参与、意见表达等个性服务,还通过谷歌、百度等轻易搜索到所需要的各类信息。特别是微博、微信等社交工具的出现,以及起源于移动平台的新闻客户端的普及,使互联网媒体进一步蚕食着传统纸媒市场,并利用自身超强的内容整合力和传播力迅速地抢夺市场份额,瓜分受众。

从广告收入来看,互联网媒体收入剧增,而传统纸媒的广告收入则迅速下滑。目前,互联网媒体的传播影响力已经迅速转化为市场优势,强大的广告聚合能力和精准的广告投放技术,使广告主越来越倾向于选择投资回报率较高的互联网媒体广告。互联网媒体的经营收入迅猛增加,传统报业的价值链被割裂,利润被分流。

从内容生产来看,互联网媒体利用技术和用户开辟了独特的内容生产方式和风格,对传统报媒依附减弱。互联网媒体在发展的初期,由于没有独立的内容采编权,不得不依靠传统媒体的内容资源充实自身。而对报业而言,之所以愿意将内容信息分享给网媒,也正是因为看中了互联网媒体庞大的受众群,并希望借此拓宽自身的内容传播渠道。如今,以不断创新为主的互联网媒体又以技术和渠道为依托,利用庞大的用户群的积极参与,开始拥有了市场化模式下的交互信息生成能力,进而发展成为制作、发布各类信息的强大的开放式资讯平台,因而对传统报媒的依赖性逐渐减弱。

由此看来,传统报业必须积极拥抱互联网媒体才能在竞争激烈的媒体市场中维护自身影响力。而移动端作为目前互联网用户量第一终端,则更是传统报业转型的必要阵地。

2.可行性

首先,"移动化"成为用户获取新闻行为的趋势。移动媒体可以让人们随时随地获取信息,时效追求无止境。移动技术在时空上解放了阅读者,人们获取信息的时机变得零散且随机。人们既可以自主地向内容提供方订制信息,也可以在内容提供商了解其偏好的基础上,坐享个性化的内容。

其次,都市报具有"本地化""社会化"的先天条件,其所提供的内容资源地域性强,且多集中于与用户日常生活密切相关的领域,如本地要闻、商品价格、生活贴士等。这使得都市报信息服务的角色性质浓厚,向移动化转型,与定位服务等技术结合后更能发挥都市报已有的这些本地生活资源。

(二)传统报业移动化的方式选择

传统报业移动化有两种方式。

1.由传统报业推出的新闻客户端

传统报业推出的新闻客户端主要是基于完整的新闻内容的客户端和基于用户感兴趣的新闻客户端这两种形式。

(1)基于完整的新闻内容的客户端

比如,《纽约时报》在安卓、iOS以及Google Glass等终端平台发布的与网页版内容基本一致的付费新闻应用"NY Times",主要提供时事新闻和评论;以及纽约时报于2014年在iOS平台发布的名为"NYT Now"的付费新闻应用。NY Times、NYT Now的特点在于:提供简短的内容要点以方便读者在未阅读原文的情况下,了解报道内容;在早间和晚间推送独有的新闻简报,为读者提供当天热点新闻的内容总结;在名为"Our Pick"(我们的选择)的栏目中推送编辑精选的来自其他媒体的文章。

(2)基于用户兴趣的新闻客户端

这类客户端的信息组织方式更为灵活。如,纽约时报的应用程序"时报浏览"(Times Skimmer),读者可根据喜好订制属于个人的信息版面。它可以用一句话为你说出美国最出彩的新闻,也可以组织起你关注的话题的所有新闻导语。随着其信息组织方式更加灵活,它也影响着新闻机构的运作模式,改变着移动社会成员接收信息的方式。"路透长廊"应用(Reuters Galleries application),汇集了路透社所有获奖的新闻照片和新闻视频,并按照主题进行分类和链接,按照话题、类型、用户兴趣等编织成相互连接的数据库,用户对同一条新闻的阅读可深可浅。另外,路透社还将每天编辑推荐的优质新闻图片整合为幻灯片形式。

2.开放API

API(Application Programming Interface,应用程序编程接口)指的是一些预先定义的函数,目的是提供应用程序与开发人员基于某软件或硬件的访问一组例程的能力,而又无须访问源代码,或理解内部工作机制的细节。网站的服务商将自己的网站服务封装成一系列API,应用编程接口开放出去,供第三方使用。这种行为就叫作开放网站的API,所开放的API就被称作Open API。

开放API后,网站的所有内容将实现"可编程化",获得API使用权限的第三方不仅可以访问网站的全部内容,还可以对内容进行修改、整合、使用、再创作,最终形成新的应用,并将这些"已编程"内容在第三方平台上向受众推送。Open API作为互联网在线服务的发展基础,已经成为越来越多的互联网企业发展服务的必然之选。而这一战略模式的发展也正令传统报业悄然发生着重大变革。

2009年2月20日,《纽约时报》发布了一个叫作时报新闻社(Times Newswire)的新API。在此之前,时报新闻社API创造性地开始关注即时性,原因是它可以使该API的使用者只要登录《纽约时报》网站,就可即时获得《纽约时报》的头条新闻。该API还提供文章中所涉及的地理位置、公司和人物的信息,以及编辑团队提供的分类和标签,并且每分钟都在更新。有了这款新的Open API,《纽约时报》不必开发更多新闻移动端应用,通过借力于其他类型的应用就可实现已有的信息资源的价值。

(三)中外报纸APP实践案例

中外报纸新闻客户端呈现出不同的特点,以下以《南方都市报》和《纽约时报》的新闻APP为例来进行阐释。

1.《南方都市报》:品牌主导下的移动应用产品创新

新媒体竞争亦是阅读终端的争夺战。南方都市报通过电脑、手机、手持阅读器、电视机、户外视频等平台对其数字内容进行运营。

2009年6月,南都组建移动产品项目小组,搭建移动平台,着手研发基于智能手机的阅读器产品。2010年1月4日"南都报系"阅读器正式上线,可以应用于iPhone和Android两大手机操作系统平台。

移动终端的竞争才刚刚开始。终端改变了用户的阅读习惯和行为模式,对传统媒体、网络媒体、社交网络和应用开发者等众多市场参与者都产生了重大影响。

目前,南都移动应用主要专注以下五点创新:(1)加强内容整合和信息检索能力,从产品层面上来构建全新的内容分享和阅读模式,使用户可以在应用中获得更好的阅读体验,获取有用的信息,同时避免信息噪声;(2)深化和创新"社会化阅读"模式,实现社交网络的所有应用,如提供位置服务及用户所在区域附近的相关信息,更新状态报告,与朋友保持互动交流;(3)完善用户的激励机制,增加用户活跃度和黏性,增强个人用户和企业用户之间的互动性,提高广告营销价值,促使产品的商业生态系统正向循环;(4)拓展移动媒体应用类型,结合自身特点,开发热点应用领域,同时关联应用的互联网网站,提供位置分享、多媒体服务、搜索和交友互动等多种应用服务;(5)终端产品适用于各类终端,实现媒介载体之间的平滑延伸,同时与其他互联网平台建立广泛而紧密地合作关系,将自身的应用服务集成到其他媒体平台,例如从微博平台的第三方应用开发与接入。

2010年亚运前夕,南都发布了"广州亚运指南"客户端,它基于移动互联网的地理位置服务,在为手机用户提供最为全面的亚运赛程、场馆、赛事资讯的同时,还提供了亚运场馆周边旅游、交通、餐饮、住宿信息及地图导航服务。此次推出的"广州亚运指南"专业版开启了用户付费的模式,售价为1.99美元,具有中文、英文、韩文和日文四种语言选择,用户结合动态位置可自动调用GPS进行路线导航,提供电话查询并可直接拨打。该客户端在苹果商店上架不到一周即跃升至体育收费类销售榜第一位,这是南都移动产品第一次尝试并实现向3G用户直接收费。这款基于区域位置服务的应用产品也昭示了移动媒体区域化应用的商业模式路径:(1)拓展用户付费市场,为用户提供可定制的有价值的信息服务产品;(2)为本地企业提供更加高效、精准和低成本的市场营销工具和平台。

2.《纽约时报》APP

美国68%的发行量在25000份以上的日报都推出了新闻APP。所谓新闻APP是指一种软件程序,即允许移动设备使用者在玩游戏时,进入网页内容获取媒介或者数据。报纸APP是典型技术与媒介结合的产物,首先是iPhone提供了这种技术服务,然后是Blackberry,不久是Google's Android。现在63%的APP都由iPhone提供。2008年4月,美国报刊协会(Associate Press)发布APP移动新闻网,当时有100多家报纸报名参加,截至2012年,共有1000多家报纸主动贡献他们的故事给移动APP。

作为一种技术端口的渠道延伸,报纸新闻APP具有以下几个主要功能模块。

(1)新闻预警。APP有能力推出新闻预告,当读者正在阅读或者手机空闲时,屏幕上箱子震动就是新闻预告的提示。

(2)多媒体。大部分报纸APP提供视频图片,《纽约时报》和《华盛顿邮报》拥有专门的图片画廊,《华尔街日报》在故事页也注入了视频和图片。

(3)线下内容。大部分APP都允许使用者进入线下内容,《华尔街日报》有可能是为使用者提供最广泛线下入口的报纸,而且使用者可以对某一特殊文章贴上标签,以便以后阅读。

(4)内容整合。《华尔街日报》在相关故事中导入了多媒体视频和影像,从而让内容整合变得非常有效。因此,使用者可以不离开故事,在线或全频接受新的内容。

(5)广告。在新闻APP上,广告格式不同于屏幕上的旗帜广告、嵌入广告或者是出现在页面之间的过渡广告。当前新闻APP中搭载的广告还不多,其主要出现在开机页中。

(6)付费。《华尔街日报》APP提供免费新闻故事,但是用户每月必须订购全部内容;《华盛顿邮报》和《纽约时报》的APP是免费的、全时段的接受信息,但是两者都表示将对订阅者采取限制。

(7)导航和排列。所有APP都有节或者分类的概念,这使得媒介使用者能轻易从一个板块转移到另一板块。《华尔街日报》和《华盛顿邮报》的截面水平导航可以清晰地在每页上出现,但是假如用户正在看一个板块的节目,他就很容易更换到另一个板块上。而某些报纸的APP用户必须退出故事才能作继续访问,最流行的方式就是垂直滚动,水平扫描再移至下一个故事。《华尔街日报》和《华盛顿邮报》做得非常好的一方面是给使用者提供了一些有关"如何做FAG"的科普知识。

(8)时间表。新闻APP一个令人振奋的点在于其没有普通网页的杂乱无章的感觉,它给人的感觉是设计清晰,并易于操控。《纽约时报》的APP是唯一一个把时间邮戳设置在个人故事前页上,以及APP节段前面的。《华尔街日报》提供刷新选择,要么是有关报纸最近的编辑内容,或者是称为"最新"的页面,但通常都是已出版的内容。

（四）媒体 APP 运营

在微观层面，媒体 APP 要想获得成功，还必须考虑到内容、形式、用户、推广、营利等多个层面。

1. 内容：多元、即时与不可替代。目前大多数传统媒体 APP，并未整合 UGC 及其他信源，只是将自己的母体资源照搬到移动端；而实际上，新闻 APP 信源多元，主要的信源有三方面：UGC 内容（用户贡献内容）；PGC 内容（专业人士产生内容）；AAC（算法产生内容）。

2. 形式：简洁夺目与稳定亲和。不同的内容产品形态，只有匹配了合适的"呈现"方式，才符合其"媒介性格"。媒体 APP 形式呈现方面应注重简洁、夺目、稳定、亲和。

3. 收费：内容限免与小额打赏。内容限免：一些媒体采取针对热门与冷门文章不同收费的模式，或者是用户只能免费获取一些特定文章一部分的内容，需要付费才能阅读完整版的模式等。小额打赏：媒体 APP 还可采取"小额打赏"的方式来实现长尾收费。

4. 用户：强化互动与鼓励分享。强化互动：媒体做 APP 要想成功，就必须要重视服务与用户体验，APP 在某种程度上就是一个"用户管理平台"，可以通过它建立起与用户的情感链接。鼓励分享：还可在用户每次更新 APP 时奖励丰富的礼品或者是勋章等精神嘉奖，这可以提升用户的好感度与对品牌的忠诚度。

5. 推广：增加多触点外链与新旧媒体互推。增加多触点外链：就是指将新闻 APP 与产品 APP 捆绑互推。新旧媒体互推：新旧媒体互推是一个互相借力的有效方式，比如在销售传统媒体的过程中，捆绑联动销售其 APP，可能会行之有效。

以上是媒体 APP 的生存法则，当然，对于传统媒体的移动化生存，不一定非要开设自己的独立 APP，也可以通过借助其他平台，发动自媒体来实现自己的传播力与影响力。

第四节　移动短视频新闻

短视频是移动模式的天然产物，而用户是否愿意在移动端看视频往往要取决于手机的屏幕够不够大、网速够不够快、流量资费够不够低。近几年，在手机硬件的不断升级中，大屏早已是手机的标配，用户用手机看视频的体验问题早已解决。另外，随着 2013 年 4G 牌照的发放，网络环境得到保障，这是引爆移动短视频的最后一根导火线。受 4G 网络所带来的宽带红利的影响，日益爆发的移动短视频正在成为各路兵家的必争之地。

一、移动短视频

移动短视频指的是基于移动智能终端的、内容时长较短（一般以秒计算）的一种视频类型。它一般由用户直接利用移动终端拍摄，并在快速处理后，无缝对接到各种社交平台上。

移动短视频的鼻祖是 2011 年于美国发布的移动短视频社交应用 Viddy，这一应用旨在通过 30 秒的短视频来帮助用户及时地获得、生产、分享生活的细节。它与 Facebook、

Twitter、Youtube等社交媒体平台实时对接,用户可以通过这些平台进行实时互动。此后便涌现了大量的移动短视频应用。Twitter于2013年1月发布了旗下短视频分享软件Vine,通过该应用,用户可以拍摄并实时同步分享时长为6秒的短视频。该应用不到五个月的时间就积累了近1300万用户。图片社交应用平台Instagram也于同年6月推出了短视频分享功能,支持用户拍摄分享3—15秒的短视频,利用一项名为Cinema的防抖技术来保证视频的稳定性,同时,相比Vine没有提供任何的视频美化和编辑工具来说,Instagram将其引以为豪的滤镜效果加入视频后期的处理中。另外,还有Yahoo收购的短视频制作软件Qwiki、社交应用Line推出的"微片"、加拿大估值近9亿美元的短视频分享平台Keek等国外短视频类应用。

而在国内,除了有腾讯的8秒短视频"微视"、新浪投资的10秒短视频"秒拍"和来往推出的短视频功能之外,还有爱奇艺的7秒短视频应用"啪啪奇"、Youtube创始人陈士骏的6秒短视频应用"玩拍"等。传统视频网站酷6网和56网等也在该领域有所尝试。

二、移动短视频新闻

新闻消费中的移动终端发出乐观信号,2012年始,全美23%的人至少可以通过两种移动终端获取新闻[1],人们将获取新闻视作移动终端最重要的功能。在传统新闻消费方式的基础上,移动终端拓宽并延伸了人们的新闻消费行为,同时拥有两种以上移动设备的人倾向于利用一切可以利用的移动设备。

短视频的兴起,不仅为人们表达自我、沟通交流提供了一种更加丰富全面的新方式,也为新闻传播方面带来了一种新的可能。虽然目前仍处在探索阶段,但已经有一些专业新闻机构开始尝试移动短视频来丰富自己的资料采集、报道手段以及传播渠道:Now This News是一家专门生产6秒、15秒和30秒短视频的新闻网站,该网站每天在Vine、Instagram等平台上提供超过50条的短视频新闻,这些新闻既包括传统视频新闻的简单截取,也包括利用短视频应用实时拍摄的视频片段。BBC则推出了基于Instagram的Instafax项目,每天在其Instagram官方账号上发布几条新闻视频。2014年两会期间,《人民日报》、新华社、中央电视台等媒体的数百位记者也使用了"秒拍"来第一时间报道两会动态,产生了数万条视频信息。总之,使用移动短视频进行新闻报道已经是明显的趋势。

2004年,英国广播公司(简称"BBC")试水移动手机中的新闻视频,但当时的移动手机技术模式仅适合分享和转发,而不便进行串流处理,影响实时浏览。在BBC网站的月移动流量首次超过月桌面流量之后,2014年2月,BBC借助Instagram作为平台,以停止运营的文字电视信息服务Ceefax为基础,正式推出了视频新闻服务Instafax。BBC推翻了以往不同风格的内容混合物,代之以更为正式的视频新闻,每日通过账号bbcnews上传2—3个被压缩至15秒的视频新闻,为用户提供重要新闻的摘要,如果用户想要了解新闻详细内容,可以转到BBC官网进一步了解。

Instagram是一款支持iOS、Windows Phone、Android等平台的移动应用,允许用户

---

[1] 任琦.移动终端和社交媒体对新闻业到底意味着什么?——《美国新闻媒体报告2012》解读之二[J].新闻实践,2012(6):66—67.

在任何环境下抓拍下自己的生活记忆。用户可以通过选择图片的滤镜样式（Lomo/Nashville/Apollo/Poprocket 等 10 多种胶圈效果），一键分享至 Instagram、Facebook、Twitter、Flickr、Tumblr、Foursquare 或者新浪微博平台上。不仅仅能拍照，作为一款轻量级但十分有趣的 APP，Instagram 在移动端还融入了很多社会化元素，包括好友关系的建立、回复、分享和收藏等。这是 Instagram 作为服务存在而非应用存在的最大价值。Instafax 的成功推出标志着 BBC 已摆脱以往偏向电视化的新闻服务，正在朝着移动化、社交化方向进行革新。

Instafax 视频数量的最初设定为每日三条，经过一个月的试运行后现在已发展到三条以上，且每日数量不等。视频内容则是每日重要新闻摘要，想要获得完整新闻信息则须登录 BBC 的官方网站。每条新闻视频具有完整的片头和片尾，约用 3—5 个镜头来叙事，每个镜头会有一句醒目的大字进行解说，以此代替不太合适出现的画外音。除环境音外，有些视频会添加相应的背景音乐以把握节奏。整体来说，Instafax 有着完整的节目形式。

总的来说，Instafax 主要具有以下几个特点。

1.它用最容易理解的方式，将复杂的新闻内容呈现给用户，使用户能在较短时间内获得大量新闻讯息，并在其中筛选感兴趣的内容，最终将用户导向 BBC 网站。这一服务成功为 BBC 吸引到了那些注意力被新媒体掠夺走的、相对年轻的受众。

2.主题鲜明。西方将这种报道方式称为"headline reporting"，即内容提要报道。由于时间限制，每条新闻只包含重要信息，围绕一个点来进行传播。因此主题十分明确，受众在第一时间就能准确把握主要内容。

3.符合用户碎片化阅读习惯。15 秒的长度使得受众可以随时利用碎片化的时间来观看视频内容。

4.即时拍摄、分享与互动。这一点在突发事件的报道上尤为重要，记者通过 Instafax 可以迅速将拍摄的报道分享出来，并能第一时间跟受众互动。这有利于提高报道的即时性。

Instafax 属于传统媒体机构基于移动短视频所做的新的报道方式的尝试，除此之外，新的媒体公司与个人也可以制作此类短视频新闻。

第五节　平板电脑新闻编辑

平板电脑带来的新闻阅读体验和移动传播效果对传统媒体产生了颠覆性的影响。2010 年 1 月，美国苹果公司推出 iPad，作为一种全新的新闻传播工具，它带来了全新的新闻阅读体验和移动传播效果，对传统媒体产生了颠覆性的影响，带来了一种基于数字技术的新兴编辑模式。

一、平板电板发展

平板电脑是一种小型、携带方便的个人电脑，以触摸屏作为基本输入设备，并允许用户通过触控笔或数字笔进行操作，而不是传统的键盘或鼠标。早在 2002 年微软就提出了平板电脑的概念。平板电脑除了具有笔记本的功能外还有语音识别和手写功能。当时平板电脑的主要生产商有 Acer、HP、Fujitus 等，多采用 Windows XP Tablet PC Edition 操作系统，并都以触控笔作为输入设备。那时很多软件是专为平板电脑设计的，不能运行在其他设备上。由于技术和价格等原因，平板电脑不能实现普及，当时主要应用于一些垂直行业，如医疗、运输和物流等。直到 2010 年苹果公司的乔布斯对平板电脑概念进行了重新思考定位：以超薄、轻便的外观，高精度的电容多点触控屏，更低的价格，更强的娱乐性能等特点区别于传统平板电脑。目前平板电脑生产商有苹果、三星、Dell、HP、联想、汉王、爱国者等。

平板电脑作为 PC 机的一个衍生品，相比于笔记本电脑有很明显的优点：小巧便携、支持手写输入和语音输入，可提供一个相对完整的 PC 机功能，应用领域广泛，如，外出旅行、实地考察、户外数据采集等，又很方便于工作地接入无线网络，使得平板电脑相比于其他 PC 设备有明显优势。它与智能手机相比，其屏幕更大、功能更多、处理能力更强。

苹果公司推出的 iPad 立刻在业内掀起了一股平板电脑热潮，随后 Motorola、三星、LG、索尼、东芝、联想、华硕等一线品牌，以及台电、昂达、爱国者等品牌了纷纷推出了自己的平板产品。在厂商的大力推广和消费者的热捧下，平板电脑市场呈现出爆发式增长的态势，2011 年的市场销量已经突破 6000 万台，当时预计 2015 年的销量会超过 1.6 亿台。

在国内市场方面，据赛迪顾问（CCID）统计，2011 年中国平板电脑市场规模年增 10 倍，达 492.5 万台，同时营收方面则年增近 8 倍，达人民币 189.8 亿元，成长相当显著。同时市场出现结构性的改变，开始往两极化方向发展。

首先是低价策略让中国本土厂商的市场占有率快速提升。有很多中国本土的 PMP（Portable Media Player）厂商和手机厂商都在 2013 年进入了平板市场，且主打的产品多是 7 寸 Android 平板电脑，而价格则多在人民币 1000 元以下。联想（Lenovo）在 2013 年第四季于中国推出了价格在 1000 元左右的平板电脑，给低价平板市场带来了显著冲击，同时也扩大了 LePad 的市占率。

第二项改变则是中国的 Android 平板电脑有往两极化方向发展的趋势。2011 年中国平板电脑的主流价位分别在 3500 元以上，以及 1500 元以下，而在 1500－3500 元的产品则未有好的表现。

第三点值得注意的是，行业应用的平板电脑已经在中国市场起飞，例如餐饮业、娱乐业或是旅游业等，纷纷都在 2013 年开始采用平板电脑。另外也有多家平板厂商试图往教育、金融、医疗或电子化政府等领域发展。

二、平板电脑的应用

平板电脑可按用途分为通用平板电脑和专用平板电脑。当前市场上的平板电脑主要面向娱乐、游戏和商务应用，属于通用平板电脑。而专用平板电脑是专门为某一特定领域生产定制的具有特定功能的平板电脑。通用平板电脑是在电子阅读器市场被催热后推出的。像平板电脑 iPad 应用于阅读电子书、看视频、玩游戏、发电子邮件等，其应用软件存放在 App Store 中，有将近 30 万款软件供用户下载使用，例如 iBooks、办公 Office2011 等，但大多数软件是收费的。另外，苹果还推出了 iWork 等 12 项创新应用程序以及 SDK 下载。

基于谷歌 Android 系统的三星 GalaxyTab 平板电脑,主要应用于阅读报纸、玩游戏、导航等。其应用软件存放于 Android 应用商店,例如办公软件 Office、电子书、导航等应用软件。谷歌在官方网站也发布了 SDK。另外,Verizon、亚马逊等厂商推出的 Android 应用商店,也有近 10 万款的应用收费软件供用户下载使用。基于 Chromeos 的平板电脑的应用软件存放在 Chrome Web Store 中,而基于 Meego 和 Webos 的应用软件还在研发中。

通用平板电脑有着较强的娱乐功能和商务功能,因此应用软件的质量和数量成为用户评价通用平板电脑的标准。iPad 作为通用平板电脑成功的典范,不仅实现了内容和服务的无缝化结合,更重要的是其成熟稳固的商业运营模式"设备+内容+运营商服务",这种完整的体验吸引着大批用户。通用平板电脑若把自有平台优势和应用与运营商服务相结合,将在移动终端设备的竞争中凸显出优势。

专用平板电脑将平板电脑应用于专业领域,要求具有性能稳定、适合复杂环境的能力。它不能像通用平板电脑一样通过安装兼容软件进行应用,因为安装兼容软件很可能会出现兼容问题,这样不利于实现平板电脑的性能稳定和最佳化。随着平板电脑技术的不断发展,在商务方面和特定领域的应用也将越来越多,如应用于电子商务、城市规划测量、农业信息采集等。比如淘宝定制的淘 pad,它就给用户提供了包括"随身购""淘掌柜""数字商城""移动支付宝"等客户端应用,卖家可以通过客户端在线管理店铺,买家则可以随时随地进行上网搜索、购物等活动。当然专用平板电脑对工作环境的适应能力和稳定性都有一定的要求,如在 $-20℃$ 的环境中采集数据等。面向专业领域的专用平板电脑也将成为未来平板电脑发展的重要方向。

综上所述,平板电脑可采用"设备+内容+运营商服务"三者相结合的方式,将其优势发挥到极致。娱乐和商务应用可作为通用平板电脑的主要发展方向,增强通用平板电脑的娱乐和商务功能,其最重要的是保证软件质量、提高应用软件的数量。而专用平板电脑主要针对专业特定领域,则需要在定制时提高平板电脑的稳定性和适应复杂环境的能力。

美国麻省理工学院媒体实验室的创始人尼葛洛庞帝将 iPad 等平板电脑视为"新的图书、新的报纸、新的杂志和新的电视屏幕"。尤其对纸媒形态而言,世界著名的新闻集团总裁默多克认为将来可能越来越多地由传统纸媒向 iPad 等平板电脑过渡。而密苏里大学雷诺新闻学院的调查显示:在美国平板电脑用户中,用 iPad 阅读新闻的比例最高,有 75% 的人每天花 30 分钟用 iPad 阅读新闻,而周一至周五通过报纸阅读新闻的只有 21%,用电视的为 53.8%,用电脑的为 55.1%[1]。美国 Harris Interactive 公布的民意调查结果显示:15% 的美国人使用 iPad 或 Kindle 电子阅读器来阅读报刊书籍。2010 年美国 Reynolds Journalism Institute(简称 RJI)调查显示:与纸质媒体和智能手机比,近四分之三的受访者认为在 iPad 上的阅读体验超过纸质报纸的阅读体验。2011 年 RJI 调查表明:84% 的受访者认为最受欢迎的 iPad 用途是"追踪突发新闻和时事新闻",其次受欢迎的是"在闲暇时间阅读图书、报纸和杂志"(82%)[2]。另据美国科技博客 Business insider 和调查公司 NPD 统计,大约 75% 的 iPad 用户愿意用 iPad 代替纸质书阅读。

---

[1] 王松苗,路倩雯.iPad 冲击下的报业生存[J].新闻战线,2011(8):67—69.
[2] 罗杰·菲德勒.美四大机构五项调查:谁在使用 iPad? 平板移动电脑将迅速成为主流媒体[J].新闻实践,2011(9):70—76.

在所有的传统媒体当中,报纸的转型是最为迫切的,iPad的诞生给予了报纸一个新的转型契机。自从iPad诞生以来,世界各地的报纸媒体纷纷打造iPad新闻应用客户端,以尽快抢占iPad用户这一消费群体空间,尤其希望进入iPad媒体的第一梯队,成就自己的未来发展。诸如美国的《纽约时报》《今日美国》《华尔街日报》,英国的《泰晤士报》《每日电讯报》等报纸领衔,均打造了世界上第一批报纸类iPad应用客户端。我国拥有着庞大的报纸媒体队伍,自然也非常重视这个新兴的发展机遇。国内诸多报纸媒体在iPad诞生之初就看到了这个优越平台为报业带来的种种可能性,并迅速组织团队打造出了自己的iPad新闻应用客户端。仅中国大陆地区的传统报纸媒体发布的iPad新闻应用客户端数量就已多达一百余个。我国报纸向iPad转型的热度由此可见一斑。

与传统报刊媒体相同,全球的广播电视媒体都在寻求和拓展新的发展空间,如美国的NBC(全国广播公司)、ABC(美国广播公司)、CBS(哥伦比亚广播公司)、CNN(美国有线电视新闻网)以及英国的BBC(英国广播公司)、Sky TV(天空电视台)等广播或电视机构都纷纷进军iPad平板电脑,发布了自己的iPad应用客户端。我国的广播电视媒体也非常关注iPad提供的潜在发展空间,部分广播电视媒体已经率先进入了广电iPad应用的第一阵营。

此外,传统互联网的市场格局目前已大致饱和且渐趋稳定;移动互联网则刚刚兴起,但由智能手机、平板电脑等终端却带动了移动互联网的新一轮发展浪潮。iPad在移动互联网发展中功不可没,诸多网络媒体正是看中了iPad终端的良好平台,纷纷推出iPad应用客户端,以求自身的网络得到进一步延伸。传统网站类的iPad应用,多是传统互联网站朝向iPad终端的延伸产品,既包括那些传统的主流门户网站,如网易、新浪、搜狐等商业门户,也包括报刊等传统媒体所创办的网站,如人民网、新民网、苏州新闻网、长江网等媒体网站。这些传统网站在传统互联网世界中占有非常重要的地位,传统互联网下的网民登录互联网之后的第一落点就是这些网站,网页式的使用模式已经构成了网民们普遍的网络接触习惯。然而,当移动互联网时代飞速而来的时候,这些传统网站运营商们纷纷意识到这是一次良好的发展机遇,而且将迎来新一轮的网络争夺战。于是,这些传统网站依托自身强大的网络技术和软件开发优势,争先恐后地推出网站的各种iPad应用,包括门户类应用、新闻类应用等。其中数量较多、影响力较大的是新闻类应用。这些网站的新闻类应用既区别于它们传统网站的新闻模式,也区别于报刊、广电等传统媒体的iPad应用,集中体现了它们的网络技术优势和信息密集优势,如网站新闻应用中的信息即时更新、重要信息推送方式等。这是报刊、广电等传统媒体的iPad应用所无法相比的。

三、平板电脑与纸媒融合

随着数字技术的发展,传统纸媒运营状况呈现出下滑趋势,其考虑与平板电脑融合,打造全媒体平台,有利于纸媒摆脱困境,实现涅槃重生。

(一)平板电脑作为报纸载体的优势

内容呈现方式:建立全媒体符号语言

1.回归传统阅读体验。在传统报刊的数字化衍变过程中,最基本的衍变层次是内容的呈现方式，即在传播符号系统、页面编排方式、信息获取路径等方面对传统方式进行深刻改变。基于平板电脑的传统报刊数字化内容，并非简单地将传统报刊文字与图片报道按传统编排方式平移至平板电脑，而应是以全媒体符号为语言系统、契合平板电脑传播特性、发挥传统报刊采编优势的全新内容呈现方式。

  符号的意义，在于其具有将客观世界与人类精神活动进行联结的特征。其包含两个方面的内容，一是人类对对象事物（自然事物或社会事物）的认识而赋予的含义，二是人类以语言转写形式传递和交流的精神内容。符号的传播活动，实质上也就是意义活动。

  大众媒介以符号为载体向受众传递信息。从报刊、广播、电视等传统媒介到手机、平板电脑等新媒介，在技术进步推动媒介形态变革的过程中，人类也一直在探索如何以多样化的手段来契合表意行为的阐释需要，比符合受众接收的理解规律。相对于传统报刊完全依赖于文字与图片、图形符号表达意义来说，平板电脑上的数字化报刊更能集文字、图片、音频、视频等符号于一体加以综合运用与表现，从而为受众提供更为丰富的阅读体验。

  平板电脑取消了传统电脑的物理键盘与鼠标，以触摸屏作为绝大多数命令的输入端，得益于多点触摸技术，用户可通过手势语言对数字化报刊进行操作，选择期目、翻页、滚动文字、放大或缩小图片等均能以直观且符合传统阅读习惯的方式轻松完成。因此，在屏幕大小适中、便携性高的平板电脑上，数字化报刊的内容排版也往往模拟传统报刊的版面编辑形态，而非新闻网站基于 HTML 语言的标题超链接、单屏显示、多层分级的呈现结构。在新闻类网站上浏览新闻时，受众可通过点击某标题进入相应新闻文本。若该文本的篇幅较长，以单页面方式呈现就会增加受众阅读的疲倦感；以多页面方式呈现又需受众多次通过鼠标点击页面特定位置的翻页按钮，增加操作的复杂度。回归传统报刊的版面编辑形态，可让受众更直观地通过排版差异了解信息重要程度区别，也能使文字符号与图片等其他符号更好地在同一页面上融合呈现。简单的手势语言克服了键盘与鼠标的操作门槛，更符合人的自然习惯与特征。

  平板电脑的数字报刊往往采用 APP（客户端应用程序）的方式来运行。这一应用简化了信息获取的过程，打开一个应用就到达了特定目标。且每一个应用的功能相对单一，层次也较少，这有助于提高人们阅读的效率。以应用程序方式呈现的很多数字报刊还加入了离线阅读功能，即用户在有网络服务的情况下通过短时间下载，即可实现无网络时的长时间阅读。这就有效丰富了信息的接收场域与情境，克服了网页浏览的在线情境局限，满足了无网络阅读移动阅读的需要。

  2. 产业盈利模式：重建"双重销售"渠道，开发个性增值服务

  传统报刊业的基本盈利途径是其双重出售模式，即通过向受众出售报刊与向广告商销售广告版面共同实现成本回收与利润获得。其中广告是其最重要的利润来源。但近几年来，传统报刊业在新媒体的冲击下广告收入不断下降。传统报刊业开发是基于新媒体介质的内容的多渠道传播方式，是其夺回广告份额的重要手段。建立新闻网站是早期传统报刊数字化的主要方式，但新闻网站上的内容最终只能成为报刊的附属品。所以批量提供给新闻门户网站的内容转载收入长期处于较低的价格标准。谷歌等搜索引擎更是通过提供相关信息的搜索结果，从而从这些数字化内容的广告收入中分得一杯羹。

  从 2010 年 8 月 2 日开始，新闻集团正式对旗下的《泰晤士报》和《星期日泰晤士报》网络版进行收费。据最新数据显示，与同年 2 月份相比，《泰晤士报》网站收费后已经丧失了

近90％的用户。2014年6月,英国《金融时报》12日刊登署名罗伯特·库克森的报道称,一项新研究发现,尽管尝试了新的内容收费方法,媒体行业2013年仍未能说服更多客户为在线新闻服务付费。

由牛津大学(University of Oxford)和路透新闻学研究所(Reuters Institute for the Study of Journalism)联合展开的一项调查称,在针对10个国家1.9万人的调查中,2013年只有十分之一的互联网用户愿意为数字新闻付费,与2012年持平。在这项调查展开之际,包括新闻集团(News Corp)和Axel Springer在内的传统媒体集团正继续改革业务模式,以赚取更多在线收入,抵销印刷产品收入快速下滑的影响。这项调查背后的研究人员称,对于很多媒体公司而言,这仍是一场生存之战。报道指出,2012年时,付费用户数量迅速增加,因为很多出版商开始首次对在线新闻内容收费。但调查发现,2013年增速陷入停滞。

研究发现,大多数互联网用户仍继续通过免费服务获取在线新闻。这些免费服务包括英国广播公司新闻网站(BBC News)、每日邮报信托集团(Daily Mail and General Trust)的Mail Online,以及Buzz Feed和Upworthy等创立时间更短的网站。

与此形成鲜明对比的是,苹果公司从一开始就积累了广泛的付费用户。从最初的iTunes Store(音乐商店)上对数字音乐的销售到App Store(应用程序商店)中的应用程序销售,苹果公司已搭建出了一个完整、成熟的数字内容收费模式,形成了免费与收费内容相结合、应用程序开发者与苹果公司双方收入分成的双赢商业模式。数据显示,截至2011年6月6日,App Store中的应用程序下载次数已经突破140亿次,且其中多数为收费程序。这一数据充分说明了用户对这一商业模式的认可。

基于iPad的报刊数字化内容在应用程序内呈现的方式,避免了其内容被非法转载或被搜索引擎"盗取"的风险,也使用户有了方便的付费渠道与购买流程,数字化内容的销售进一步节省了印刷、物流等成本。2010年4月,iPad在美国上市后的短短一个月内,《华尔街日报》的iPad应用程序用户就达到了6.4万。同时,以应用程序呈现的数字报刊还可采取灵活的收费方式。目前App Store中的数字报刊应用程序多采用了免费供用户下载的形式。下载运行相应数字报刊应用程序后,可通过IAP(In APP Purchase,程序内购买)功能实现对期刊的分期购买。另外也可选择以相对优惠的价格长期订阅。在南都全媒体推出的iPad版《南都周刊》《南都娱乐》中,一个月前及更早的过刊均可免费下载阅读,最新的3到4期刊物则需付费(目前是0.99美元/期)购买。新闻集团的《日报》《泰晤士报》则是提供一定时长的免费阅读期,到期后所有内容均需付费(按周、按月、按年)订阅。《纽约时报》等报纸则采取了部分内容(头条新闻、视频新闻)免费阅读、多数内容(时政、财经、科技、文化、世界新闻等)付费订阅的方式。

无论是iPad版数字报刊的广告还是零售、订阅,都延续、重建了传统报刊"双重销售"的商业模式。真正具有深度开发前景的,还是契合平板电脑物理特性与用户特征的个性化增值服务。基于移动互联网的iPad等移动信息终端,可通过GPS、无线信息网络等的定位功能获取用户位置信息,并实现LBS服务(Location Based Service,基于位置的服务)。LBS服务中的周边生活资讯提供、团购及优惠信息推送等功能均是信息个性化、分众化的有效路径。通过应用程序用户的订阅资料中反映的人口统计学指标(年龄、性别、学历、收入等)与信息获取习惯的数据挖掘,也可为个性化信息服务提供依据。

当然，在实践过程中，出版商与苹果公司之间在营收分成比例、用户数据的分享上仍存在博弈的过程。

3.行业属性：巩固新闻生产网络，强化内容专业品质

互联网、智能手机、平板电脑等新媒体对传统报刊业的冲击，与当初广播、电视出现时给传统报刊业所带来的挑战截然不同。发生变化的不仅表现在内容的呈现方式、表现符号、用户体验、盈利模式上，从更广阔的视域观察，还应观照生产者身份、把关人角色、内容采制方式甚至行业属性上的一系列深刻变革。

近年来在新媒体的冲击下，西方传统报刊业的工作岗位持续缩减。据《哥伦比亚新闻学评论》称，2007年1月至2009年2月间，美国报业被停职或被解雇的记者约有11250人。2009年，美国报业的工作岗位与1990年相比减少了25%以上。2000年至2008年间，美国报业的工作岗位减少了20多万个。

Web2.0传播模式对个人话语空间的拓展让我们开始重新审视新闻业是否应是一个专业性职业与行业的观点。这让我们再次回想起20世纪20年代初沃尔特·李普曼与约翰·杜威之间关于民主与媒体的辩论。李普曼认为，民主理论要求公民对身处的世界有清晰的认知，但事实是，绝大部分公民并不了解也不关心这个世界发生了什么，所以不如直接将了解世界的任务交给一群社会精英，让他们接触所有的信息，代替大众来判断和监督政府的行为。他由此建议将新闻业提升为一种更受尊敬、由专业精英组成的职业。但约翰·杜威则认为民主的基础不在信息，而在对话，他认为传播是民主的中心，它不仅扮演着连接公民的角色，而且扮演着解答个人与社会利益的矛盾的角色，要发现、聆听并服从公众的利益需要。他批评李普曼对精英的过分信任。李普曼与杜威的争论呈现了现实主义民主观和传统民主观的冲突。这种冲突并不仅局限于他们所处的年代，还是一种永恒的冲突。

Twitter、微博等自媒体的繁荣让我们看到了当今信息传播现实情境中杜威对李普曼观点的反击。但传统新闻业的优势并未因此消逝。网络自媒体在其开放理念下动员最广泛的公众参与文化传播、协作进行信息传播的同时，也因参与传播的群体在知识结构、传播技巧甚至道德水平上的差异造成了信息产品质量的不稳定性。自媒体传播中信息质量与真实性的辨识的高成本为传统新闻业留下了空间。美国学者盖伊·塔奇曼将传统媒体的内容生产模式概括为"新闻生产网络"："这一生产方式下形成的三个特征：地理边界化、组织集中化、主题专门化，具有其不可取代性……如果失去了传统媒体覆盖广泛、品质保证、分类明确的内容提供，网络新闻媒体仅靠其圈子化交流、手工化生产，很难真正保证受众的内容需求。"因此，面对自媒体的挑战，传统报刊业、新闻业只要牢牢把握其不可替代的新闻生产网络，保证其新闻产品品质，同时对高品质的新闻内容进行适应全新传播介质特征的形式调整与全面覆盖，传统媒体及其代表的新闻业最终仍能夺回受众的青睐。

（二）平板电脑新闻的特点

iPad问世三年多来，一直是传统纸媒向新媒体转型尝试的重要方向。iPad及其代表的移动终端正日益密切地渗透进人们的生活。iPad新闻产品的设计原理、传播规律与盈利模式问题，同样迫切需要解答。

基于技术对新闻活动的根本性支持，对于技术视角的研究不可缺少。这里以《南都

Daily》为例,分析平板电脑新闻的新特征。

1.形态:触摸式、可分享。《南都 Daily》以免费 APP 方式下载至 iPad 报刊亭,每天上午 8:30 左右当日新闻上线,自动推送。用户以手指触动阅览器,可依次显示重要页面,点击后进入阅读。在屏幕上下端点击,会出现所有页面的缩略图,方便选择阅读。通过屏幕右上角的主菜单可以进行内容管理,包括订阅、清空离线内容、离线下载视频等,也可登录新浪微博。这样的外在形态,既不同于报纸,也不同于 PC 终端电子报的版面图片和稿件链接形式。它以触摸为操作方式,具备初步的内容管理和分享功能,给用户带来不同的体验。

2.内容:精简、动态化、公共性强,地域色彩淡化。《南都 Daily》与《南方都市报》在内容的结构、数量和偏重上均有所不同。报纸采用大而全的信息模式,要闻、本地新闻、体育娱乐副刊、财经新闻、各类专刊及深度周刊一应俱全。《南都 Daily》则偏重动态新闻和评论,固定板块包括封面、评论、视觉、重点、时事、深度、国际、体育、娱乐、专栏、漫画等。新闻内容精简,远较纸质版少,时政新闻每天总数不足 10 条,财经、体育、娱乐通常有只各 2－3 条新闻。

《南都 Daily》还把握住 iPad 用户空间分布广泛、相对高端的特征,淡化原有的地域色彩,对涉及公共利益的重大新闻加以突出呈现。例如报纸头版的新闻选择会综合考虑本地与全国、正面与负面、宣传与专业等多重标准的平衡,而《南都 Daily》的封面更集中于新闻专业标准,头条通常是公共性强的全国新闻,全屏图片加大字标题,态度表达直接,对灾难新闻也不回避。

3.介质:图片传播效果突出,初步尝试视频。《南都 Daily》发挥了 iPad 的视觉优势,大量运用图片。"视觉"板块的图片在每日总页数中所占比例超过 1/3,大多是纸媒没有的。高清屏幕为图片提供了非常好的载体,这些图片题材广泛、形象生动、尺幅宽大、色彩绚丽,能将人物神态、场景、光影变化等细节展示得异常清晰。新闻纸印刷无论如何也达不到这样的视觉效果,何况还要受到版位空间和彩印费用的制约。

"视觉"板块通常包含 1－2 个视频。这些视频由南都集团自制,可分为三类。(1)新闻专题。如《南都深呼吸》(一档记录重要新闻事件及新闻人物的周播节目,时长约 20 分钟),及关注平民生存状态的短专题。(2)时事评论。评论员在演播室中发表言论,时长 3－5 分钟。(3)"花港观娱"娱乐评论。演播室评论与现场图像穿插,时长 3－5 分钟。视频的运用使《南都 Daily》初具多媒体特征,但这些影像符号带有明显的探索痕迹,还处于尝试阶段。

4.表达:视觉传达简约友好。结合 iPad 的界面特征,《南都 Daily》建立起独特的视觉形象:文字稿排 2－3 屏,竖向浏览;正文分两栏,白底黑字,字号大小及字体粗细适中,栏间留空宽裕;段首顶格排版,段间适量留空,边空充分留白;整体风格大方简约,舒适易读。娱乐、体育报道常做特殊处理,如用大字标题、裁剪图片、全屏加深重底色、文字反白等,营造突出的视觉效果。每屏页角标出数字及箭头符号,提示阅读者如何翻页操作,产品末页还有使用指南,视觉传达相当友好。

(三)当前平板电脑新闻存在的问题

iPad 承接乔布斯的"技术与人文的交互"信条,将苹果产品一贯的极简、易用、重交互、富有艺术性等理念延续其中,且细分形成独特的技术特征,为新闻传播带来多种新可能。但从目前的《南都Daily》来看,至少在以下三方面,iPad技术尚未被充分运用。

1. 多媒体介质紧密融合

中型屏幕是iPad最突出的特征之一。苹果在iPhone之后又推出iPad,决策依据就是在小屏幕的手机和大屏幕的笔记本电脑之间,应该存在中间产品,将上网、发电邮、照相、视频、音乐、游戏和电子书等多种功能良好地融为一体。苹果团队精心研发的iPad达成了这一目标,带给用户高品质的使用享受。与PC终端的超链接式新闻阅读不同,iPad的中型屏幕更适合将多媒体素材同时展现,以特定结构形成更紧密的融合。

反观《南都Daily》,沿袭纸媒以文、图符号为主的静态特征,除少量视频外,基本没有运用音频、Flash、3D、幻灯等多媒体或动态设计,融合多种符号的报道难以见到。以"越南新娘"题材(2013年1月6—7日)为例,报纸内容包括照片、图说及长篇文稿,完整讲述了"越南新娘"现象的背景成因及数名典型个体的故事;而在《南都Daily》的视觉专题中,只有个别人物的照片和简单图说,读者对该现象的了解就偏于表面。

2. 丰富的感官参与体验

多点触控是iPad的另一大技术特征。从iPhone到iPad,乔布斯都拒绝使用光感尖笔、鼠标、键盘等任何辅助设备,坚持让用户直接用手触摸屏幕。多点触控使用户可以通过点击、划拨、扩展、抓放等多种手势完成指令,在人手(及其背后的思维活动)和阅读终端之间实现直接便捷的交互。"愤怒的小鸟"这样简单的游戏广受欢迎,重要原因之一就是弹射小鸟的动作让人手充分介入。国内外一些重要的出版软件已将触控手势纳入功能设计中,帮助新闻产品实现更多交互操作,如拖动文字块进行滚动阅读,弹出或隐藏某些特定内容,拨动对象成360度旋转,等等。这使产品页面形成新的空间结构方式,大大增强了使用者的选择能动性。用户与iPad之间的感官接触还不限于手,麦克风、摄像头、重力感应等设计也各自带来丰富、新鲜的感官体验。而目前《南都Daily》的内容全部静态地平铺在页面上,操作手势仅限于用手指划屏,用户难有更多的感官参与。

3. 移动互联情境下的传受互动

iPad不仅仅是用来展示内容的光鲜亮丽、充满吸引力的装置,也是一个能让用户在移动中接入互联网的终端。"用户的参与是新媒体的本质特征之一",过去以专业媒体为中心的"点对面"的大众传播模式,正在被以社会关系网络为渠道、以个人为中心的传播模式所冲击。iPad以APP方式进行信息推送,虽然带有一定封闭性,但在技术上完全可以让用户参与进来,将移动的空间特性与传受主体互动结合起来。例如电子邮件、网络问卷、设置评论、转发、与微博关联、实时上传、用户订制等功能,都能让用户更多地参与到新闻生产中。目前,《南都Daily》的用户参与仅限于登录新浪微博,这样传受主体的互动就很有限,用户的参与需求尚难以满足。

(四)新闻与iPad技术怎样实现深度融合

《南都Daily》借助iPad技术,形成了不同于纸媒的新特征,在内容传播上展现出新的优势,为获得潜在用户打下了基础。它不仅传承了南都的核心价值观,而且有所精炼、放大,有可能帮助其产生全国性的影响力。但另一方面,它对iPad技术的运用尚不充分,维持了较多静态、单向、封闭的纸媒思维,这其实是不少报纸在iPad上的普遍表现。如果一直停留在初步融合阶段,有关产品恐怕难以达到预期的影响力。

1. 新闻与技术深度融合:发挥品牌影响力的必经环节

技术是现代大众传播的载体基础,在新闻传播中具有符号性的标志作用。特定技术匹配着特定的新闻再现方式,产生特定的信息内容(麦克卢汉所说的"媒介即信息"),建构出特定的传播主体、接受主体及新闻传受关系。就 iPad 来说,其独特的技术能够带来密切融合的多媒体内容、更专业的传播者和更具能动性的受众,形成移动时空中的传受关系。但实现这些建构的前提,是新闻逻辑与技术逻辑的深度融合。在占据渠道与有效发挥品牌影响力之间,这是必经的中间环节。技术与内容呈现的匹配程度越高,越符合传播的内在规律。

以美国前副总统戈尔团队制作的电子书"Our Choice: A Plan to Solve the Climate Crisis"为例,该书曾获 2011 年度"苹果最佳应用设计奖",是 iPad 产品设计的一个成功个案。该书宣传环保理念,以深入的文字描述为主轴,穿插 250 多张精彩图片,均可通过手势扩展至全屏,或由互动地图确定地理位置。大量动画和动态图可通过触摸、点击、滑动展现更多细节。讲至风力发电时,用户可用摩擦屏幕或从麦克风插孔吹气,使屏幕上的风车转动,能量亮点随电线输入夜色中的小屋,点亮电灯,多余能量输入地下电池加以储存。这种知识讲述方式非常直观生动,而且具有强烈的交互性。不同介质之间的配合也很适宜:音频由戈尔本人配音,视频总时长超过 1 小时,每段均短小生动、剪辑精当,与文字形成互补。虽然新闻与书籍有别,但是内容与技术融合的原理是相同的。

2. 机制支持:以多元产品模式取代单一日报模式

在《南都 Daily》的原初思路中,强调针对平板的触控阅读体验设计、多媒体展现和 UI 设计,以及基于 App Store 渠道的各种内容封装方式,对 iPad 的技术特长其实已有相当把握。这些思路为何没能在产品中充分实现,成因复杂,但目前的采编能力无法支持日报模式的产品无疑是个关键因素。iPad 的多重技术特征,暗示了其新闻产品应该是功能多元、类型细分的。比如,时效性和外出便携性并非 iPad 最突出的特长,它反而更适合于安静情境下舒缓深入的阅读。符合这种需求的产品,应该内容富有深度、表达介质多样、互动操作丰富、用户参与度高及选择性强。相应地,其需要更长的生产周期,采用专题或深度报道模式,对集团资源加以优质整合,这需要产品设计者打破单一日报框架。与其坐等采编能力达成全面支持,不如即时行动,开发多元、局部和小规模的专向产品,可能更切合 iPad 生产的实际。

3. 思维转换:养成全媒体思维方式

在个体层面上,传播者还需养成全媒体思维方式。"从全媒体记者的工作状态来看,技术的熟练相对容易,思维的转型则要困难得多。"这并非要求个体具备所有的符号叙事能力,而是需要其深刻理解文字、图像、音频、视频、动画等各种介质的独特作用,以及相互之间的配置原则。以此为基础,个体才能更好地发挥自己擅长的叙事符号。如文字记者长期养成的思维方式用于文字表达现场,但在 iPad 屏幕上同时出现视频与文字时,他的文字描述既不能与视频场景重复,又需要对视频有所补充、深化。编辑更需要谙熟不同介质之间的配合规律,才能对多种符号进行整合。

强调深度融合,并不等于由技术控制传播。技术往往是双刃剑,影响可能是正,也可能是负。目前在《南都 Daily》中,隐约可见某些过于顺从技术逻辑的倾向。如在强化图片的同时，文字却有所消退；如高清屏上一幅幅绚彩逼真的画面，缺少深度文字信息的辅助，会不会让阅读者将认知世界简化为视觉欣赏？又如娱乐性特征被着意凸显，"漫画"只是一个报纸版面，在《南都Daily》中却被突出为板块；在为数不多的视频中，娱乐视频却占了不小的比例。传播者需要把握好主动权，"技术在形式上决定着新闻信息的呈现方式，但运用一定的技术到底要呈现什么样的具体内容，并不是技术唯一决定的"。

　　iPad新闻生产还涉及盈利模式、商业控制等多重问题，并非内容与技术达成良好融合，新闻产品就一定能够成功。但既然是以技术为根基发生的传播变革，这种融合就应是题中之意。从当下媒介形态快速更替的态势来看，iPad未必能长久占据市场，但它所体现的技术思维——适中屏幕、交互、易用、多功能、高品质、人性化等，都代表着新媒体发展的重要方向。把握这些思维特征，积极将新闻内容与新技术深度融合，是传统媒体转型的着力点。

四、平板电脑新闻的编辑——以报纸媒体iPad应用为例

　　报纸媒体的平板电脑新闻以iPad的应用发展最为成熟，以下将从iPad的内容构成、内容设置、形式设置三个方面分别阐述。

（一）报纸媒体iPad应用的内容构成

　　从国内外报纸媒体的iPad应用客户端内容上来看，其内容构成大体分为两种类型：一种是移植原版报纸内容，一种是精选精编内容。其中第二种类型是主流模式。首先看原版移植类型，这种类型是将传统报纸的电子版内容全部移植到iPad应用中去，其多见于党报的iPad应用，仅少数报纸才采用这种类型，因此它并非报纸iPad应用的典型模式。这一类型的iPad应用，内容没有任何精选精编，只需要将原报纸内容版面放进应用里去就可以了，用户要么是直接通过放大原版版面进行相关内容的阅读，要么是通过点击版面内容的相应位置弹出具体内容进行阅读。这种内容构成类型以《人民日报》iPad应用为代表，它的优点是再现了报纸的原版形态，给予iPad用户如同读纸质报纸一样的阅读体验。

　　第二种类型是对原版报纸的内容进行重新编辑加工，使其更加符合iPad用户的阅读习惯，与此同时还增加了大量能够为iPad用户带来更好阅读体验的内容，最典型的就是大量增加高清图片、视频以及互动内容，从而将iPad应用打造成多媒体化的新型报纸，如国内的《南方周末》iPad应用、国外的《今日美国》iPad应用等。这种类型是报纸iPad应用中最典型的内容构成模式。大部分报纸的iPad应用皆采用这种模式进行内容生产，尤其是在都市报（晚报）等市场化生存的报纸中最为常见。

　　网络媒体相对于传统媒体，其iPad应用客户端充分发挥了自身的海量内容优势，更重要的是能将这些海量的信息资源进行重新整理，使得内容杂而不乱，从而非常便捷地满足iPad用户的信息需求。在内容构成上，网络媒体iPad应用客户端整合了自身的优势内容资源，它主要集合了几个方面的信源：第一个方面，是网络媒体独立制作的内容，如新民网就拥有几十位全媒体记者专门负责采制视频和文字新闻，其门户网站也拥有强大且独立的内容制作团队；第二个方面，是通过购买或合作方式从其他媒体获得大量新闻信息，如从报纸、电视等传统媒体以及其他的网络媒体中选择信息并加以编辑改造；第三个方面，

是聚合各种微博、博客等社交媒体的内容，如新民网主要聚合了自身旗下的品牌微博"上海滩微博"的新闻内容，新浪新闻则聚合了自身旗下的"新浪微博"的新闻内容。此外，网络媒体也非常重视互动性的内容，如诸多网络媒体 iPad 客户端充分重视用户对新闻内容的评论和跟帖，它们也成为 iPad 用户获取信息的重要组成部分。通过这些互动性内容可以让 iPad 用户的视野更为广阔，从中获得对新闻信息的多角度解读和评判。

网络媒体 iPad 应用客户端为了将海量的内容进行有效聚合，同时以最便捷的方式呈现给 iPad 用户，往往将这些内容进行了种类繁多的栏目详细划分。这些栏目与传统网站上的栏目呈现方式完全不同，传统网站上的栏目一般靠"导航栏陈列栏目名称"或"板块内栏目名称加文章标题列表"的栏目模式，而在 iPad 应用中则充分利用 iPad 的高清显示屏和多点触控的优势，将栏目内容进行视觉化处理，使得栏目内容能够更便捷地为用户选择和阅读。栏目内容种类几近齐全，一般包括头条、时政、国内、国际、财经、社会、科技、娱乐、体育等，很多应用更是将图片新闻、视频新闻列为单独栏目，以凸显多媒体化的新闻特征。

（二）报纸媒体 iPad 应用的内容设置

一个高质量的报纸 iPad 应用，一定会根据 iPad 终端特性与功能进行一种新的内容板块设置。主要进行如下方面的内容设置。

1.新闻栏目设置：不同的报纸 iPad 应用会基于自身的特点和优势进行不同的栏目设置，一般情况下包括系列新闻栏目、评论栏目、图片栏目、视频栏目等，在不同的栏目下集纳不同性质的内容，以方便 iPad 用户阅读。如《新华日报》iPad 应用设有今日要闻、图片新闻、滚动新闻、视频新闻、江苏动态、文体财经等内容板块。

2.生活服务内容：为 iPad 用户提供即时性的生活服务信息，如天气预报、生活指数、时尚信息、健康服务等内容。这些内容虽然不是报纸 iPad 应用的主体内容，但是它在新闻内容之外提供这些即时性的动态生活服务资讯，显然满足了 iPad 用户多方面的信息需求，不仅作为新闻信息的最佳展示平台，而且还是 iPad 用户生活上的贴心助手。如《南方都市报》的 iPad 应用（南都 Daily）在天气服务上就十分特别，它通过自动辨别用户所在的地理位置，在主界面背景中动态地呈现模拟天气场景，使 iPad 用户从中获得虚拟的立体视觉体验。

3.互动内容板块：通常设置为评论、收藏、分享、报料、投票、调查等项目。通过这个板块，iPad 用户可以针对有关新闻自由发表评论，可以对感兴趣的内容进行收藏，可以对特定新闻内容通过微博、邮件等方式进行分享，可以向报纸媒体提供新闻线索，同时可以为报纸的表现进行投票，还可以参与报纸开展的民意调查等活动。这些互动内容项目为 iPad 用户开拓了一个新的空间，它充分调动了 iPad 用户的主观能动性，也充分体现了对 iPad 用户主体价值的尊重。

4.报纸电子版阅读：主要提供最近几日的报纸电子版内容在线阅读或下载。尤其是电子版报纸下载功能是一项非常人性化的设置，因为我国当前的无线网络尚不发达，而 3G 资费过高，在很多地方没有无线网络的情况下，通过 iPad 即时获取信息就十分不方便，而电子版报纸下载后就可以随时进行离线阅读。因此原版报纸内容的设置满足了 iPad 用户特殊情况下的信息需求。

(三)报纸媒体 iPad 应用的形式设置

从报纸 iPad 应用的形式来看,其与传统纸媒形态相差甚远,比同为数字化的电子版报纸形式更加人性化。因为我国的电子版报纸,在表现形式上还是以文字符号为主,其他符号类型使用得较少,内容更是纸媒的完全复制。报纸的 iPad 应用则是专门针对 iPad 终端特性精心打造的多媒体信息产品,它带给 iPad 用户的新闻阅读体验是前所未有的。

1.全新的版面设计。在报纸 iPad 应用客户端是否遵循传统印刷报纸的版面问题上,存在着不同的看法。一种意见认为版面作为报刊的重要形式在网络中却遭到肢解,因此实践方向应该是保留报纸版面。另一方则认为传统报纸的版式已经不符合网络时代受众的阅读习惯,应予摒弃。

从主流的报纸类 iPad 应用的版面来看,它既吸收了印刷报纸"栏目"的编排方式,又结合了传统网页"分栏"的编排特征——"横三竖二"的版面形态成为报纸应用典型的编排模式。横版为三栏式,左栏和右栏较窄,中间栏较宽;纵版则为二栏式,左栏较窄,右栏较宽。栏中则以小图、标题和摘要混排,通过滚屏功能实现个性化选择。因此,报纸的 iPad 应用经过人性化、精细化的栏目设置,用户可以更精确地自由选择信息,从被动接收信息转向主动寻求信息,从群体化信息接收转向个性化信息接收。这种全新的视觉版面设计与 iPad 高分辨率屏幕相得益彰,既最大限度地满足了人的感官审美,又给予了用户更人性化的阅读体验。

2.新闻报道的多媒体形式。报纸 iPad 应用的开发商紧紧抓住 iPad 强大的媒体展现功能,纷纷采用多媒体化的新闻报道形态,以求通过这种立体化的传播带给 iPad 用户超越以往阅读情形的新体验。传统报纸的新闻报道曾经从"文字"时代转向"图片"时代,如今又从"图片"时代迅速转变为"视频"时代,视频新闻成为报纸 iPad 应用中的重要元素。这样,iPad 用户就实现了读报(图文)、听报(音频)、看报(视频),以及说报(互动)、查报(链接)和录报(下载)等功能的一体化,这对于印刷报纸和电子版报纸而言是不可想象的。通过报纸 iPad 应用客户端,用户只需在屏幕上轻触或滑动,就能打开阅读和快速翻页,还可以调节文字显示尺寸,更可随意放大高清图片和视频从而得以完美视觉体验。[1]

3.丰富的交互功能设计。报纸 iPad 应用客户端的互动性,使其大大拉近了报纸与读者的距离,这也是它立足于移动互联网形成的一个重要形式特征。诸多报纸的 iPad 应用都纷纷采用评论、微博、反馈、投票等各种互动模式,以实现移动情境下的交互式信息传播。《新京报》iPad 应用客户端设置了"联系编辑部"和"分享给朋友"的特色功能。其中"联系编辑部"是 iPad 用户反馈意见和信息的便捷通道,"分享给朋友"则是分享通道。《广州日报》iPad 应用客户端设置了互动功能和访问"大洋微博"功能。iPad 用户可以通过其客户端首页的"我要报料"向《广州日报》提供新闻线索或展开其他互动,而自主发的"大洋微博"更成为《广州日报》的一个重要的互动社交平台。

4.独特的杂志化版面设计。网络媒体 iPad 应用多采用杂志化的编排模式,其每个版面均以杂志式的页面全屏显示,这样就使得页面看起来更加整洁、美观,与传统互联网站

---

[1] 石长顺,景义新.中国报业的 iPad 生存[J].现代传播(中国传媒大学学报),2012(5):97-101.

比较已经有了天壤之别。传统互联网站的版面比较杂乱,包含了诸多栏目、文章列表、大小图片、弹出式广告、横幅广告、视频广告等各种复杂的信息,以"碎片化"的方式呈现给互联网用户。网络媒体 iPad 应用则打破了"碎片化"的信息呈现方式,将新闻聚合为十分简洁的杂志化版面形态,使得传统网络媒体的阅读界面更加优化,从而为用户打造了一种"沉浸式"的阅读体验,这无疑是对传统互联网中"快餐式阅读"的反拨和纠偏,成为一种更关注人本身也更人性化的网络媒体形态。

5.全媒体化的报道方式。传统互联网站以海量的多媒体信息资源优势著称,这一优势继续在移动互联网得以彰显和强化,iPad 作为当前最高端的移动互联网终端媒介,正成为网络媒体全力推进全媒体报道的良好平台。在诸多网络媒体的 iPad 应用客户端里,单独使用文字的报道信息已经比较鲜见,更多的新闻信息倾向于使用全媒体的呈现方式。

【知识回顾】

我国移动互联网发展已进入全民时代。新闻客户端发展至今仅短短三四年时间,但凭借其便捷、实时、易得的新闻阅读方式,被越来越多的用户使用。2014 年初赛诺市场研究公司公布的数据显示,新闻类应用渗透率非常高,超过 68.5% 的智能手机用户通过新闻客户端获取新闻资讯。新闻客户端成为移动用户继微博、微信之后的第三大应用需求。移动新闻阅读正如互联网开局之初的门户网站资讯一样,正在成为一种基础性服务。手机报虽然是一种传统的手机阅读形式,但依然有其存在的必要性,尤其是在相关政策出台后,手机报将成为舆论引导的重要平台。

【思考题】

1.选择一种媒体,比较其手机客户端与 iPad 客户端内容和栏目安排的差异。
2.分析我国当前手机报的发展前景。
3.随着技术的发展,移动端新闻将会呈现怎样的发展趋势?

参考文献

[1]王莉."三网融合"下手机报的编辑与发展创新[J].编辑之友,2011(5).
[2]谭云明.网络信息编辑[M].北京:中央广播电视大学出版社,2007.
[3]王晓红,谭云明,李立威.网络信息编辑[M].北京:北京航空航天大学出版社,2009.
[4]彭兰.网络新闻专题的特点、发展及编辑原则[J].中国编辑,2007(04).
[5]罗昕.网络新闻实务[M].北京:北京大学出版社,2014.
[6]陈鹏.新媒体环境下的科学传播新格局研究——兼析中国科学报的发展策略[D].中国科学技术大学,2012.
[7]罗俊.手机报的内容与编辑管理[J].新闻爱好者(下半月),2011(1):68-69.
[8]李金慧.中国网络国际新闻报道研究[M].北京:中国传媒大学出版社,2011.
[9]马宝民.网络写作实务[M].北京:中国人民大学出版社,2010.
[10]严励,王冠辉.简析手机报的传播特点[J].新闻爱好者(下半月),2010(12).
[11]黄鹏,孟志军.论博客的"新媒介"特征[J].青年记者,2008(29).
[12]詹新惠.网络新闻写作与编辑实务[M].北京:中国传媒大学出版社,2011.
[13]克雷格.网络新闻学:新媒体的报道、写作与编辑[M].北京:中国时代经济出版社,2010.
[14]詹新惠.新媒体编辑[M].北京:中国人民大学出版社,2013.
[15]谭云明.新媒体信息编辑[M].北京:清华大学出版社,2011.
[16]张名章,陈信凌.网络新闻编辑[M].北京:北京师范大学出版社,2010.
[17]李轩.传统电视媒体的新闻资讯类APP突围[J].中国记者,2014(5).
[18]闫月英,丁梅.甄选、整合与呈现——论网络新闻编辑的核心能力[J].新闻知识,2013(6).
[19]宋文官,王晓红.网络信息编辑实务[M].北京:高等教育出版社,2008.
[20]李艳林.新闻门户网站手机客户端的"卖点"——以网易新闻手机客户端为例[J].青年记者,2013(35).
[21]赵玉琦.怎样做好网络新闻编辑工作[J].编辑之友,2012(8).
[22]董杰.论信息时代背景下网络编辑的媒介素养[J].新闻爱好者(上半月),2012(11).
[23]徐剑锋.浅析网络新闻专题的评价体系[J].新闻知识,2010(1).
[24]高庆华.博客新闻的角色定位——兼谈传统媒体的应对策略[J].新闻实践,2007(10).
[25]王炎龙.网络新闻编辑的特性与规律[J].新闻界,2007(5).
[26]杨志宏.网络编辑基础教程[M].北京:中国社会科学出版社,2013.
[27]赵丹.网络编辑实务[M].杭州:浙江工商大学出版社,2010.
[28]闫月英,王娟,丁梅.融合报道的生产与传播——以《纽约时报》网络版为个案[J].新闻知识,2012(6).
[29]卢江莲.新闻网站记者博客研究——基于人民网记者博客频道的观察与分析[J].东南传播,2009(8).
[30]杨舒丹.网络媒体编辑把关角色嬗变[J].新闻知识,2011(4).
[31]王丰果.新闻博客的特点与发展趋势[J].新闻爱好者(上半月),2010(10).
[32]潘胜华.对网络新闻视频传播的探讨[J].东南传播,2009(5).

[33]徐锐,万宏蕾.数据新闻:大数据时代新闻生产的核心竞争力[J].编辑之友,2013(12).
[34]陆高峰.新媒体编辑职业道德的失范与防范[J].中国出版,2011(2).
[35]程美华.试论网络图片新闻故事的编辑特色[J].新闻界,2011(3).
[36]郎劲松,杨海.数据新闻:大数据时代新闻可视化传播的创新路径[J].现代传播,2014,36(3).
[37]文卫华,李冰.大数据时代的数据新闻报道[J].现代传播,2013,35(5).
[38]赵江峰.可视化"数据新闻":记者角色的新转换[J].新闻知识,2013(10).
[39]颜清华,徐腾飞,彭兰.信息图表:如何更好地讲故事[J].新闻界,2013(24).
[40]任宝旗.网络编辑的问题及应对[J].新闻爱好者(下半月),2010(4).
[41]谢征.大数据时代新闻编辑观的转型[J].编辑之友,2014(6).
[42]张超,吴芳菲.网络数据新闻的现状与发展对策——以网易、新浪和搜狐数据新闻为例[J].中国记者,2014(2).
[43]王秋菊.网络编辑对网络舆论形成与传播的影响[J].新闻界,2010(5).
[44]刘昊.从网络受众需求谈网络新闻专题编辑[J].编辑之友,2010(9).
[45]刘天明,张树武.网络新闻专题的编辑策略研究[J].编辑之友,2010(8).
[46]焦永炜,邸晓静.网络新闻编辑与受众需求浅谈[J].青年记者,2009(17).
[47]张炯,廖安安.大数据时代新闻编辑能力重构[J].中国出版,2014(1).
[48]王莉.试论网络编辑的工作内容及其素质修养[J].安徽理工大学学报(社会科学版),2008,10(2).
[49]陈燕.网络图片新闻报道探析[J].当代传播,2008(2).
[50]王宏.网络编辑应具备的素质[J].新闻爱好者(上半月),2005.
[51]张超.数据新闻的发展特点——以网易、新浪、搜狐的数据新闻为例.青年记者,2014(4).
[52]蒋晓丽.网络新闻编辑学[M].第2版.北京:高等教育出版社,2012.
[53]罗小萍.媒体融合时代新闻编辑研究[M].成都:四川大学出版社,2006.
[54]彭兰.网络新闻编辑教程[M].武汉:武汉大学出版社,2007.
[55]朱斌.图片新闻标题的特色和传播效果[J].新闻爱好者(上半月),2011(5).
[56]李建楠.从符号学角度分析报道中的图文关系[J].青年记者,2012(5).
[57]程美华.试论网络图片新闻故事的编辑特色[J].新闻界,2011(3).
[58]詹新惠.探寻传统媒体运营新闻客户端的路径[J].青年记者,2013(3).
[59]韩亚聪,卢艳平.门户网络手机新闻客户端何以"征服"受众——以网易手机新闻客户端为例[J].新闻世界,2013(7).
[60]马正恺.手机报≠手机新闻手机报发展热潮中的冷思考[J].新闻与写作,2010(8).
[61]汪青云,毕乙贺.基于对话理论的手机新闻传播研究[J].新闻爱好者(下半月),2011(9).
[62]梁红玉.iPad新闻内容编辑重在用户体验[J].青年记者,2012(5):80-81.
[63]董鸿英.拇指新闻台,延伸数字化报业——我国手机报发展概况综述[J].中国报业,2008(3).
[64]刘瑞生.新媒体发展的态势与基本特征[J].新闻战线,2010(11).
[65]李宗诚.手机报在我国兴起的原因和发展历程[J].新闻爱好者(下半月),2010(2).
[66]周子渊.传统新闻受大数据的影响与转变分析[J].编辑学刊,2014(1).
[67]雷霞.手机报发展策略分析[J].中国记者,2010(4).
[68]蔡骐.手机报的盈利模式与发展瓶颈[J].传媒观察,2010(10).
[69]董昕.浅析手机报的媒介特性及发展策略[J].编辑之友,2010(2).
[70]陈芳.谁在阅读手机报——用户特征分析及市场对策研究[J].中国记者,2008(6).
[71]魏丽宏.关于我国手机媒体研究的文献综述[J].新闻爱好者(上半月),2011(6).

[72]吴幼祥,戎蔚玲.3G手机报:报网融合的第三极[J].中国记者,2010(3).

[73]黄利群.从手机报看手机新媒体的现在与未来[J].传媒,2010(12).

[74]余萍.微博读图:以更直观方式沟通互动[J].传媒观察,2011(9).

[75]李琰.论网络图片新闻的编辑[J].新闻知识,2009(7).

[76]高东可.微博新闻文体特征解析[J].新闻爱好者(下半月),2011(3).

[77]王卫明,甘昕鑫.微博新闻的特征及其采写原则[J].新闻与写作,2012(1).

[78]罗华.浅谈网络新闻专题的策划[J].新闻爱好者(下半月),2010(6).

[79]张炯,廖安安.大数据时代新闻编辑能力重构[J].中国出版,2014(2).

[80]陈燕.网络新闻专题的特点及发展[J].传媒观察,2009(7).

[81]李凡.网络新闻专题的制胜之道[J].青年记者,2012(5).

[82]耿洁,刘广臻.试析网络新闻编辑的特性及自我定位[J].采写编,2009(2).

[83]廖宇飞.微博新闻评论的特点及其写作要求[J].青年记者,2012(7).

[84]甘昕鑫,王卫明.传媒微博如何走向专业[J].中国记者,2011(1).

[85]董淼.从网络走向纸质的博客新闻——以我国第一本纸质博客新闻杂志《博客天下》为例[J].新闻爱好者(下半月),2009(6).

[86]方洁,谭云明.全球视野下的"数据新闻":理念与实践[J].国际新闻界,2013(6).

[87]章戈浩.作为开放新闻的数据新闻——英国《卫报》的数据新闻实践[J].新闻记者,2013(6).

[88]郭晓科.数据新闻学的发展现状与功能[J].编辑之友,2013(8).

[89]王崇刚.手机报编辑技巧初探[J].采写编,2008(3).

[90]郎劲松,杨海.数据新闻:大数据时代新闻可视化传播的创新路径[J].现代传播,2014(3).

[91]张子让.新闻编辑教程[M].上海:复旦大学出版社,2010.

[92]董天策.网络新闻传播学[M].福州:福建人民出版社,2009.

[93]李良荣.网络与新媒体概论[M].北京:高等教育出版社,2014.

[94]杜骏飞,董天策.网络传播概论[M].福州:福建人民出版社,2010.

[95]蔡雯,许向东,方洁.新闻编辑学[M].北京:中国人民大学出版社,2014.

[96]陈昌凤.数据新闻及其结构化:构建图式信息——以华盛顿邮报的地图新闻为例[J].新闻与写作,2013(8).

[97]赵江峰.可视化"数据新闻":记者角色的新转换[J].新闻知识,2013(10).

[98]蔡雯.浅谈数字时代新闻编辑工作的主要特点[J].中国编辑,2010(1).

[99]周岩森.新媒体时代新闻编辑的再定位[J].新闻爱好者(下半月),2011(3).

后记

　　本书是为普通高等学校新闻传播专业的大学生编写的一本新闻实务教材,亦可作为业内人士的参考资料。

　　中国新媒体发展日新月异,媒介融合已是大势所趋。新媒体内容,尤其是新闻内容的生产与编辑,是新媒体实务工作中的重要组成部分。鉴于国内已经出版过数量较多的相关著作或教材,因此,本书编写的指导思想有两点,一是突出重点,有取有舍。例如一般相关教材会涉及网页设计、流媒体制作技术等技术层面的内容,本书则将其略去,关注内容层面的生产与编辑。这样的安排基于如下考量:新媒体环境下,内容的生产与编辑离不开技术层面的支持,学生及从业人员也需熟练掌握基本的新媒体传播技术,但高校新媒体相关专业,多数都开设了相关技术课程,因此本书对技术内容不再进行大篇幅探讨,仅有所提及。二是注重时效,易于操作。本书力求选取最新鲜的案例,同时力求文字简洁,内容高度浓缩,使读者一目了然,易于理解与操作。本书内容尚不完备,有些新媒体内容形态还在发展中,希望今后能与同行们共同努力,补苴罅漏,使这一研究领域体系更为明晰、充实。

　　本书是在吸收了大量学者和同行研究成果的基础上编写的,书中有的注明出处,有的则因融合各家成果,难以一一注明,特别在此声明。

　　本人自2003年开始从事网络新闻实务领域的教学与研究,至今已有十余年,出版该教材的想法已有多年。在这本书付梓之际,需要感谢的人很多。在书稿编写过程中始终得到周茂君教授的支持,谨此致谢。西南师范大学出版社慨允出版,一并在此致谢。业界同行王俊飞女士提供了新鲜的第一手资料,也表谢忱于此。此外,还要感谢孟薇、黄振洲等同学所做的工作。

杨嫚于德军镇

2015年1月